Max Otte

Endlich mit Aktien Geld verdienen

Max Otte

Endlich mit Aktien Geld verdienen

Die Strategien und Techniken, die Erfolg versprechen

FBV

Bibliografische Information der Deutschen Nationalbibliothek
Die Deutsche Nationalbibliothek verzeichnet diese Publikation in der Deutschen Nationalbibliografie;
detaillierte bibliografische Daten sind im Internet über **http://d-nb.de** abrufbar.

Für Fragen und Anregungen:
otte@finanzbuchverlag.de

2. Auflage 2012

© 2012 FinanzBuch Verlag,
ein Imprint der Münchner Verlagsgruppe GmbH
Nymphenburger Straße 86
D-80636 München
Tel.: 089 651285-0
Fax: 089 652096

Die Informationen in diesem Buch wurden mit größter Sorgfalt zusammengestellt. Max Otte beschreibt in diesem Buch einen Einstieg in die Aktienanlage nach Graham und Buffett, wie er sie praktiziert. Der Erfolg dieser Methode hängt jedoch auch von Wissen, Erfahrung und Persönlichkeit jedes Einzelnen ab. Eine Haftung können weder Verlag noch Autor übernehmen.

Lektorat: Matthias Michel
Satz: Carsten Klein, München
Druck: CPI Ebner & Spiegel, Ulm

ISBN Print: 978-3-89879-631-6
ISBN E-Book (PDF): 978-3-86248-260-3

Weitere Informationen zum Verlag finden sie unter
www.finanzbuchverlag.de
Beachten Sie auch unsere weiteren Imprints unter
www.muenchner-verlagsgruppe.de

INHALT

Einführung

Sie können mit Aktien Geld verdienen. Viel Geld. Wahrscheinlich mehr, als Sie denken. Aber auch anders, als Sie denken. Dieses Geld werden Sie auch brauchen. Denn die staatliche Altersvorsorge wird zunehmend ausgehöhlt. Auch der Wert des Geldes – und damit der Wert von Lebensversicherungen, Sparguthaben und Rentenforderungen – ist gefährdet. Die massive Geldschöpfung der Notenbanken nach der Finanzkrise hat eine Geldschwemme geschaffen, die zunehmend Inflationsdruck erzeugt. Seitdem die Bundesbank gegen den Willen ihres damaligen Präsidenten Axel Weber gezwungen wurde, Staatsanleihen der verschuldeten Südländer zu kaufen, ist sie nicht mehr unabhängig und kann ihrer eigentlichen Aufgabe, nämlich den Geldwert zu sichern, nicht mehr nachkommen. Damit werden Kontoguthaben, Lebensversicherungen und Rentenansprüche über kurz oder lang nicht mehr das wert sein, was einmal versprochen wurde.

Je 30.000 Euro fortlaufender privater Rente im Jahr benötigen Sie ungefähr eine Million Euro Vermögen, wenn Sie Ihren Kapitalstock nicht antasten wollen. Ich zeige Ihnen, wie Sie ihre Finanz- und Sparziele erreichen und mit durchschnittlich 10 % Rendite alle sieben Jahre Ihr Kapital verdoppeln können. Das Gute daran: Mein System ist ziemlich einfach. Und: Mein System ist logisch aufgebaut. Mit Disziplin können Sie es erlernen und meine Methoden selber anwenden. Das ist nicht für jeden etwas, denn es gilt, die Stimmungsschwankungen an den Börsen eiskalt auszusitzen und zu nutzen. Aber auch, wenn Sie in einen Aktienfonds investieren wollen, ist es wichtig, die richtigen Prinzipien der Geldanlage zu kennen, um den richtigen Fonds auszuwählen.

Renditen von 8 bis 10 % pro Jahr können Sie aber nur mit Sachwerten erzielen, mit Produktivvermögen, mit dem Sie am Wachstum der Wirtschaft teilhaben. Geldforderungen – seien es Anleihen, Termingelder oder Lebensversicherungen – werden nicht annähernd diese Renditen erbringen. **Aktien sind Produktivvermögen.** Sie verbriefen ein Eigentum an einem Unternehmen und dessen Erträgen. Die großen Vermögen wurden in Deutschland vor allem von Unternehmensanteilen, Aktien und Landbesitz über den Zweiten Weltkrieg gerettet und sind oftmals noch heute intakt, so zum Beispiel das Vermögen der Familie Quandt (BMW, Altana), der Haniels (Celesio, vormals Gehe, Metro, Takkt), der Henkels oder der Erben von Fresenius, Wella, Tchibo, Kaiser's. Da kann es nicht so verkehrt sein, wenn Sie sich in dasselbe Boot setzen.

Wie sicher eine Aktie langfristig ist, hängt von der Sicherheit des Unternehmens ab. Deswegen gleich zu Anfang ein wichtiger Rat: Setzen Sie auf bewährte Unternehmen wie die oben genannten, nicht auf aktuell schlagzeilenträchtige Ideen wie zum Beispiel „Rohstoffe", „China" oder „Erneuerbare Energien". Solche Branchen sind meistens heiß gelaufen. Die Finanzbranche hat ein Interesse daran, dass solche Hypes, also Phasen der Euphorie, entstehen. Privatanleger verlieren hier in der Summe meistens Geld.

Die Börsenregel Nummer eins lautet daher: „Kein Geld verlieren." Auf lange Sicht *kein Geld zu verlieren* schaffen Sie mit bewährten Investments wie zum Beispiel Coca-Cola, Beiersdorf, Henkel, BMW oder Daimler. Hinter diesen Unternehmen stehen Firmengeschichten, die viele Jahrzehnte und manchmal deutlich mehr als ein Jahrhundert in die Vergangenheit reichen. Dort arbeiten jeweils zehntausende Menschen für Sie, den Aktionär. Aber *Geld verdienen* ist noch etwas anderes. Denn auch mit all diesen Unternehmen hätten Sie im Laufe der 2000er Jahre kein oder kaum Geld verdient. Es kommt also durchaus darauf an, *wann* Sie solche sicheren Unternehmen kaufen und wann Sie diese gegebenenfalls wieder verkaufen. Um beides geht es in diesem Buch.

1. Vermögenszuwachs durch Aktienanlagen

Um was es geht

Im folgenden Kapitel zeige ich Ihnen, welche Möglichkeiten die Aktienmärkte bieten, wenn es darum geht, langfristig ein Vermögen aufzubauen. Natürlich geschieht dies nicht von alleine, sondern verlangt von Ihnen vor allem eins: Geduld – denn Ihr stärkster Verbündeter bei der Kapitalanlage ist die Zeit. Doch darüber hinaus gibt es ein paar hilfreiche Tricks, mit denen Sie langfristig erfolgreich an den Börsen investieren können. Lassen Sie sich überraschen, wie Sie schon mit kleinen, aber regelmäßigen Geldbeträgen in einem Sparplan Ihr Kapital enorm vermehren können. Nutzen Sie den Zinseszins-Effekt, der in diesem Kapital genauso erklärt wird wie der sogenannte Cost-Average-Effekt, mit dem Sie beim Anlegen automatisch den Erfolg Ihrer Investments vergrößern können. Ein Überblick über die verschiedenen Anlageklassen zeigt Ihnen, mit welchen Renditen Sie im Schnitt rechnen dürfen und welche Vor- und Nachteile diese Klassen haben.

Sie können mit Aktien Geld verdienen – viel Geld!

Seit langem beschäftige ich mich mit der Aktienanlage – in den 1980er Jahren spielerisch und nicht immer sehr erfolgreich als Student, dann als Doktorand und junger Unternehmensberater eher nicht und ab Mitte der 1990er Jahre zunehmend professionell. Es hat ein Jahrzehnt gedauert, bis mein System wirklich zu mir passte und ausgereift war. Diesen Weg will ich Ihnen verkürzen. Ganz ersparen kann ich ihn Ihnen aber nicht. Der große André Kostolany sprach davon, dass das an der Börse verdiente Geld nichts anderes als Schmerzensgeld sei: „Erst kommen die Schmerzen, dann das Geld.“

Nicht alle von Ihnen werden es schaffen, das System anzuwenden und dabei durchzuhalten. Es gibt Menschen, die nicht dazu geboren sind, an den Kapitalmärkten zu investieren. Manchen fehlen die geistigen, manchen die charakterlichen Voraussetzungen. Etwas Grips, Bildung und Interesse an Wirtschaft (wenn auch weniger, als Sie vielleicht meinen), Fleiß und vor allem Gelassenheit, Selbstvertrauen und Ruhe sind notwendig. Aber wenn Sie diese Voraussetzungen mitbringen, gibt es keinen Grund, warum Sie sich bei sehr begrenztem Arbeitsaufwand mit langfristig weniger als 8 bis 10 % zufrieden geben sollten.

Eine Warnung am Anfang: Ich gebe zu, dass ich Aktienfan bin. Der Großteil meines Kapitals ist in Aktien angelegt. Aktien guter Unternehmen sind Produktiv- und Sachvermögen mit Inflationsschutz. Sie können selbst überprüfen, ob meine Methode erfolgreich ist oder nicht – und zwar anhand eines Fonds, der nach meiner Methode gemanagt wird.

Der PI Global Value (WKN: A0NE9G) investiert nur dann in Anleihen oder Termingelder, wenn keine geeigneten Aktien mehr vorhanden sind. Der Fonds ist also ein globaler Mischfonds mit den Schwerpunkten Deutschland, Österreich, Schweiz, Europa und Nordamerika, mit einer Tendenz zu Aktien. Seit seiner Auflegung am 15. März 2008 bis zum 2. April 2012 hat der PI Global Value Fund fast ausschließlich mit Aktien 51 % Rendite erzielt. Das sind trotz der größten Finanzkrise seit 1929 und der Reaktorkatastrophe in Japan pro Jahr 10,8 %. Der DAX legte im selben Zeitraum übrigens um 8,7 % zu – auch das entspricht trotz der Finanzkrise einer jährlichen Rendite von 2,2 %. Auch mit Aktien hätten Sie also locker das Festgeld geschlagen, wenn die Achterbahnfahrt Ihnen auch viele Nerven abverlangt hätte.

Der PI Global Value Fund ist mittlerweile bei etlichen deutschen Banken zu erwerben. Er verfolgt die Grundphilosophie des Value-Investing (wertorientiertes Anlegen): Zur Bewertung der Aktien wird eine gründliche Fundamentalanalyse vollzogen und somit überprüft, ob das analysierte Unternehmen an der Börse unter- bzw. überbewertet ist. Nach diesen Prinzipien handelt auch Warren Buffett, der drittreichste Mensch der Welt, welcher es seit Auferlegung seines Fonds auf eine durchschnittliche Rendite von über 22 % jährlich gebracht hat.

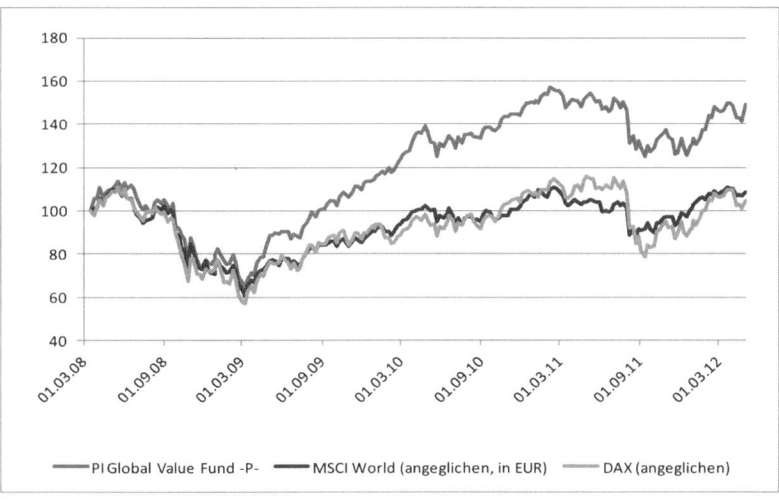

Abbildung 1.1: Die Performance des PI Global Value Fund

Im Wachstumsportfolio von www.privatinvestor.de haben wir mit nachvollziehbaren und transparenten Strategien seit 2002 eine Rendite von 202 % erzielt, das sind 13,1 % pro Jahr. Im selben Zeitraum erzielte der DAX eine Rendite von 90,7 %, das sind 7,4 % pro Jahr. Auch in turbulenten Zeiten sind also gute Renditen an der Börse möglich, wenn Sie meinem System folgen.

Kostolanys „Schlaftablettenstrategie"

Die Börsenlegende André Kostolany riet dazu, Standardwerte zu kaufen, in die Apotheke zu gehen, Schlafpillen zu holen und nach fünf, sechs Jahren Tiefschlaf aufzuwachen und sich an einem hübschen Gewinn zu freuen. Ihm ging es dabei um einen psychologischen Ratschlag sich selbst so vor falschem Verhalten zu schützen. Es ist insofern nicht als eine simple Buy and Hold-Strategie zu verstehen. Letztlich ist das auch gar nicht so schlecht. Selbst wenn Sie nur diese „Schlaftablettenstrategie" anwenden, können Sie zu beeindruckenden Erfolgen gelangen. Der DAX hat von 1948 bis 2010 eine durchschnittliche Rendite von 11,6 % erzielt. Der Euro Stoxx 50 hat im Zeitraum von 1987 bis 2010 eine durchschnittliche Rendite von 9,2 % erreicht – trotz Finanzkrise! Sie können also mit normalen Aktien langfristig Renditen von 8 bis 10 % erzielen, wenn Sie einfach Standardtitel kaufen und liegen lassen. Bei Aktienfonds wird es leider etwas weniger sein, weil es die meisten Fondsmanager langfristig nicht schaffen, besser zu sein als der jeweilige Vergleichsindex. Hierzu später mehr.

Mit normal erreichbaren Aktienrenditen von 8 bis 10 % Wertzuwachs pro Jahr verdoppeln Sie alle sieben bis neun Jahre Ihr Vermögen. Auch bei Berücksichtigung der Inflation bleiben sehr ordentliche Renditen übrig: Jeremy Siegel von der University of Pennsylvania hat die Aktienrenditen der vergangenen zwei Jahrhunderte untersucht und kam real – also nach Abzug der Inflation – auf 6,6 bis 7 %. Vor Inflation wären es ca. 10 % gewesen.

Heutzutage kann man sich Fondssparpläne bequem bei vielen Online-Banken einrichten. Teilweise sind schon Beträge ab 25 Euro monatlich möglich, die man problemlos und ohne großen Aufwand in Fonds sparen kann.

Exkurs: Aktienfondssparplan – Was ist das?

In diesem Buch lege ich Ihnen meine Methode offen. Es ist kein Geheimrezept, aber es gehören Disziplin, Fleiß und die erforderlichen Charaktereigenschaften dazu. Ich hoffe, dass Sie sich nach diesem Buch trauen werden, direkt in einige Aktien zu investieren. Falls Sie sich aber aus irgendeinem Grunde dagegen entscheiden, können Sie über einen Aktienfondssparplan in einen gut geführten, wertorientierten Aktienfonds investieren.

Mit einem Aktienfondssparplan investieren Sie regelmäßig, also etwa jeden Monat oder einmal im Quartal, eine gleich hohe Summe in einen Aktienfonds. Die meisten Banken und Investmentgesellschaften bieten Sparpläne ab einem monatlichen Betrag von 50 Euro an. Das Geld fließt in einen Fonds, und Sie erhalten entsprechend dem aktuellen Fondskurs einen oder mehrere Anteile für ihre regelmäßige Investition. Ein Aktienfonds beinhaltet mehrere Aktien. Diese werden von einem Fondsmanager zusammengestellt. Der Fondsmanager analysiert Aktien und kauft bzw. verkauft diese aufgrund seiner Analysen, Vorstellungen und Bewertungen; er ist flexibel im Umschichten seines Aktienportefeuilles. Der Fonds kann nach verschiedenen „Philosophien" und Ausrichtungen des Managers zusammengestellt sein. Ziel des Fondsmanagers ist es, den Wert des Fonds zu steigern, indem er Aktien auswählt, die potenziell im Kurs steigen. Gelingt das, steigt auch der Wert der Fondsanteile, die Sie über den Sparplan regelmäßig erwerben.

In den ersten Jahren seit Auflegung des PI Global Value Fund waren viele Anleger vor allem in Deutschland mit der Schwierigkeit konfrontiert, den Fonds bei Banken ins Depot zu bekommen. Häufig beantworteten Bankhäuser entsprechende Kundenanfragen mit einem Kopfschütteln und der Begründung: „Tut uns leid, der Fonds hat keine Vertriebszulassung in Deutschland."

Seit mit Erlangung der Vertriebszulassung in Deutschland, Österreich und der Schweiz dieses Argument weggefallen ist, hat sich sehr viel in Bezug auf die Verfügbarkeit des PI Global Value Fund getan. Der Fonds kann bei den meisten Banken in Deutschland mittlerweile problemlos gezeichnet werden, auch die Direktbanken haben mittlerweile kräftig nachgezogen und ermöglichen ein Investieren in den Fonds schon für sehr kleine Vermögen.

So bietet die ING-DiBa die Möglichkeit einer Einmalanlage schon ab einem Volumen von 1.000 Euro an, bei Comdirect ist dies sogar schon ab einer Summe von 500 Euro möglich. Cortal Consors geht noch einen Schritt weiter und ermöglicht ihren Depotkunden die Einrichtung eines Sparplanes schon für einen Betrag ab 25 Euro monatlich. Die genauen Einstellungen dieses Sparplanes gestalten sich sehr flexibel. So ist nicht nur der zu besparende Betrag ab der sehr geringen Mindesthöhe frei wählbar, auch eine quartalsweise oder halbjährliche Ausführung ist möglich.

Das auf den Vergleich von Direktbanken spezialisierte Internetportal Optimal Banking (www.optimal-banking.de) hat hier gleich alle drei Banken unter die Lupe genommen und sehr detaillierte sowie unterstützt durch Schaubilder gut nachvollziehbare Anleitungen zum Einrichten der Einmalanlagen bei Comdirect und der Einrichtung des Sparplanes bei Cortal Consors zur Verfügung gestellt.

Planvoll reich werden – mit kleinen Beträgen ein Vermögen aufbauen

Anhand von zwei Beispielen möchte ich Ihnen einmal konkret aufzeigen, welche Kapitalgenerierung mit relativ kleinen monatlichen Sparbeträgen im Laufe der Jahre möglich ist. Für fast jedermann – sofern er sich diszipliniert bei seinen Ausgaben verhält – dürfte es möglich sein, pro Monat 50 oder 100 Euro für den Vermögensaufbau zurückzulegen. In unserem ersten Beispiel gehen wir von einem 50-Euro-Sparplan und Renditeannahmen von 10 bzw. 13 % aus, was der von unseren Fonds über die letzten drei Jahre seit seiner Neuauflage erreichten Rendite entspricht.

Laufzeit (Jahre)	10 %	13 %
5	3.861 €	4.161 €
10	10.080 €	11.830 €
15	20.096 €	25.958 €
20	36.226 €	51.988 €
25	62.204 €	99.946 €
30	104.042 €	188.307 €
40	279.939 €	651.051 €

Tabelle 1.1: Entwicklung des Vermögens bei 50-Euro-Sparplan im Monat mit dem PI Global Value Fund über die Jahre der Laufzeit mit einer angenommenen Rendite von 10 % bzw. 13 % (Quelle: eigene Berechnungen).

In diesem Beispiel zeigt sich, welcher Vermögenszuwachs bereits mit kleinen Beträgen, die monatlich auf die hohe Kante gelegt werden, möglich ist. Deutlich macht sich der Zinseszins-Effekt bemerkbar: Nach 40 Jahren Laufzeit würde sich mit 13 % durchschnittlicher Rendite und einer Einzahlung von insgesamt 24.000 Euro am Ende ein Vermögen von über einer halben Million Euro angesammelt haben. Bei 10 % Rendite und einer Laufzeit von 40 Jahren wären es immerhin noch knapp 280.000 Euro, was für ein ansehnliches Einfamilienhaus eine solide Ausgangsbasis darstellen würde.

Laufzeit (Jahre)	10 %	13 %
5	7.722 €	8.323 €
10	20.160 €	23.660 €
15	40.192 €	51.916 €
20	72.452 €	103.976 €
25	124.409 €	199.893 €
30	208.084 €	376.614 €
40	559.879 €	1.302.103 €

Tabelle 1.2: Entwicklung des Vermögens bei 100-Euro-Sparplan im Monat mit dem PI Global Value Fund über die Jahre der Laufzeit mit einer angenommenen Rendite von 10 % bzw. 13 % (Quelle: eigene Berechnungen).

Bei einer monatlichen Sparleistung von 100 Euro und einer angenommenen Rendite von 13 % sowie 40-jähriger Laufzeit kommen Sie auf ein Gesamtvermögen von sagenhaften 1,3 Millionen Euro. Doch klingen 13 % Rendite nicht reichlich utopisch? Dem muss ich nochmals entgegenhalten, dass der PI Global Value Funds zum Beispiel zwischen seiner Auflage am 15. März 2008 und dem 15. März 2011 trotz Finanzkrise eine Rendite von 13,7 % erzielt hat.

Der Zinseszins-Effekt als Renditetreiber

Der Tabelle können Sie entnehmen, in welchen Schritten sich dieses Vermögen von 1,3 Millionen Euro über die Jahre angesammelt hat. Dennoch ist es schon fast unglaublich, dass man aus 100 Euro monatlicher Sparrate ein so großes Kapital aufbauen kann. Das dahintersteckende Geheimnis war aber schon im alten Indien bekannt. Der Legende nach herrschte dort im 3. oder 4. Jahrhundert ein König namens Shihram, der durch Härte und Vetternwirtschaft Not und Elend über sein Land brachte (Sie sehen, es hat sich in den vergangenen Jahrhunderten wenig geändert). Um den arroganten Shihram zum Nachdenken anzuregen, allerdings ohne sich dessen Zorn zuzuziehen, soll der Gelehrte Sissa ibn Dahir eine frühe Form des Schachspiels erfunden haben: Schließlich kann dort der König allein, also ohne die anderen Figuren, gegen seine Feinde nichts ausrichten und ist zur Niederlage verdammt.

Also schenkte Sissa seinem Herrscher das von ihm erfundene Spiel mit der Begründung, damit könne der König seine Langeweile bekämpfen, hoffte aber gleichzeitig, dass der Beschenkte beim Spiel erkennen möge, wie wichtig in einem Staat auch die Untertanen sind. Die Legende berichtet, Shihram sei von dem Schachspiel so begeistert gewesen, dass er den Befehl gab, es in seinem Reich verbreiten zu lassen. Der Gelehrte hatte also sein Ziel erreicht, denn der König erkannte die Lebensweisheit des Spiels und bat seinen Erfinder, ihm einen Wunsch zu nennen, er werde ihn erfüllen.

Sissa äußerte den Wunsch, mit Reiskörnern entlohnt zu werden. Dafür solle der König auf das erste Spielfeld ein Reiskorn legen, auf das zweite Feld zwei Körner, auf das dritte vier Körner und so weiter. Shihram war über diesen scheinbar bescheidenen Wunsch sehr überrascht und gab sofort den Befehl, die erforderlichen Reiskörner herbeizuschaffen. Kurze Zeit später erkundigte er sich, ob Sissa seinen Lohn schon bekommen habe. Da erklärten ihm seine Beamten, dass sie bisher aus dem gesamten Reich keine so große Menge an Reis hätten auftreiben können. Damit hatte der Gelehrte seinem König eine weitere Lehre erteilt: Weisheit kann man mit keinem Reichtum der Welt erkaufen.

Denn insgesamt hätte der König den Gelehrten mit rund 18 Trillionen Reiskörnern belohnen müssen (eine Trillion ist eine Eins mit 18 Nullen). Um diese gewaltige Zahl ein wenig zu veranschaulichen, nehmen wir an, dass ein Reiskorn 0,03 Gramm wiegt. Nach dem 17. Feld beträgt das Gewicht aller Reiskörner knapp 2 Kilogramm, nach dem 26. Feld bereits eine Tonne. Das Gesamtgewicht der Reismenge nach dem 64. Spielfeld beläuft sich dann auf unglaubliche 5.000 Billionen Tonnen. Auch diese Zahl ist noch wenig anschaulich, daher ein weiterer Vergleich: Die weltweite Nachfrage nach Reis betrug nach Angaben der Welternährungsorganisation FAO im Jahr 2010 rund 450 Millionen Tonnen. Mit der Reismenge, die sich der indische Gelehrte von seinem König gewünscht hat, könnte nach heutigen Maßstäben die Weltbevölkerung 11.000 Jahre lang mit Reis ernährt werden. Wohlgemerkt, angefangen hat alles mit einem einzigen Reiskorn auf dem ersten Schachbrettfeld!

Eine schöne Legende, aber vielleicht fragen Sie sich jetzt, was das alles mit der Geldanlage und dem Zinseszins-Effekt zu tun hat. Nun, der Gelehrte Sissa forderte für jedes weitere Feld die doppelte Menge an Reiskörnern wie auf dem vorhergehenden. Der „Zins" pro Spielfeld betrug also 100 %. Eine solche Verzinsung würde heutzutage zu Recht als Wucher bezeichnet werden, dennoch lässt sich mit dem Schachbrett und dem Reiskorn der Zinseszins-Effekt gut erklären. Angenommen, Sie bekommen „nur" 10 % mehr pro Spielfeld, also pro Jahr für Ihr Kapital, das am Anfang (also auf dem ersten Feld) 1.000 Euro betrug. Im zweiten Jahr wächst Ihr Kapital also um 10 % auf 1.100 Euro an. Im dritten Jahr erhalten Sie weitere 10 % auf Ihr Kapital – nun jedoch nicht auf Ihre 1.000 Euro Ausgangskapital, sondern auf 1.100 Euro, denn zugrunde gelegt wird der Stand vom zweiten Jahr. Das wären dann schon 1.210 Euro. Und so geht das weiter; im zehnten Jahr ist Ihr Startkapital von 1.000 Euro auf fast 2.600 Euro angewachsen. Obwohl Sie „nur" 10 % Zinsen pro Jahr bekommen haben, hat sich Ihr Anfangskapital damit um 160 % erhöht, also tatsächlich um 16 % pro Jahr. Der Grund: Sie erhielten pro Jahr nicht nur 10 % auf Ihr eingesetztes Kapital, sondern stets auch auf die darauf gezahlten Zinsen. Daher die Bezeichnung „Zinseszins". Abbildung 1.2 verdeutlicht den Vermögensgewinn pro Jahr.

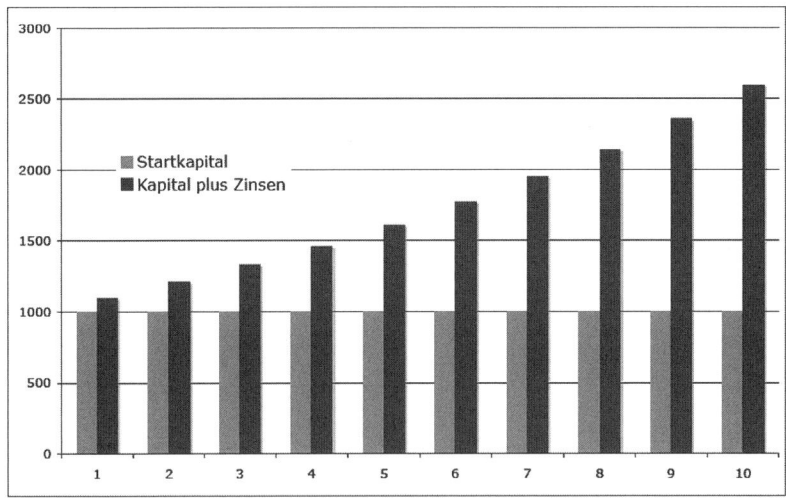

Abbildung 1.2: Der Zinseszins-Effekt bei einem Startkapital von 1.000 Euro und 10 % Verzinsung pro Jahr (Quelle: eigene Berechnungen).

Klar wird damit eins: Je länger Sie sparen und damit für jedes Jahr Zinsen erhalten, umso stärker wächst Ihr Vermögen an. Und je höher die Verzinsung pro Jahr ausfällt, desto kräftiger fallen die Vermögenszuwächse pro Jahr aus. Nehmen wir an, Sie legen die 1.000 Euro aus obigem Beispiel nicht zehn Jahre, sondern 40 Jahre an. Dann wäre Ihr Vermögen am Ende auf 45.260 Euro angewachsen.

Kommen wir zurück zu jenen 13,7 % Rendite, die der PI Global Value Fund seit Auflegung im März 2008 erwirtschaftet hat. Legen Sie 1.000 Euro zu einer jährlichen Verzinsung von 13,7 an, beträgt Ihr Kapital nach 40 Jahren 170.000 Euro. Den kleinen, aber feinen Unterschied zwischen 10 % und 13,7 % verdeutlicht Abbildung 1.3.

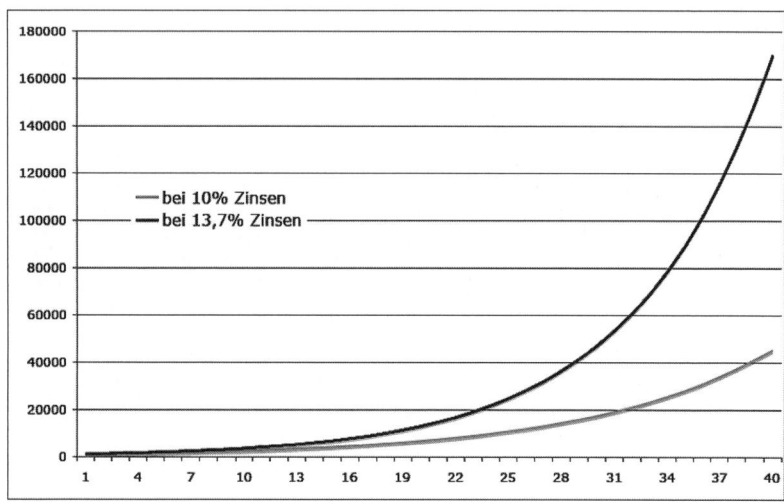

Abbildung 1.3: Der Vermögenszuwachs bei einem Startkapital von 1.000 Euro nach 40 Jahren bei 10 % bzw. 13,7 % jährlicher Verzinsung (Quelle: eigene Berechnungen).

Dass Sie mit einem Sparplan von 100 Euro monatlich und einer angenommenen jährlichen Rendite von 13,7 % nach 40 Jahren über ein Vermögen von 1,3 Millionen Euro verfügen könnten, haben Sie bereits weiter oben gesehen. Nach den eben betrachteten Beispielen, die ja immer nur davon ausgegangen sind, dass einmalig 1.000 Euro investiert werden, wirkt der enorme Vermögensaufbau auf 1,3 Millionen Euro sicherlich nicht mehr ganz so unglaublich. Damit Sie sich ein Bild von der kombinierten Wirkung von planvollem Sparen und Zinseszins-Effekt machen können, habe ich Ihnen in Abbildung 1.4 die Vermögensentwicklung mit Einmalanlage und Sparplan dargestellt.

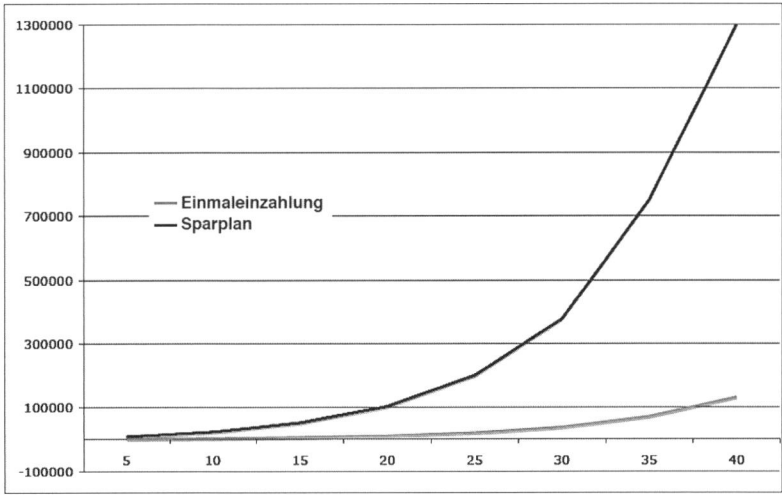

Abbildung 1.4: Vermögensentwicklung einer Einmalanlage (1.000 Euro) und eines Sparplans (100 Euro monatlich) nach 40 Jahren bei 13 % Zinsen jährlich (Quelle: eigene Berechnungen).

Ähnlich wie beim Beispiel des altindischen Schachbretts erkennt man auch beim planvollen Sparen inklusive Zinseszins-Effekt, dass der Vermögenszuwachs umso schneller vonstatten geht, je länger gespart wird. Etwa nach 25 bis 30 Jahren geht es mit dem erwirtschafteten Kapital immer stärker nach oben, denn die Zinsen, die Sie jährlich erhalten, beziehen sich auf einen immer höheren Sparbetrag.

Aber damit nicht genug. Wenn Sie mit einem Sparplan in einem Aktienfonds ein Vermögen aufbauen wollen, erhalten Sie eine weitere Hilfe – paradoxerweise sind dafür die ganz normalen Kursschwankungen verantwortlich, denen die Aktienmärkte im Zeitverlauf unterliegen. Die Begründung dafür ist eigentlich ganz einfach. Wenn Sie jeden Monat einen festen Betrag in einen Fonds einzahlen, bekommen Sie dafür ja immer den Gegenwert in Fondsanteilen gutgeschrieben. Wenn der Kurs eines Fondsanteils sinkt, erhalten Sie für Ihre feste Sparrate mehr Anteile, steigt der Fonds im Kurs, erhalten Sie für Ihren Anlagebetrag weniger Anteile. Auf lange Sicht erreichen Sie damit einen durchschnittlichen Einkaufskurs, der Ihre Sparanstrengungen zusätzlich verstärkt. Zum Tragen kommt dabei der sogenannte „Cost-Average-Effekt".

Der Cost-Average-Effekt als Spar-Turbo

Nähern wir uns dem Cost-Average-Effekt mit einem einfachen Beispiel aus dem täglichen Leben. Nehmen wir an, Sie betanken Ihr Auto jedes Mal für 30 Euro. Logischerweise erhalten Sie dann bei einem Benzinpreis von 1,50 Euro 20 Liter Benzin. Fallen die Benzinpreise auf 1,40 Euro je Liter, erhalten Sie beim nächsten Besuch an der Tankstelle für Ihre 30 Euro 21,42 Liter Benzin. Klettert der Spritpreis dagegen auf 1,60 Euro, bekommen Sie für 30 Euro nur noch 18,75 Liter. Für dreimaliges Tanken gaben Sie also 90 Euro aus und bekamen als Gegenwert insgesamt 60,17 Liter Benzin. Im Schnitt bezahlten Sie damit für einen Liter 1,49 Euro. Sie sehen, wenn Sie immer den gleichen Betrag zahlen, gleichen Sie damit Preisschwankungen an der Zapfsäule aus. Mehr noch: Nehmen wir an, Sie hätten nur einmal für 90 Euro zu 1,50 Euro je Liter getankt, und Ihr Wagen verbraucht fünf Liter auf 100 Kilometer. Dann wären Sie mit der einmaligen Tankfüllung 1.200 Kilometer weit gekommen. Beim dreimaligen Tanken zu je 30 Euro hätten die Tankfüllungen für 1.203 Kilometer gereicht. Das ist zwar ein minimaler Unterschied, der sich jedoch vergrößert, je länger Sie mit dem „Ratentanken" durchhalten und je höher die Benzinpreisschwankungen ausfallen.

Im Prinzip funktioniert der Cost-Average-Effekt beim Geldanlegen genauso – Sie zahlen auf Dauer nur einen gewissen Durchschnittspreis pro Fondsanteil, sofern die Fondspreise nach oben und unten schwanken. Das folgende Beispiel illustriert diesen Effekt, in dem erneut 100 Euro monatlich in einen Aktienfonds gespart werden.

Monat	Sparbetrag	Fondskurs	Anzahl Anteile
Jan.	100 Euro	100 Euro	1
Feb.	100 Euro	80 Euro	1,25
März	100 Euro	75 Euro	1,33
April	100 Euro	50 Euro	2
Mai	100 Euro	80 Euro	1,25
Juni	100 Euro	100 Euro	1
Juli	100 Euro	120 Euro	0,83
August	100 Euro	150 Euro	0,66
Sept.	100 Euro	100 Euro	1
Okt.	100 Euro	80 Euro	1,25
Nov.	100 Euro	90 Euro	1,11
Dez.	100 Euro	100 Euro	1
Gesamt	**1.200 Euro**		**13,68**

Tabelle 1.3: Cost-Average-Effekt (Quelle: eigene Berechnungen).

Nach einem Jahr und monatlichen Sparraten von 100 Euro liegen also 13,68 Fondsanteile im Depot. Auf den ersten Blick wird gleich der Vorteil gegenüber einer Einmalanlage ersichtlich. Denn wer im Januar zu einem Fondskurs von 100 Euro je Anteil 1.200 Euro investiert hat, dessen Fondsdepot liegt am Jahresende nach wie vor bei 1.200 Euro. Regelmäßige Fondssparer dagegen nutzten die Kursschwankungen und kauften für Ihre 100 Euro im Monat einmal mehr, einmal weniger Anteile. Am Jahresende hatten sie 13,68 Anteile im Depot zu einem Kurs von 100 Euro. Insgesamt erhöhte sich das Anlagekapital gegenüber der Einmalanlage um 14 % auf 1.368 Euro.

Je länger mit einem Sparplan in einen Fonds eingezahlt wird und je höher die Kursschwankungen ausfallen, umso größer wird der Vorteil des

Cost-Average-Effekts gegenüber einer Einmalanlage. Zwar wird oftmals argumentiert, dass sich die Vorteile regelmäßigen Fondssparens gegenüber einer Einmalinvestition auf lange Sicht relativieren. Allerdings gilt das nicht, wenn langfristig die Fondskurse – unter Schwankungen – steigen. Denn wie das Beispiel gezeigt hat, verfügen Fondssparer am Ende der Spardauer über mehr Anteile als bei der Einmalanlage. Und wenn am Ende der Laufzeit der Fondskurs höher liegt als am Anfang, verstärkt das den Vorteil eines Sparplans.

So viel zu den Vorteilen des Zinseszins- und des Cost-Average-Effekts beim regelmäßigen Sparen mit guten Aktienfonds. Wobei wohlgemerkt die Betonung auf „guten" Aktienfonds liegt. Denn wenn ein Fondsmanager sein Geschäft nicht versteht und regelmäßig hinter der Entwicklung des Gesamtmarktes zurückbleibt, nutzen Ihnen die oben beschriebenen Effekte beim Fondssparen herzlich wenig – Sie werden sich stattdessen darüber ärgern, dass Ihr Kapital im Fonds weniger stark zugelegt hat als die Börsen im Allgemeinen.

Leider bestätigen Statistiken immer wieder, dass die Mehrheit der Fondsmanager es nicht schafft, den Markt zu schlagen. Und die regelmäßig von Fachmedien veröffentlichen „Rennlisten" der Top-Fonds zeigen auch nur die halbe Wahrheit. So berichtete am 27. Juni 2011 die *Financial Times Deutschland* über Top-Fonds im Nebenwertebereich. In diesem Ranking erreichte der PI Global Value Fund den dritten Platz. Ich persönlich halte nichts von Rankings, da es mehr auf die Anlagemethode und die langfristige Ausrichtung des Fonds ankommt. Ein solcher Vergleich wird immer dadurch erschwert, dass sich die meisten Fonds in Details voneinander unterscheiden, so dass es für eine endgültige Beurteilung viel wichtiger ist, die Fondsmethode zu verstehen und den Fondsmanager an seinen eigenen Ansprüchen zu messen. So ist bereits die Einordnung des PI Global Value Funds als Nebenwertefonds sehr problematisch. Wenn Aktien großer Unternehmen (Blue Chips) günstig zu erwerben sind, investiert der PI Global Value durchaus in Großunternehmen; wenn allerdings Nebenwerte günstiger sind, investiert er in Nebenwerte. Die *Financial Times* hat also lediglich einen Schnappschuss geliefert. Außerdem – und das ist ein weiterer wesentlicher Punkt – können sich Rankings jedes Jahr ändern, beispielsweise kann ein Strategiewechsel infolge eines Managerwechsels zu einem besseren oder auch schlechteren Abschneiden des Fonds führen.

Die Riester-Lüge und andere Rohrkrepierer

Versuchen Sie die durchschnittlich erreichbare Jahresrendite von 8 bis 10 % einmal mit Lebensversicherungen zu erreichen! Die BaFin (Bundesanstalt für Finanzdienstleistungsaufsicht) hat festgesetzt, dass ab 1. Januar 2004 kapitalbildende Lebens- und Rentenversicherungen zum Vertragsablauf eine Mindestverzinsung von maximal 2,75 % garantieren dürfen. Davor waren es 3,25 %, bis zum 30. Juni 2000 4 %. Zwar ist fairerweise zu sagen, dass einige Versicherer etwas mehr schaffen – vielleicht 3 bis 4 % – aber das ist nichts im Vergleich zu den ganz normalen Aktienrenditen. Der Bund der Versicherten hat Lebensversicherungen zur Altersvorsorge daher als „legalen Betrug" bezeichnet, eine Wertung die das Landgericht Hamburg in einem Urteil aus dem Jahr 1983 als Meinungsäußerung und Bewertung gelten lässt (AZ 74 047/83).

Die angesehene Zeitschrift *Wirtschaftswoche* hat die „Riester-Lüge" entlarvt: Für die meisten Sparer lohnt sich das Riestern erst ab dem 90. Lebensjahr! Zwar werden wir immer älter, aber hier ist der Betrug am Sparer allzu deutlich. Und dennoch haben 12,4 Millionen Deutsche Riester-Verträge abgeschlossen und zahlten zum Beispiel 2008 insgesamt 4,6 Milliarden Euro darin ein. Die meisten Sparer werden über den Tisch gezogen und erleben herbe Enttäuschungen. Beispielsweise fressen in den ersten Jahren meistens die Kosten für die Riester-Rente die staatliche Förderung mehr als auf. Die Riester-Rente ist vor allem eins: ein gigantisches Subventionsprogramm für die Finanzbranche.

Ähnlich verhält es sich mit den lange als „mündelsicher" beworbenen offenen Immobilienfonds. Fast alle diese Komplettpakete der Finanzbranche sind komplex, undurchschaubar und nützen auf Dauer vor allem den Anbietern solcher Produkte. 2009 wurde klar, dass auch viele Investoren großer offener Immobilienfonds nahezu leer ausgehen werden, denn etliche der ganz großen Fonds haben es nicht über die Finanzkrise geschafft. Bei den Fonds Degi Europa, Morgan Stanley P2 Value und KanAm US-Grundinvest gab Ende 2010 die jeweilige Gesellschaft bekannt, dass diese Fonds abgewickelt – aufgelöst – würden, was mit herben Verlusten für die Anleger einhergeht. Daneben wurden acht Fonds zeitweilig geschlossen, darunter auch die so bekannten Axa Immoselect, Axa Immosolutions, SEB Immoinvest und CS Euroreal A. Das heißt, Anleger kommen nicht an ihr Geld und müssen ebenfalls zittern, ob sie ihre Einlagen jemals wiedersehen.

Es hilft nichts: Sie müssen Ihr finanzielles Schicksal selber in die Hand nehmen. Oder zumindest müssen Sie genug wissen, um Werbelügen der Branche von Fakten zu unterscheiden und solche Produkte und Dienstleistungen auszuwählen, die Ihnen wirklich nützen. Und in (fast) jedem Fall sind Aktien ein renditebringender Bestandteil Ihres Vermögensplans.

Exkurs: Formel für den Verdoppelungszeitraum des Anlagevermögens

Zur Berechnung des Verdoppelungszeitraums eines Vermögens bei kontinuierlichen Renditen lässt sich die folgende einfache Faustformel anwenden:

Verdoppelungszeitraum (VZ) = 72 geteilt durch Rendite in %

Teilen Sie einfach die Zahl 72 durch die erwartete Rendite, und Sie erhalten den Verdoppelungszeitraum für Ihr Vermögen. Die Formel ist bei

„normalen" Renditen relativ genau. Bei Renditen über 15 % wird sie zunehmend ungenauer.

„Geiz war sein Leben"

… hieß es in Nachrufen auf Edward Reid, der 2002 im Alter von 85 Jahren starb (*WAZ* vom 5.12.2002). Wie es sich für einen Schotten gebührte – und hier erweist sich das Klischee als zutreffend –, war er überaus geizig. Kleider wurden grundsätzlich geflickt, an der Heizung gespart, und der gebraucht gekaufte Ford Fiesta hatte weniger als 2.000 Euro gekostet. Umso größer war die Überraschung bei der Testamentseröffnung: Reid hinterließ umgerechnet etwa 27 Millionen Euro. Der Großteil – rund 25 Millionen – steckte in einem Aktiendepot, mehr als 2 Millionen lagen auf der Bank. Wahrscheinlich stammte Reids Ausgangskapital für sein Vermögen aus dem Verkauf von zwei Bauernhöfen aus Familienbesitz. Bei einer Rendite von 10 % wären zum Verkaufszeitpunkt etwa 142.000 Euro notwendig gewesen, damit 55 Jahre später die besagten 27 Millionen in Konto und Depot waren. Eine durchaus realistische Startsumme.

Mit dem 27-Millionen-Vermögen war nicht unbedingt zu rechnen gewesen. So arm wirkte Edward Reid, dass mitleidige Nachbarn schon einmal mit einer warmen Mahlzeit an seine Tür klopften, was von dem so Bedachten nach einigem Zögern auch akzeptiert wurde. Neue Kleidung gab es prinzipiell nicht. Fiel die Hose auseinander, wurde sie ausgebessert. Sein Auto nutzte der Schotte, um einmal im Jahr ans Meer zu fahren, in den Urlaub, wie es hieß – die Küste war gerade einmal rund 17 Kilometer von seiner Behausung entfernt, und abends ging es wieder nach Hause. Die Haushaltshilfe erhielt nur einmal ein Weihnachtsgeschenk: einen kleinen Kuchen. Im Testament wurde die 68-Jährige gar nicht bedacht. Sie bekam 40 Euro für sechs Stunden Arbeit pro Woche und zeigte sich angesichts des steinreichen Geizkragens fassungslos: „In seinem Haus war es immer kalt, und er hatte seit Jahren nichts mehr daran getan." Zwei Cousinen und ein Vetter sind die glücklichen Erben. Sie haben den Erblasser kaum gekannt. In 25 Jahren sah man sich zur zweimal. Familienfeiern kosten schließlich Geld.

Sie müssen kein Schotte sein und mit Ihrem Geld geizen, um über die Jahre ein stattliches Vermögen aufzubauen. Dazu reichen schon Disziplin beim Sparen, das Wissen, mit Aktien wesentlich höhere Renditen erwirtschaften zu können als mit anderen Anlageformen, und vor allem Geduld.

Das Dreieck des Vermögensaufbaus

Stellen Sie sich Frau Fleißig vor, die im elterlichen Handwerkerbetrieb aufgewachsen ist. Sie wirkt etwas graumausig und pflegt noch die alten Tugenden Sparsamkeit und Fleiß. Von ihren Eltern hat sie mit 16 Jahren 1.000 Euro geschenkt bekommen. Von ihrem 16. bis zum 25. Lebensjahr spart sie 83,30 Euro im Monat bzw. 1.000 Euro pro Jahr, vom 26. bis zum 35. Lebensjahr 150 Euro pro Monat oder 1.800 pro Jahr und vom 36. bis zum 59. Lebensjahr 200 Euro pro Monat oder 2.400 Euro im Jahr. Ab 60 spart sie nicht mehr (obwohl das unwahrscheinlich ist, denn wer es so zu seiner Gewohnheit gemacht hat, der wird diese Gewohnheit auch beibehalten). Das Vermögen ist zur durchschnittlichen Aktienrendite von 10 % angelegt.

Herr Karriere ist hingegen ein Überflieger: Schon als junger Erwachsener hat er sein Auto. Das Konto ist ausgeglichen. Sparen muss er seiner Ansicht nach nicht, denn er wird ja später viel Geld verdienen. Natürlich studiert er und steigt nachher als Managementtrainee bei einem Großkonzern ein. Die Autos werden größer, die Frauen schöner, und natürlich muss auch eine standesgemäße Wohnung her. Herr Karriere ist finanziell nicht leichtsinnig, er stürzt sich nicht in Schulden. Er will aber „standesgemäß" leben. Und „standesgemäß" ist immer am Limit dessen, was er gerade hat. Mit 50 denkt er daran, dass es vielleicht nicht schlecht wäre, etwas für die private Altervorsorge zu tun. Immerhin 50.000 Euro liegen auf seinem Konto. Bis

59 will er nun jeden Monat 2.000 Euro oder 24.000 Euro im Jahr beiseitelegen – immerhin das Zehnfache dessen, was Frau Fleißig in dieser Zeit spart.

Wie wird der Wettlauf zwischen Hase und Igel ausgehen? Sie ahnen es bereits: Frau Fleißig gewinnt um Längen. Mit 65 verfügt sie über ein Depot im Wert von 1,72 Millionen Euro, Herr Karriere über eins von 0,91 Millionen Euro. Da Frau Fleißig immer sparsam und bescheiden war, kann sie nun gemessen an ihren Bedürfnissen wie eine Fürstin leben. Ihr Vermögen wird durch drei Größen bestimmt – das verfügbare Einkommen bzw. Kapital, die erzielte Rendite und den Anlagezeitraum. Ich nenne diesen Zusammenhang das Dreieck des Vermögensaufbaus. Die Zeit ist der mächtige Verbündete von Frau Fleißig. Herr Karriere kann auch durch die zehnfache Sparleistung in den letzen zehn Jahren den Vorsprung nicht aufholen, den Frau Fleißig sich erarbeitet hat. Die Grundlagen des Vermögensaufbaus will ich hier nur ganz knapp skizzieren. Interessierten möchte ich zur Vertiefung mein Buch *Investieren statt sparen* empfehlen, in dem diese Fragen eingehend behandelt werden.

1. Von nichts kommt nichts

Wenn Sie Vermögen aufbauen wollen, benötigen Sie Vermögen, das Sie vermehren können. Von nichts kommt nichts. Sie müssen sparen. Und Sie müssen Ihr Kapital renditebringend und sicher anlegen. Um diese eherne Wahrheit kommen Sie nicht herum. Ich kenne Anleger, die versucht haben, mit riskanten Tradingstrategien Vermögen aufzubauen. Ein Kieferorthopäde wollte sich bei mir in schnellen Börsengeschäften beraten lassen. Er war offensichtlich durch seine Praxis intellektuell nicht ausgelastet und verzog sich zwischenzeitlich – und täglich häufiger – an seinen PC-Bildschirm, um sein Depot und seine Trades zu checken. Zwischenzeitlich erzielen solche Trader teilweise beeindruckende Erfolge. Irgendwann ist dann aber alles wieder weg. Und zwischendurch haben sie gezittert und viele Nerven verloren. Vermögensaufbau ist ein Langstreckenlauf. Dazu benötigen Sie die richtige mentale Konditionierung. Nur wenn Sie sich daran gewöhnen, zu sparen, weniger auszugeben, als Sie einnehmen, Vermögen beiseitezulegen und dieses kontinuierlich zu vermehren, wird das Vermögen Ihnen erhalten bleiben. Nicht umsonst gelingt es nur wenigen Lottomillionären, ihren plötzlichen Wohlstand zu halten. Meist ist alles nach kurzer Zeit wieder weg.

2. Renditen: Das Wunder der Zinseszinsen

Stellen Sie sich vor, Sie legen auf das erste Feld einen Schachbretts ein Reiskorn. Auf das nächste Feld zwei, dann vier … und so weiter. Schon auf das 15. Feld müssten Sie 16.384 Reiskörner stapeln, auf das 30. Feld kämen schon eine Milliarde Körner! Aber diese Geschichte kennen wir ja schon.

3. Anlagezeitraum

Wenn Sie mit Aktien Geld verdienen wollen, ist Ihr Anlagezeitraum von entscheidender Bedeutung. Bei 1.000 Euro jährlichem Sparbeitrag und 10 % Rendite passiert in den ersten zehn Jahren nicht allzu viel. Im zweiten Jahr kommen zum Beispiel der Sparbetrag von 1.000 Euro und 100 Euro Wertsteigerung dazu, im zweiten Jahr sind es 210 Euro Wertsteigerung. Dann wächst Ihr Vermögen immer schneller. Bereits im siebten Jahr hat die Wertsteigerung Ihres Depots Ihren Sparbetrag vom 1.000 Euro pro Jahr eingeholt, im elften Jahr haben Sie bereits 2.000 Euro Wertsteigerung, im 16. Jahr 3.000. Immer schneller vermehrt sich Ihr Vermögen, wenn Sie es schaffen, die 10 % durchschnittlich zu erreichen.

Das sollten Sie über die verschiedenen Vermögensklassen wissen

Wenn Sie sich an einen disziplinierten und langfristigen Vermögensaufbau machen wollen, sollten Sie sich aber zuerst Gedanken über die verschiedenen Vermögensklassen, ihre Renditechancen und ihre Vor- und Nachteile machen. In der folgenden Übersicht sehen Sie die wichtigsten Vermögensklassen mit ihren Vor- und Nachteilen sowie den jährlichen Renditen, die sie im Schnitt über einen längeren Zeitraum erwirtschaften können.

Geldvermögen	durchschnittliche Renditen p. a.	Vorteile	Nachteile
Bargeld, Devisen	keine	Werterhalt in bestimmten Krisenzeiten, liquide	kein Inflationsschutz, keine Erträge
Termingelder	2 % bis 3 %	Werterhalt in bestimmten Krisenzeiten	kein Inflationsschutz, geringe Erträge, bedingt liquide
Geldmarktfonds	2 % bis 4 %	Werterhalt in bestimmten Krisenzeiten, liquide	kein Inflationsschutz, geringe Erträge
Anleihen, Rentenfonds	3 % bis 5 %	Werterhalt in bestimmten Krisenzeiten	kein Inflationsschutz, geringe Erträge, bedingt liquide
Lebensversicherungen	1,75 % bis 3 %	Werterhalt in bestimmten Krisenzeiten	kein Inflationsschutz, geringe Erträge, bedingt liquide

Sachvermögen	durchschnittliche Renditen p. a.	Vorteile	Nachteile
Aktien	7 % bis 10 %	bieten Inflations- schutz, liquide	Erträge gehen in Krisenzeiten zurück, *schwanken sehr stark*
Immobilien	3 % bis 6 %	bieten Inflations- schutz	Erträge gehen in Krisenzeiten zurück, nicht liquide
geschlossene Immobilien- fonds	0 % bis 5 %	bieten Inflations- schutz	Erträge gehen in Krisenzeiten zurück, bedingt liquide
Schmuck, Sammlerobjekte	abhängig von Art und Erhaltungszu- stand der Objekte	bieten Inflations- schutz, Erträge neh- men in Krisenzeiten zu	bedingt liquide

Tabelle 1.4: Übersicht Vermögensklassen (Quelle: eigene Berechnungen).

Geldvermögen: Werterhalt vs. Inflationsrisiko

Geldvermögen gilt traditionell als risikolos, da es zunächst einmal nicht schwankt und Sie einen festen Betrag in bar besitzen oder – bei Geldfor- derungen – ausbezahlt bekommen. Aber bei Geldvermögen haben Sie das *Bonitätsrisiko* (kann der Schuldner zurückzahlen?) und das *Inflations- risiko* (wie weit wird meine Forderung dann durch die Inflation im Wert gemindert werden?) zu tragen. Denn der Vorteil, dass Geldvermögen in bestimmten Krisenzeiten nicht im Wert sinkt, weil es einen bestimmten, von allen akzeptierten, nominalen Wert hat, wird in Zeiten von andauern- den Preissteigerungen – also bei Inflation – zum Nachteil.

Stellen Sie sich vor, Sie ordnen Ihr Bücherregal neu und finden in einem alten Buch einen 100-Mark-Schein, den vermutlich Ihr Vater vor 50 Jahren dort hineingelegt hat. Niemand dachte in dem vergangenen halben Jahrhundert an die Banknote, für die man im Jahr 1960 noch einen ausgezeichneten Anzug erhalten hätte. Wenn Sie den 100-Mark-Schein in Euro umtauschen, was Sie in jeder Filiale der Bundesbank tun können, erhalten Sie dafür 51,13 Euro. Dafür bekommt man heutzutage gerade noch zwei mittelmäßige Hemden.

Inflation

Das Unheimliche an der Inflation ist, dass sie kaum merklich ihr zerstörerisches Werk verrichtet und erst nach Jahren die Folgen überdeutlich werden. Natürlich merken wir alle, dass alles immer teurer wird – an der Tankstelle, im Supermarkt oder beim Abendessen im Restaurant. Kurzfristig ist diese Entwicklung nicht so wirklich beängstigend, sondern eher ärgerlich. Doch erinnern Sie sich einmal, was Ihre Eltern verdient haben und welchen Anteil damals die Miete am monatlichen Einkommensbudget hatte. Vor 30 oder 40 Jahren brachte ein durchschnittlicher Angestellter 1.500 bis 1.800 Mark netto im Monat nach Hause. Davon musste er – zumindest in der Großstadt – für seine Wohnung etwa ein Drittel an Miete abzwacken. Heute liegt das Monatsgehalt zwar wesentlich höher, doch dafür verschlingt die Miete fast die Hälfte des Einkommens.

Inflation ist schleichende Geldentwertung oder andersherum: Fürs gleiche Geld bekommt man heutzutage viel weniger als früher. Wenn Sie also heute damit beginnen, Geld anzulegen, um ein künftiges Vermögen aufzubauen, müssen Sie darauf achten, dass das Kapital nicht an Wert verliert. Und das geht nur, wenn die Renditen, die das angelegte Geld jährlich erwirtschaftet, mindestens genauso hoch sind wie die jährliche Inflationsrate. Doch das ist leichter gesagt als getan. Innerhalb der vergangenen zehn Jahre lag die Teuerungsrate im Schnitt pro Jahr zwar nur bei 1,7 %, doch wenn der Betrachtungszeitraum auf 20 Jahre ausgeweitet wird, relativiert sich die Chance, den Wertverlust durch Geldentwertung auszugleichen.

Berücksichtigen Sie auch, dass die tatsächliche Inflation wesentlich höher liegt als die offiziell ausgewiesene. Dabei handelt es sich sozusagen um eine legale Manipulation der gemessenen Teuerung innerhalb des offiziellen Warenkorbs, mit dem die Preissteigerungen gemessen werden. So wird etwa bei Produkten wie Computern oder Autos die höhere Rechnerleistung oder die bessere Ausstattung insoweit berücksichtigt, als dass von ihrer tatsächlichen Preissteigerung ein Teil wieder abgezogen wird, weil es ja mehr Technik fürs Geld gibt. Eine weitere Verzerrung der Statistik entsteht dadurch, dass in den Warenkorb manche Güter oder Dienstleistungen mit einer Gewichtung einfließen, die mit der Realität immer weniger zu tun haben.

Beispielsweise ist der Bereich „Verkehr" mit rund 13 % gewichtet. Das bedeutet, dass eine Durchschnittsfamilie im Monat 13 % ihres verfügbaren Einkommens für Auto, Bus oder Bahn ausgeben „soll". Aber rechnen Sie selbst: Angenommen, eine Familie hat ein Budget von 3.000 Euro monatlich zur Verfügung. Die Kinder fahren mit der Straßenbahn in die Schule, der Vater fährt mit dem Auto ins Büro oder nimmt die S-Bahn, wenn die Mutter den Wagen braucht. Da kommen leicht 500 bis 600 Euro im Monat für Verkehrsmittel und den Unterhalt des Autos zusammen. Das bedeutet, dass die Familie bis zu 17 % ihres Monatsbudgets dafür ausgibt – und nicht 13 %, wie im offiziellen Warenkorb veranschlagt wird.

Abgesehen von der offiziellen und der tatsächlichen Inflation spielt auch die „gefühlte" Inflation eine wichtige Rolle. Denn sie ist oftmals nicht weit von der tatsächlichen Teuerungsrate entfernt und liegt derzeit vermutlich irgendwo zwischen 5 % und 7 %. Für die Gesellschaft für Konsumforschung (GfK) hat diese gefühlte Teuerung einen handfesten Grund: Vor allem die Produkte des täglichen Lebens wie Benzin und Lebensmittel seien deutlich teurer geworden. Da diese Produkte Signalwirkung haben, wirkten sich Preissteigerungen hier deutlich auf die Stimmungslage aus. Der Grund für diese offizielle „Manipulation" der Teuerungsraten liegt auf der Hand: Inflation bedeutet „versteckte" Steuererhöhung. Denn wir alle müssen beim Einkaufen 19 % Mehrwertsteuer zahlen. Wenn also die Preise steigen, klettern auch die Steuereinnahmen des Staates.

Aber bleiben wir bei den offiziellen Teuerungsraten. So lag die durchschnittliche Jahresinflation seit 1990 bei 2,2 %. Und seit 1981, also innerhalb der vergangenen 30 Jahre, stiegen die Verbraucherpreise pro Jahr im Schnitt um 2,5 %. Aber das sind nur Durchschnittswerte, die auf den ersten Blick nicht sonderlich besorgniserregend erscheinen. Aufschlussreicher ist hier die tatsächliche Berechnung, das heißt, wie sich der tatsächliche Kaufwert von zum Beispiel 10.000 Euro (der Einfachheit halber rechnen wir nicht mit D-Mark) von 1980 bis heute verändert hat (Abbildung 1.5).

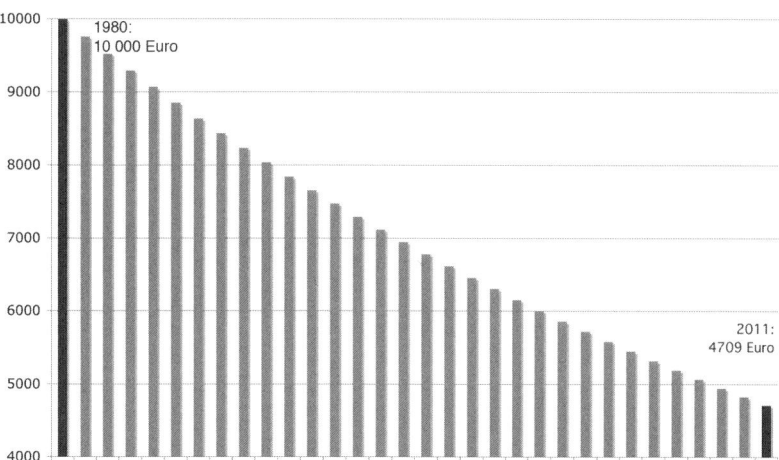

Abbildung 1.5: Was aus 10.000 Euro von 1980 bis heute wurde (Quelle: eigene Berechnungen).

Obwohl die jährliche Teuerungsrate seit 1980 im Schnitt „nur" 2,5 % betrug, hat sich der Wert von 10.000 Euro bis 2011 mehr halbiert! Erinnern Sie sich noch an den Zinseszins-Effekt? Die Mechanik ist hier die gleiche – sie wirkt nur andersherum. Im ersten Jahr nimmt der Wert des Geldes entsprechend der Inflationsrate ab. Im zweiten Jahr sinkt der Wert des Geldes entsprechend der Inflationsrate im ersten Jahr plus der im zweiten Jahr. Im dritten Jahr knabbern bereits die Teuerungsraten von drei Jahren am Kapital – und so weiter.

Innerhalb der vergangenen 40 Jahre errechnet sich für Deutschland eine jährliche Inflationsrate von durchschnittlich 3 % – und in Zukunft wird sie aufgrund der expansiven Geldpolitik massiv steigen. Das bedeutet, wenn Sie 1990 einen Betrag von 10.000 Euro zu 1,5 % jährlicher Verzinsung angelegt haben, beträgt die Kaufkraft Ihres Ersparten inklusive Zinserträgen heute gerade einmal knapp 9.000 Euro. Sie haben also einen Wertverlust von 1.000 Euro erlitten. Nehmen wir an, Sie hätten von Anfang an Jahreszinsen von 3 % erhalten, dann wären aus den 10.000 Euro bis heute 19.160 Euro geworden. Berücksichtigt man allerdings eine durchschnittliche Inflationsrate von 3 %, dann beträgt der Wert Ihres Ersparten aber lediglich 14.275 Euro. Inflationsbereinigt verzinsten sich Ihre 10.000 Euro in den vergangenen 20 Jahren also nicht mit 3 % pro Jahr, sondern nur mit durchschnittlich 2 %. Oder anders ausgedrückt: Die Inflation hat Ihnen rund ein Viertel Ihres Ersparten geraubt.

Auch wenn sich die Teuerungsraten laut den offiziellen Statistiken in Grenzen gehalten haben, sollten Sie den Einfluss der Geldentwertung beim Anlegen künftig nicht unterschätzen – zumal diese Statistiken wie beschrieben mehr verschleiern, als sie offenlegen. Die Experten sind sich einig, dass die Zeiten relativer Geldwertstabilität hinter uns liegen. Denn mit der Schuldenkrise in Europa und in den USA wird immer mehr Geld in Umlauf gebracht, und das treibt auf lange Sicht die Inflationsraten wieder nach oben. Die Notenbanken als oberste Hüter der Preisstabilität haben in absehbarer Zeit keine Möglichkeit, über eine Anhebung der Leitzinsen diese Liquiditätsflut mit ihrer preistreibenden Wirkung einzudämmen.

Sachvermögen: Inflationsschutz vs. Geschäftsrisiko

Bei Sachvermögen investieren Sie dagegen automatisch in einen wirksamen Inflationsschutz, denn dessen Wert wird sich bei steigenden Preisen ebenfalls erhöhen. Allerdings tragen Sie bei produktivem Sachvermögen (Aktien, Unternehmensanteilen) das sogenannte *Geschäftsrisiko* (wird dieser Vermögensgegenstand Einkommen produzieren und, wenn ja, wie viel?). Bei Unternehmensbeteiligungen und Aktien kann das Geschäftsrisiko bis zur Insolvenz des Unternehmens gehen, dann wären Aktien und Unternehmensanteile wertlos. Bei Sammlerobjekten besteht das Risiko in der *Nachfrage*, denn sie beziehen ihren Wert nur daraus, dass auch andere sie schön und begehrenswert finden. So kommen immer wieder Anlageklassen aus der Mode, und andere treten an ihre Stelle, zum Beispiel moderne Kunst als Vermögenswert.

Immobilien

Nach wie vor zählen Immobilien zu den besten Langfristinvestments unter den Sachwerten. Denn der Wert einer Immobilie – vor allem wenn sie eine gute Lage aufweist – wird mindestens mit der allgemeinen Teuerungsrate steigen. Stark steigende Preise, also anhaltende inflatorische Tendenzen in der Gesamtwirtschaft, treten in der Regel nur dann auf, wenn die Konsum- und Investitionsnachfrage steigt – sich die Wirtschaft also auf Wachstumskurs befindet. In Zeiten des Aufschwungs und des Booms verdienen aber nicht nur die Unternehmen besser, sondern auch das allgemeine Lohn- und Gehaltsniveau hebt sich. Wenn es den Menschen besser geht und sie keine Angst um ihre Arbeitsplätze haben müssen, wird der Wunsch nach den eigenen vier Wänden größer. Die finanziellen Möglichkeiten lassen diesen Wunsch immer realistischer erscheinen, und auch die Banken sind dann gern bereit, Hypothekenkredite zu vergeben. Entsprechend wird die Nachfrage nach Baugrundstücken oder Häusern steigen, was wiederum die Immobilienpreise nach oben treibt.

Abzulesen ist der Zusammenhang zwischen der allgemeinen Preisentwick-
lung und der Entwicklung der Immobilienpreise an den Preisindizes, die
das Statistische Bundesamt regelmäßig veröffentlicht (Abbildung 1.6).
Danach strebten die Verbraucherpreise, also das allgemeine Preisniveau,
sukzessive nach oben: Das Leben in Deutschland verteuerte sich seit der
Jahrtausendwende demnach um rund 20 % – gefühlt deutlich mehr. Die
Immobilienpreise sind dagegen in den ersten Jahren des zurückliegenden
Jahrzehnts nicht so stark angestiegen. Erst ab 2004 ging es auch mit dem
Wert von Wohngebäuden steil nach oben, so dass sich die Immobilienpreise bis zum dritten Quartal 2011 ebenfalls um 20 % erhöhten. Das sind
allerdings nur die reinen Preise für Wohngebäude. Wer in den vergangenen elf Jahren seine Immobilie auch noch vermietet hat, erwirtschaftete ne-
ben dem Wertzuwachs auch noch laufende Mieterträge, die in dem obigen
Preisindex noch gar nicht enthalten sind.

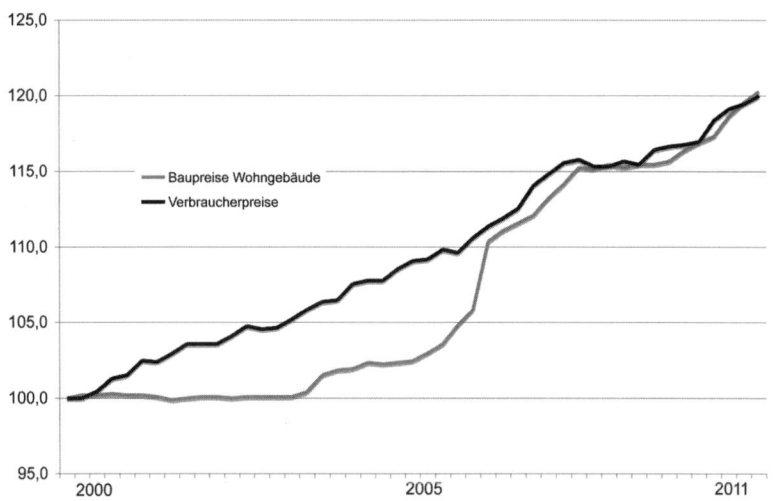

**Abbildung 1.6: Verbraucherpreisindex und Index der Baupreise für Wohngebäude
in Deutschland seit 2000 (Quelle: Destatis).**

Sie könnten jetzt kritisch anmerken, dass es mit einer Immobilienanlage als Sicherheitspuffer gegen Inflationsgefahren offensichtlich nicht weit her ist – schließlich blieben die Immobilienpreise, wie erwähnt, im Zeitraum von 2000 bis 2004 nahezu unverändert, während die allgemeine Teuerung bereits während dieser Jahre deutlich angezogen hat. Doch bedenken Sie, dass wir hier von einem langfristigen Anlagehorizont sprechen, also von mehr als drei oder vier Jahren. Auf Sicht von zehn Jahren konnten Sie sich mit einer Kapitalanlage in „Betongold", wie Immobilien auch gern bezeichnet werden, ausgezeichnet gegen eine inflationsbedingte Geldentwertung schützen. Überdies sollte man Investments in eine Anlageklasse nie für sich genommen bewerten, sondern stets in Relation zur Qualität anderer Anlagemöglichkeiten. Und hier erinnere ich an die Zeit zwischen 2000 und 2003, als es an den Aktienmärkten steil bergab ging. Der DAX beispielsweise stürzte während dieses Zeitraums von mehr als 8.000 auf 2.360 Punkte in den Keller – um unvorstellbare 70 %! Mit Immobilienwerten dagegen verloren Anleger in dieser Phase kein Geld.

Hinsichtlich der Ertragschancen von Immobilien müssen allerdings diverse Unterschiede beachtet werden. Einerseits spielt der Immobilientyp eine Rolle, also ob es sich um Gewerbe- oder um Wohnimmobilien handelt. Andererseits sind die regionalen Lagen zu berücksichtigen, in denen sich die Immobilien befinden. So entwickeln sich die Preise und Mieten von Gewerbeimmobilien meist wesentlich zyklischer, das heißt, sie folgen stärker der allgemeinen Konjunkturentwicklung, als das für das allgemeine Preisniveau von Wohnimmobilien der Fall ist. Außerdem sind die Wertsteigerungen von Top-Immobilien in Ballungsräumen in der Regel höher als bei Häusern oder Grundstücken auf dem flachen Land.

Für „normale Immobilien auf dem flachen Land" fallen die Perspektiven meiner Ansicht nach eher gemäßigt aus. Das hat mehrere Gründe: Zum einen nimmt generell die Bevölkerung in Deutschland ab, was sich vor allem in den ländlichen Gebieten negativ auf die Nachfrage und damit die Preise von Wohnraum auswirkt. Hinzu kommt, dass es junge Menschen zunehmend in die Städte zieht, weil dort einfach die Berufschancen höher sind als auf dem Land. Auch wirken sich steigende Nebenkosten und immer mehr Auflagen beim Bau negativ auf die Nachfrage und damit die Renditechancen bei Immobilien auf dem Land aus. Daher sollten Sie, wenn Sie auch mit Immobilien ein Vermögen aufbauen möchten, beim Erwerb von Immobilien vor allem auf die Lage der Objekte achten.

Immobilieninvestments besitzen noch einen weiteren Vorteil – wenn sie nicht komplett durch Eigenkapital finanziert werden, sondern mittels langfristiger Hypothekenkredite. Wenn Sie sich für eine Immobilienanlage verschulden, profitieren Sie sogar von der Inflation. Denn genauso, wie Inflation der größte Feind der Sparer ist, bringen steigende Preise denjenigen große Vorteile, die Schulden haben, wie Abbildung 1.7 verdeutlicht.

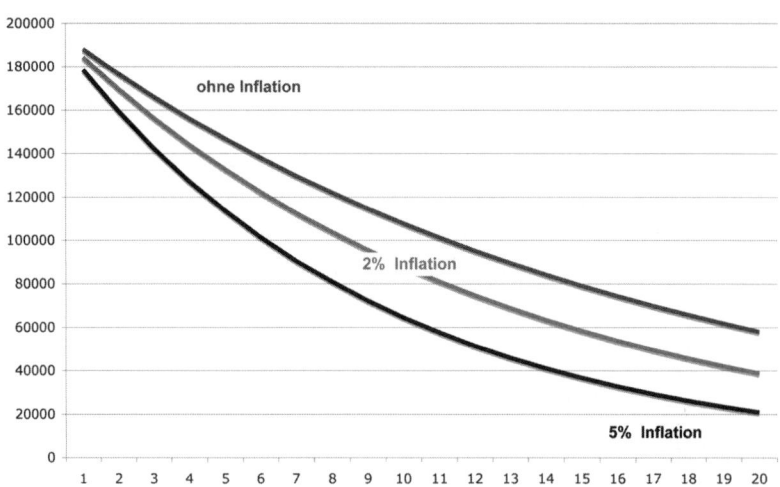

Abbildung 1.7: Die Entwicklung von Verbindlichkeiten in Höhe von 200.000 Euro nach 20 Jahren bei unterschiedlichen Inflationsannahmen (Quelle: eigene Berechnungen).

Sehen wir uns diesen Effekt anhand eines normalen Immobiliendarlehens an. Familie Klein nimmt heute einen Ratenkredit in Höhe von 200.000 Euro auf, um damit ein kleines Häuschen zu finanzieren. Sie muss dafür 5 % Zinsen im Jahr bezahlen, die Tilgungsrate beträgt jährlich 1 %. Der Immobilienkredit hat eine Laufzeit von 20 Jahren. Ohne Inflation hätte Familie Klein in 20 Jahren noch eine Restschuld von rund 58.000 Euro zu begleichen. Beträgt während der Laufzeit des Kredits die jährliche Teuerungsrate im Schnitt 2 %, beläuft sich die Restschuld im Jahr 2021 inflationsbereinigt nominal zwar immer noch auf 58.000 Euro, gemessen an der Kaufkraft aber nur noch auf 38.735 Euro. Und bei einer durchschnittlichen Inflationsrate von 5 % liegt der Gegenwert der Restschuld von 58.000 Euro bedingt durch den Geldwertverlust in den zurückliegenden 20 Jahren lediglich bei 20.800 Euro.

Genauso, wie Familie Klein als Darlehensnehmer von der Inflation profitiert, haben auch Staaten mit großen Haushaltsdefiziten einen Vorteil von einer schleichenden Geldentwertung und werden daher in den kommenden Jahren kaum daran interessiert sein, die Inflation ernsthaft zu bekämpfen. Beugen Sie dieser Gefahr daher vor und wappnen Sie sich gegen den ärgsten Feind des Vermögensaufbaus, indem Sie Ihr Kapital in Vermögensklassen anlegen, denen die Inflation wenig anhaben kann.

Sachwerte bieten Inflationsschutz

Auf einer Investmentveranstaltung vor ein paar Monaten kam ein Besucher auf mich zu und bedankte sich für die interessanten Argumente und Aspekte meines Vortrags. Zum Thema Sachwerte und Inflation merkte er jedoch kritisch an, dass das viel zitierte Argument, Sachwerte böten erstklassigen Schutz vor Geldentwertung durch Inflation, nicht ganz stimme. Er verwies darauf, dass man beim Verkauf von Sachwerten wie Aktien oder Gold, in die man lange investiert war, am Ende doch wieder nur Geld bekommt. Und dieser Betrag sei in seiner Kaufkraft geringer als zu

Beginn der Investition. Diese Überlegung war nicht von der Hand zu weisen, beinhaltete jedoch einen Denkfehler. Denn der Inflationsschutz von Sachwerten besteht nicht darin, dass diese Vermögenswerte keinen inflationsbedingten Wertverlust erleiden, sondern vielmehr darin, dass der prozentuale Wertzuwachs von Sachwerten gleich oder sogar höher ausfällt als die Inflationsraten. Der Wert von Realvermögen entwickelt sich in die gleiche Richtung wie das Preisniveau in der Gesamtwirtschaft – nur noch stärker.

Diesen Zusammenhang beweist der langfristige Vergleich von Investments in verschiedene Vermögensklassen eindrucksvoll, wie Sie aus Abbildung 1.8 ersehen können.

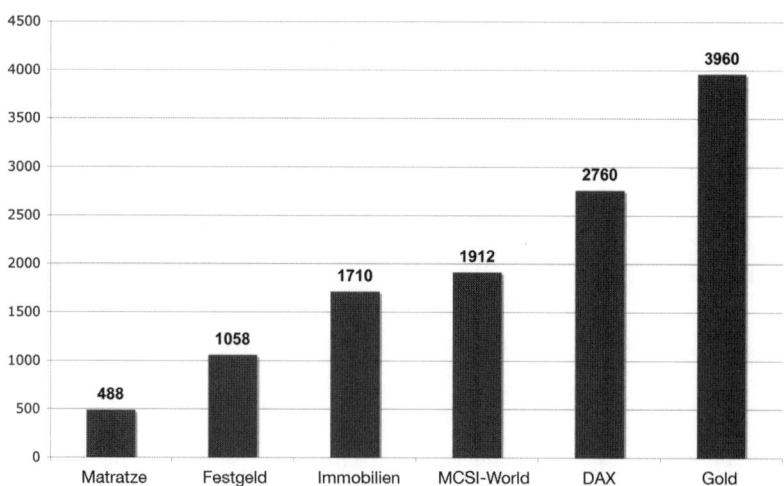

Abbildung 1.8: Was aus einem Investment von 1.000 Euro in Aktien, Immobilien, Gold und Festgeld (4 % Verzinsung) von 1990 bis 2011 bei einer durchschnittlichen Inflation von 3 % im Jahr geworden ist (Quellen: Destatis, Deutsche Börse, eigene Berechnungen).

Wer 1990 einen Betrag von umgerechnet 1.000 Euro unter der Matratze versteckt und das Geld erst 2011 hervorgeholt hat, konnte sich davon nur noch Produkte im Gegenwert von knapp 500 Euro kaufen. Den Rest vernichtete die Inflation von durchschnittlich 3 %. Etwas sinnvoller erwies sich die Festgeldanlage: Bei 4 % Verzinsung wurden aus den ursprünglichen 1.000 Euro inflationsbereinigt 1.058 Euro. Besser ging es Immobilienbesitzern, die sich 1990 eine Eigentumswohnung gekauft und diese dann vermietet haben. Laut Statistik der Immobilienmarktforscher der BulwienGesa AG kletterten die Preise für Eigentumswohnungen seit 1990 um gut 18 %. Im gleichen Zeitraum stiegen die Mieten in Deutschland durchschnittlich um fast 50 %. Wurde die Eigentumswohnung 2011 verkauft und berücksichtigt man die Mieterträge seit 1990, erhöhte sich der Wert einer Immobilieninvestition von 1.000 Euro auf etwas über 1.700 Euro.

Noch einen Tick besser entwickelte sich eine 1.000-Euro-Anlage im weltweiten Aktien-Index MSCI-World. Das Aktienbarometer kletterte von 1990 bis November 2011 um 140 %, und die Anfangsinvestition erreichte unter Berücksichtigung der Inflation im Herbst 2011 einen Gegenwert von 1.912 Euro. Das heimische Leitbarometer DAX spurtete in diesem Zeitraum sogar um 225 % nach oben, so dass aus den 1.000 Euro, die 1990 in den Index investiert wurden, inflationsbereinigt 2.760 Euro wurden. Der klassische Stabilitätsanker Gold verteuerte sich von Anfang 1990, als die Feinunze 400 Dollar kostete, bis November 2011 auf 1.780 Dollar. Infolge dieses Wertzuwachses von 345 % wurden aus den investierten 1.000 Euro unter Berücksichtigung der Teuerung 3.960 Euro.

Natürlich variieren diese Ergebnisse, je nachdem, welchen Beobachtungszeitraum man wählt. Doch die Reihenfolge, wie sich die Investments inflationsbereinigt entwickeln, bleibt gleich. Mit Bargeld erleiden Sie inflationsbedingt einen Verlust, bei Festgeld kommt es darauf an, wie hoch die Verzinsung ist. Bei obigem Beispiel wurden 4 % unterstellt, so dass nach 20 Jahren gerade einmal das Kapital erhalten werden konnte. Kräftige Wertzuwächse erzielen Sie jedoch mit Sachwerten, deren Wertsteigerungen die inflationsbedingte Geldentwertung bei weitem übertreffen. Das gilt vor allem für Gold, und es ist nicht zu befürchten, dass dies sich so bald ändern wird. Der Sachwert Gold hat auch einen Geldcharakter und ist insbesondere in Krisensituationen ein angesehenes Tauschmittel. Damit verbindet Gold die Vorteile von Geldvermögen (Liquidität) und von Sachvermögen (Inflationsschutz). Einen Unterschied gibt es allerdings: Das Edelmetall wirft keine regelmäßigen Erträge ab, die Gesamtrendite besteht lediglich in der langfristigen Wertsteigerung. Warum Gold dennoch in jedes Depot gehört, lesen Sie in Kapitel 3.

Aktien sind krisensichere Sachwerte

An der Lebensführung des Geizkragens Edward Reid sollte man sich zwar nicht unbedingt ein Beispiel nehmen, doch in Sachen Geldanlage ist der Schotte ein nachahmenswertes Vorbild: Gute Aktien stellen keinesfalls spekulative Zocks dar, sondern eine sehr krisensichere und solide Kapitalanlage. Die großen Vermögen in Deutschland wurden in zweierlei Formen über Krieg und Währungsreform gerettet: als Acker- bzw. Forstland oder als Aktienvermögen bzw. Unternehmensbesitz. Bei den Fürsten von Thurn und Taxis handelte es sich zum Beispiel vor allem um Land, bei den Henkels (Henkel), den Haniels (Celesio-Gehe, Metro, Takkt), den Quandts (BMW, Altana), den Thyssen- und Krupp-Erben um Aktienpakete. Viele Mittelständler waren zwar keine börsennotierten Aktiengesellschaften, aber sie hatten zumindest ein Produktionsgelände, Mitarbeiter und ein paar Maschinen. In der Zeit des Wirtschaftswunders nach dem Krieg ging es zwar allen besser, aber echtes Vermögen erhalten oder geschaffen haben nur die Unternehmer, ob groß oder klein. Während die Reichen oder Vermögenden also einen großen Teil ihres Vermögens über den Krieg retten konnten (wenn die Landflächen oder Unternehmen nicht im Osten gelegen haben), wurde der Mittelstand, der Anleihen gezeichnet oder Lebensversicherungen abgeschlossen hatte, zunächst einmal völlig enteignet. Aktien stellen echte und ziemlich unvergängliche Werte dar – wenn es gute Aktien sind.

Aktien: Geduld zahlt sich aus

Der Wirtschaftswissenschaftler Jeremy Siegel von der University of Pennsylvania hat die Renditen verschiedener Vermögensklassen in den USA seit 1802 untersucht. Ergebnis: Die Rendite von Aktien übertrifft diejenige aller anderen Vermögensklassen bei weitem. Auch Gold kann dabei langfristig nicht mithalten, erhält aber seine Kaufkraft. Aus einem Dollar, den Sie 1802 in die Aktienindizes investiert hätten, wäre 2001 die sagenhafte Summe von 8,8 Millionen Dollar geworden. Diese Steigerung wird wiederum durch das Wunder der Zinseszinsen bewirkt, diesmal über einen sehr langen Zeitraum. Ingesamt entspräche dieser Wertzuwachs einer Rendite von durchschnittlich 8,2 % im Jahr.

Das DAI-Renditedreieck

Die Situation in den USA ist nicht eins zu eins auf Deutschland oder Österreich übertragbar. Auf Europas Boden tobten zwei Weltkriege, während sich die Vereinigten Staaten ungestört wirtschaftlich entwickeln konnten. Aber es besteht kein Zweifel daran, dass auch in Deutschland Aktien die beste Anlageklasse waren und sind. Das Deutsche Aktieninstitut (DAI) berechnet hierzu sein berühmtes Renditedreieck, aus dem Sie seit 1984 ersehen können, welche Rendite Sie durchschnittlich mit DAX-Aktien erzielt hätten, wenn Sie in bestimmten Jahren ge- und verkauft hätten. Es werden also Halteperioden angegeben, zum Beispiel: Was wäre, wenn Sie 2001 ge- und 2002 verkauft hätten oder 1955 ge- und 2009 verkauft?

Die Zahlen sind erstaunlich: Aus umgerechnet 10 Euro im Jahr 1948 wären im Jahr 2010 ungefähr 7.370 Euro geworden. Das entspricht einer durchschnittlichen Rendite von 11,6 %. Selbst in der schlimmsten Periode der Nachkriegszeit, das heißt in den Jahren 1965 bis 1982 (Ölschocks, Inflation), hätten Sie noch eine Rendite von durchschnittlich 3,2 % erzielt. Nur in gut 1 % aller Halteperioden war ein negatives Ergebnis zu verzeichnen.

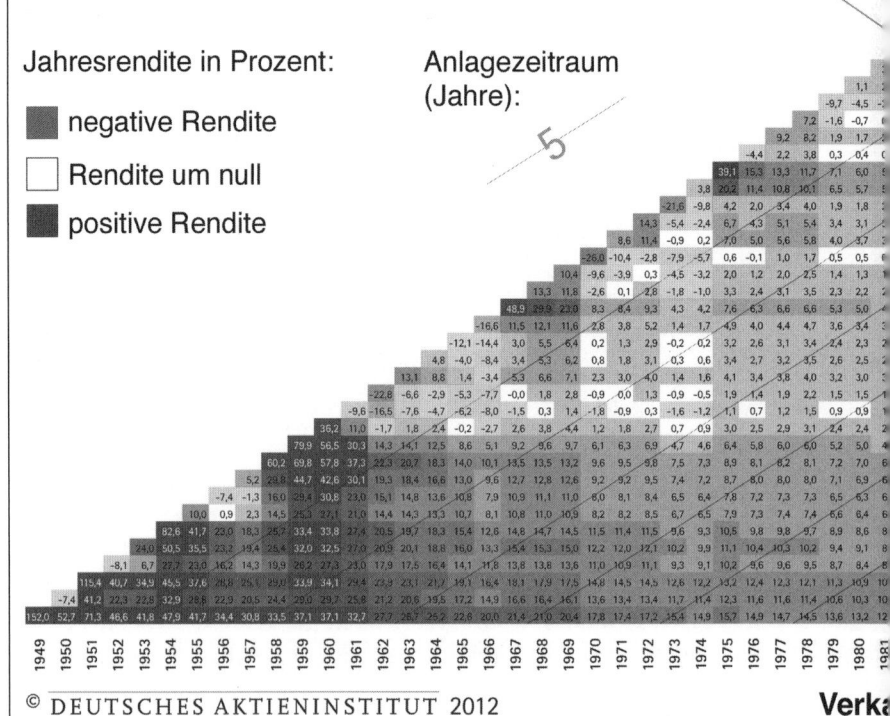

Beispiel:
Wer Ende 1975 Aktien kaufte und
bis Ende 1988 hielt, erzielte in diesem
Zeitraum eine durchschnittliche
jährliche Rendite von 9,6 Prozent.

Jahresrendite in Prozent:

Anlagezeitraum (Jahre):

■ negative Rendite

□ Rendite um null

■ positive Rendite

© DEUTSCHES AKTIENINSTITUT 2012   Verka

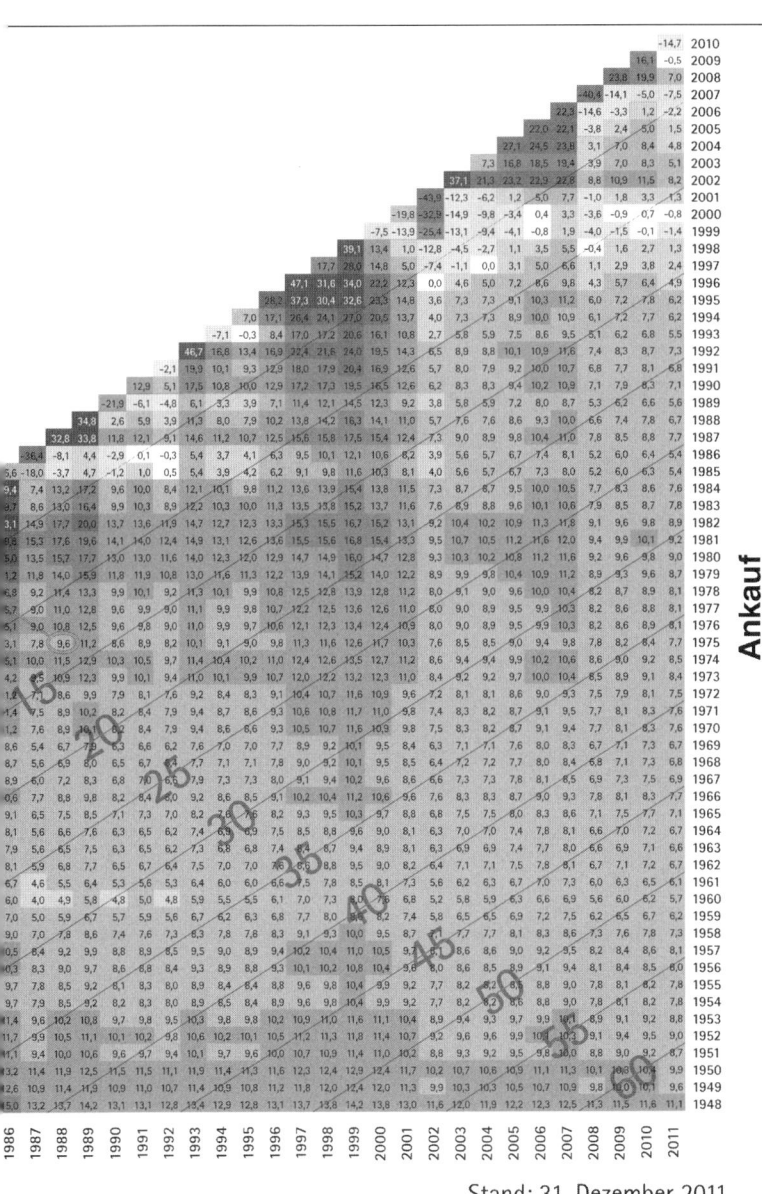

Stand: 31. Dezember 2011

Abbildung 1.9: Das DAI-Renditedreieck 1949 bis 2011.

Wenn Sie bereit sind, Aktien drei Jahre zu halten, sind es nur noch 0,5 % aller Halteperioden. Je länger Sie also Aktien halten, desto geringer ist die Wahrscheinlichkeit, dass Sie damit einen Verlust machen. Und so funktioniert das Renditedreieck:

> **Schritt 1:** Sie wählen in der Spalte „Ankauf" ein beliebiges Jahr als Kaufzeitpunkt aus, als Beispiel nehmen wir 2000.
> **Schritt 2:** Sie wählen in der Zeile „Verkauf" ein späteres Kalenderjahr als Verkaufszeitpunkt aus, beispielsweise 2007.
> **Schritt 3:** Sie suchen das Kästchen aus, in dem sich die ausgesuchte Zeile und die Spalte treffen. Die Prozentangabe dort lautet 3,3 %. Dies bedeutet: Hätten Sie zwischen 2000 und 2007 ein DAX-Depot gehalten, hätten sie also 3,3 % Rendite erzielt.

Je länger Aktien gehalten werden, desto kleiner wird das Verlustrisiko

Abbildung 1.9 zeigt deutlich, dass bei einer einjährigen Anlagedauer die Renditen zwischen +152 % im besten Jahr 1949 und –43,9 % im schlechtesten Jahr 2002 streuen. Bei längeren Anlagezeiträumen ergibt sich hingegen eine Glättung der Durchschnittsrenditen. Bei fünfjährigem Anlagehorizont im DAX schwanken die Renditen zwischen 41,8 % im besten (1948–1953) und –9,4 % im schlechtesten Zeitraum (1999–2004). Insgesamt gibt es aber nur noch neun Verlustzeiträume, wenn Sie bereit sind, die Aktien fünf Jahre zu halten. Demgegenüber stehen 49 Phasen mit Gewinnen.

Bei zehnjährigem Anlagehorizont im DAX schwankten die Renditen nur noch zwischen 34,1 % im besten Zeitraum (1950–1960) und dem schlechtesten Zeitraum, der einen Verlust von 1,8 % zwischen dem Ankauf 1960 und dem Verkauf 1970 aufweist. Dabei gibt es nur noch drei Verlustzeiträume (1960–1970, 1998–2008 und 1999–2009), die minimal sind, wie in Abbildung 1.9 zu sehen ist. Immerhin stehen 49 Gewinnzeiträume und nur einer Periode ohne Gewinn im Zehnjahresvergleich gegenüber. Ab dem 15. Anlagejahr spiegelt sich in keinem Zeitraum eine negative Rendite beim DAX wider. Es gibt 48 Gewinnzeiträume, die Phase mit der niedrigsten Rendite war von 1959 bis 1974 (0,9 %), die beste Rendite mit jährlich 26,7 % war in der Halteperiode von 1948 bis 1963 möglich.

Sehr ähnlich sieht es für den 20-jährigen Anlagezeitraum aus. Ab dem 25. Anlagejahr beträgt die schlechteste erreichbare durchschnittliche Rendite 4,8 % im Zeitraum von 1959 bis 1984. Die beste 25-Jahres-Durchschnittsrendite lag bei 15,4 % von 1948 bis 1973. Auch wer mit einer Wahrscheinlichkeit von nur 1,6 % den schlechtesten 25-Jahres-Zeitraum erwischt haben sollte, lag mit 4,8 % jährlicher Durchschnittsrendite immer noch besser, als es mit den meisten Lebensversicherungen jemals möglich gewesen wäre. Und es geht noch besser: Ab dem 35. Anlagejahr beträgt die aus der Vergangenheit niedrigste Durchschnittsrendite sogar 5,5 %, ab dem 40. Jahr schon 6,4 %. Ab dem 60. Jahr der Anlage im DAX sind Sie mit mindestens 10 % durchschnittlicher Rendite gefahren.

DAX: Rendite trotz Krisen

Betrachten wir nun den Zeitraum zwischen 2000 und 2010 im Detail. Hier gab es zwei wirtschaftlich relevante Ereignisse: das Platzen der New-Economy-Blase 2002 und die Finanzkrise 2008. Wie wirkten sich diese Vorkommnisse auf die durchschnittliche Rendite des DAX aus?

Von 2000 bis 2010 erzielte der DAX eine durchschnittliche Rendite von immerhin 0,7 %, was in Anbetracht der enormen Kurseinbrüche im Jahr 2002 mit -43,9 % sowie im Jahr 2008 mit -40,4 % immer noch beachtlich ist. Es waren die prozentual heftigsten Kursrückgänge in der Rückberechnung des DAX bis 1948. Interessant zu beobachten ist, wie sich der DAX im Folgejahr nach solchen Kursstürzen entwickelte. Betrachten wir typische Krisenjahre, die ich mit Kursverlusten von mehr als 20 % im Jahr definiere. Dabei ist deutlich zu erkennen, dass nach einem Krisenjahr von mehr als 20 % Kursverlust beim DAX das folgende Jahr immer beachtliche Renditen erzielte. Enorm war die Erholung im Zeitraum 1987/1988 um +32,8 % sowie im Zeitraum 2002/2003 mit einer anschließenden Kurs-Rallye um +37,1 %.

Die Fakten aus der Vergangenheit sprechen also eine deutliche Sprache: Allgemein betrachtet verheißen Aktien auf lange Sicht immer eine positive Rendite. Ab dem 15. Anlagejahr gab es keine negative durchschnittliche Rendite mehr beim DAX. Natürlich können Phasen eintreten wie etwa von 1999 bis 2001, in welchen der DAX negative Renditen einfuhr, aber langfristig wird das wieder aufgeholt. Sie müssen nur einen langen Atem besitzen und dürfen sich von kurzfristigen Schocks nicht allzu sehr beeindrucken lassen. Die Medien stellen Krisen und negative wirtschaftliche Ereignisse immer sehr dramatisch dar, was Otto Normalverbraucher zu Panikreaktionen veranlasst – kein Wunder, hört er doch von allen Seiten, dass die Weltwirtschaft kurz vor dem Zusammenbruch stehe. In der Folge kommt es gerne zu Überreaktionen an der Börse nach unten, welche in dem Maße oft nicht gerechtfertigt sind. Dasselbe ist natürlich auch für Übertreibungen nach oben feststellbar wie etwa während des New-Economy-Hypes im Jahre 2001, als die Firmenfantasien und noch nicht verwirklichte Geschäftsideen von einer Euphorie des Wahnsinns getrieben wurden. Um dies zu verdeutlichen: Die Kurs-Gewinn-Verhältnisse der damals am Neuen Markt notierten Unternehmen lagen zum Höhepunkt 2002 kurz vor dem Platzen der New-Economy-Blase bei über 300.

Die Unberechenbarkeit der Börse

Wenn Sie sich solchen Herdentrieben entziehen können und auf der Basis einer fundamentalen Analyse von Unternehmensbewertungen überzeugt sind, laufen Sie nicht mit ins offene Messer, sondern können das große Ganze standhaft und nüchtern betrachten. Der Wirtschaftskreislauf verläuft nun einmal in gewissen strukturierten Konjunkturzyklen, wie Abbildung 1.10 zeigt.

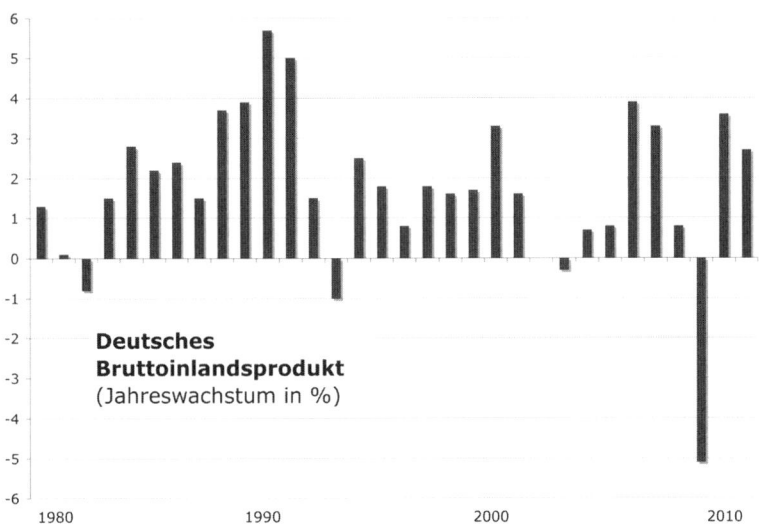

Abbildung 1.10: Die Jahreswachstumsraten des deutschen Bruttoinlandsprodukts seit 1980 (Quelle: Internationaler Währungsfonds).

André Kostolany hat dies in einer amüsanten Geschichte verpackt: Ein Mann geht mit seinem Hund spazieren. Während er gemütlich seine gewohnte Runde geht, tobt sich der Hund aus. Er läuft mal nach vorn, dann nach hinten. An einem Baum bleibt er stehen und schnüffelt an der Markierung seiner Vorgänger. Danach jagt er ein paar Vögeln hinterher. Zwischenzeitlich hat sein Herrchen schon ein ganzes Stück Weg zurückgelegt. Jetzt sieht es der Hund und hechelt hinterher. Schon bald bemerkt er vor sich ein paar andere Vierbeiner und hetzt los, obwohl ihn sein Herrchen zurückhalten möchte. So ein ungehorsamer Hund! Am Ende des Spaziergangs kommen beide wieder zu Hause an. Nur hat der Hund ein Vielfaches der Wegstrecke seines Herrchens zurückgelegt.

Die Auflösung von Kostolanys Gleichnis fällt Ihnen nicht schwer: Die Börse ist der Hund, und die Wirtschaft/das Unternehmen ist das Herrchen. Während die Entwicklung der Wirtschaft mit Ausnahme wirklicher Krisen normalerweise recht kontinuierlich verläuft, rennt die Börse einmal davon, und dann bleibt sie wieder zurück. Keiner weiß, wo sie morgen stehen wird!

Langfristig entscheidet aber nicht die Börse über das Wohl und Wehe der Wirtschaft und der Unternehmen, sondern die fundamentalen Rahmendaten. Wir können also davon ausgehen, dass etablierte Weltunternehmen wie Daimler (oder Coca-Cola, McDonald's, Sony, Lufthansa, BMW, Nestlé, Philip Morris, Procter & Gamble, IBM, Microsoft) weiter ihren Weg gehen und nicht zusammenbrechen werden. Eine Insolvenz kommt bei den großen Konzernen nur sehr, sehr selten vor – und normalerweise finden sich dann immer andere Unternehmen, die einsteigen.

Langfristig gibt es für die Aktienkurse solcher Unternehmen nur einen Weg: nach oben! Großkonzerne sind zwar nicht mehr so flexibel wie kleine, junge Unternehmen, aber sie gehen auch so gut wie kein Risiko ein. Wenn Sie gute Aktien kaufen, erwerben Sie einen Anteil am Produktivvermögen und dessen aktuellen Erträgen sowie die Hoffnung und Erwartung auf zukünftige Gewinne. Wie Sie gute Aktien identifizieren, lesen Sie in Kapitel 4. Hier nur so viel: Gute Aktien sind Anteilsscheine beständiger Unternehmen mit einer langen Geschichte, die normalerweise kontinuierlich Gewinne produzieren. Sie kaufen also Substanz und vor allem Ertrag.

Kurschwankungen sind Risiko und Chance zugleich

Sie wundern sich vielleicht, dass ich bislang noch gar nicht die *Kursrisiken* von Aktien erwähnt habe. Als ich zum Beispiel im März 2009 bei dem Fernsehsender n-tv die Aktie der Postbank als interessante Aktie vorstellte, war sie von 70 Euro im Jahr 2007 auf 13 Euro gefallen. Es erfolgte gerade noch ein Nachbeben der akuten Finanzkrise vom Herbst 2008. Ich fand die Aktien aufgrund meiner Berechnungen von Ertrag und Marktposition der Postbank wunderbar günstig. Keine zehn Tage später war die Aktie auf nahezu 5 Euro gefallen. Das war nochmals ein Verlust von über 50 %! Es herrschte nackte Panik! Ich kaufte nach und hatte einen durchschnittlichen Einstandskurs von ungefähr 7,50 Euro. Heute (April 2012) steht die Aktie bei ca. 30 Euro – dem Vierfachen meines durchschnittlichen Einstandskurses. Aber die zwischenzeitlichen Wertschwankungen gingen ganz schön an die Nerven. Privatanleger können da sehr schnell unsicher werden.

Kursschwankungen stellen für mich und andere Value-Investoren keine Risiken dar, sondern sind immer Risiko und Chance zugleich. Kursschwankungen müssen Sie hinnehmen, wenn Sie in Wertpapiere investieren – sie sind die notwendige Begleiterscheinung der Renditen an den Märkten. Diesbezüglich benötigen Sie größte Gelassenheit. Sie können den Markt nicht austricksen – nicht durch Stop-Loss-Marken, nicht durch Trendfolge und nicht durch andere Spielchen. Sie müssen sich beim Investieren selbst in den Griff bekommen. Hierzu mehr in Kapitel 2.

Mit Aktien werden Sie langfristig nur Geld verdienen, wenn Sie gute Aktien auswählen, diese Aktien deutlich unter Wert kaufen (oder hervorragende Aktien wenigstens nicht über ihrem fairen Wert) und sich nicht von Kursschwankungen beeinflussen lassen. Dies ist das sogenannte Value-Investing (wertorientiertes Investieren). Charlie Munger, der langjährige Partner von Investmentlegende Warren Buffett erklärte hierzu, dass alles Value-Investing sei, wenn man weniger zu bezahlen habe, als man an Gegenwert erhalte. Diese Auffassung teile ich auch. Wenn Sie Value-Investing konsequent durchhalten, sind Aktien die rentabelste Anlageklasse, die Ihnen real nach Abzug der Inflation pro Jahr 6 bis 10 % Rendite bringen sollte.

Die Aktienkultur in Deutschland

Trotz all der historischen Belege für die Überlegenheit der Anlageform Aktie haben die Deutschen die Nase gestrichen voll von diesen Wertpapieren. „Hören Sie mir bloß mit Aktien auf", habe ich in den letzten Jahren immer wieder gehört. Das Deutsche Aktieninstitut, das sich seit langer Zeit um die Aktienkultur in Deutschland verdient macht, meldet alarmierende Zahlen: Seit dem Höhepunkt der Technologieblase ist der Aktienbesitz in Deutschland um 30 % eingebrochen.

Kein Volk von Aktionären

Im zweiten Halbjahr 2011 waren laut einer Studie des Deutschen Aktieninstituts hierzulande 8,3 Millionen Anleger direkt oder indirekt in Aktien investiert – das sind nur 12,8 % der Bevölkerung und noch kein Grund, hinsichtlich der Akzeptanz von Aktien Entwarnung geben zu können. „Von den gut 8,3 Mio. Aktienbesitzern sind 2,2 Mio. (3,4 % der Bevölkerung) reine Aktionäre, die ausschließlich direkt in die Aktie investieren. 4,6 Mio. Anleger halten nur Aktienfondsanteile (7,1 %) und 1,5 Mio. (2,3 %) sowohl Aktien als auch Anteile an Aktienfonds", so eine DAI-Kurzstudie vom August 2011. Im Jahr 2001 hatte die Zahl der Aktienbesitzer in Deutschland einen Höchststand erreicht, nämlich immerhin über 12,8 Mio. Aktionäre und Fondsinvestoren. Demgegenüber ist heute ein Rückgang um rund 4,5 Mio. zu verzeichnen. Das sind 35,3 % oder mehr als ein Drittel weniger. Die Verunsicherung bei deutschen Anlegern ist massiv. Im zweiten Halbjahr 2010 haben viele Privatanleger ihre Aktien nach einer kurzen Phase des beginnenden Vertrauens von Mitte 2009 bis Mitte 2010 wieder verkauft. Gegenüber dem zweiten Halbjahr 2009 und dem ersten Halbjahr 2010 ist die Zahl der direkten Aktienanleger um fast eine halbe Million gesunken. Gegenüber dem Rekordstand bei den direkten Aktienanlegern im Jahr 2000 ist dies ein dramatischer Rückgang um 45 %.

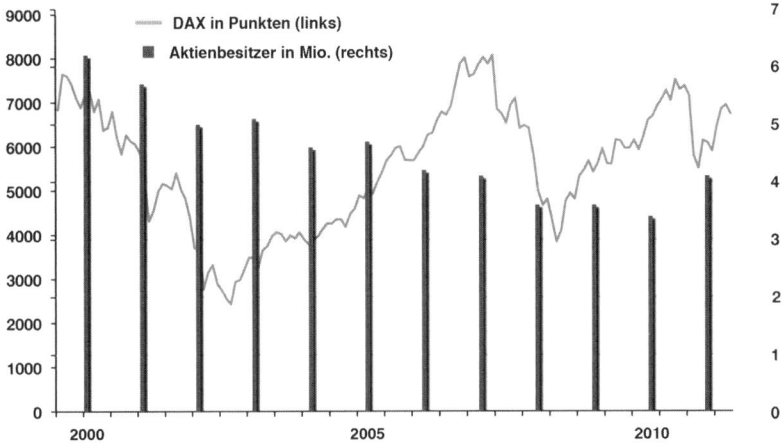

Abbildung 1.11: Direktanleger in Aktien und DAX seit 2000 (Quelle: DAI, eigene Berechnungen).

Das schwindende Vertrauen der Deutschen in die Anlageform Aktie ist verständlich, wenn Sie sich die Entwicklung seit dem Jahr 2000 vor Augen halten. Zweimal kletterte der DAX über den 8.000er-Gipfel, und zweimal ging es danach wieder kräftig in den Kurskeller. Doch was die deutschen Privatanleger so entnervt, ist für andere Anlegerschichten eine Chance, günstig einzusteigen. Immerhin kauften in den letzten Jahren internationale Großinvestoren in großem Maßstab deutsche Aktien, beispielsweise das Finanzunternehmen Blackrock.

Mittlerweile ist der gigantische US-Vermögensverwalter Blackrock der größte Einzelaktionär bei den meisten DAX-Titeln. „Was weiß Blackrock, was deutsche Privatanleger nicht wissen?", fragte ich im Januar 2011 in meinem *Aktienbrief DER PRIVATINVESTOR*: „Mit 3,5 Billionen Dollar verwaltetem Vermögen ist Blackrock der mit Abstand größte Vermögensverwalter der Welt. Blackrock wurde 1988 von einem jungen Team gegründet, um Pensionsverpflichtungen zu managen. 1999 ging das Unternehmen an die Börse und wuchs über eine aggressive Akquisitionsstrategie. Das Gründungsteam leitet das Unternehmen immer noch. Blackrock hält DAX-Beteiligungen im Wert von etwa 30 Milliarden Dollar. Das sind 4% aller DAX-Aktien. Bei 21 Unternehmen liegt Blackrocks Anteil zwischen 3 und 9%. Der Anteil ausländischer Investoren an DAX-Konzernen stieg seit Anfang 2009 um 8 auf 55,8%, das ist ein Rekordhoch. Vor zehn Jahren waren zwei Drittel der Aktien deutscher Konzerne noch in deutscher Anlegerhand."

Das DAI resümiert: „Zahlreiche Kontakte mit Anlegern und Marktteilnehmern lassen (...) vermuten, dass die (...) Gruppe der ‚Enttäuschten‘ nicht unerheblich ist. Dann hätte sich eine weitere Gruppe von Anlegern strukturell aus dem Aktienmarkt zurückgezogen. Es wird großer Anstrengungen aller Beteiligten bedürfen, diese für die Aktie zurückzugewinnen." Ganz verdenken kann man den Deutschen ihre Aktienmüdigkeit nicht. Technologieblase, die folgende massive Abzocke von Privatanlegern durch Derivate und Zertifikate seitens der Banken und die sich anschließende Finanzkrise haben das Vertrauen in das Anlageinstrument Aktie restlos zerstört.

Schaut man sich den DAX seit Ende der 1990er Jahre an, so haben die Deutschen in Summe über zwölf Jahre tatsächlich kein Geld an Aktien verdient: Der Index notiert heute mehr oder weniger dort, wo er 2001 nach dem Platzen der Technologieblase stand. Noch schlimmer: Die Leitbörse der über den größten Teil dieses Zeitraums drittgrößten Industrienation der Welt sieht aus wie die Börse eines Entwicklungslandes und nicht wie die Börse einer starken, etablierten Industrienation.

Abbildung 1.12: Der DAX seit 1999 (Quelle: Deutsche Börse).

Die Dekade der Übertreibungen

Von gerade einmal 2.750 Punkten zum Zeitpunkt der Emission der T-Aktie im November 1996 stieg der DAX steil bis auf 8.064 Punkte am 7. März 2000 an – eine Verdreifachung in gut drei Jahren oder 36 % Rendite pro Jahr. (Die Technologieblase begann insgesamt etwas früher am 8. August 1995 in den USA, als die Browserfirma Netscape einen extrem überzeichneten und erfolgreichen Börsengang hinlegte. 1998 kaufte America Online/AOL Netscape. Die Blase kollabierte nach dem März 2000.)

Mit der Eröffnung des Neuen Marktes (NEMAX) im Jahr 1997 packte die Deutschen das Aktienfieber. Eine irrationale Aktieneuphorie nahm ihren

Lauf. Unternehmen mit Geschäftsmodellen, die eigentlich nicht funktionieren konnten, wurden an die Börse gebracht und waren auf einen Schlag viele Milliarden wert. Milchbärte, die kaum mit ihrem Studium fertig waren – wenn sie ihr Studium nicht ohnehin abgebrochen hatten –, wurden als Vorstände von NEMAX-Unternehmen zu Stars. Finanzanalysten und Banken beteiligten sich als bezahlte Propagandisten an den Schiebereien wertloser Aktien, auf die am Ende meistens unwissende Privatanleger hereinfielen.

Nach dem Höhepunkt von 9.666 Punkten am 10. März 2000 begannen die Kurse zu fallen. Am 9. Oktober 2002 hatte der NEMAX bei einem Tiefststand von 318 Punkten in 31 Monaten über 96 % seines Wertes eingebüßt. Im September 2000 meldete mit Gigabell das erste NEMAX-Unternehmen Insolvenz an. Viele weitere folgten. Auch Betrug wurde massenhaft aufgedeckt, so zum Beispiel beim Telematik-Anbieter ComROAD und dem Filmrechtehändler EM.TV.

Exkurs: Die T-Aktie – Chronologie einer staatlich geförderten Abzocke

> **18.11.1996:** Börsengang. „Die T-Aktie wird so sicher wie eine vererbbare Zusatzrente sein", verspricht Konzernchef Ron Sommer. Ausgabepreis 28,50 D-Mark (14,57 Euro).

> **28.6.1999:** 2. Börsengang zum Preis von 39,50 Euro.

> **6.3.2000:** Der Kurs der T-Aktie erreicht den Höchststand von 103,50 Euro.

> **19.6.2000:** 3. Börsengang bei 66,50 Euro, 3,5-fach überzeichnet.

> **2001:** Die Telekom wertet ihre Immobilien um insgesamt rund 2,5 Milliarden Euro ab. Aus Sicht der heutigen Kläger ein Indiz dafür, dass die Bilanzposten überhöht waren.

> **23.11.2004:** Ein Mammutprozess gegen die Telekom, die Bundesrepublik Deutschland, die Kreditanstalt für Wiederaufbau und ehemalige Manager beginnt.

➤ **10.06.2009:** Tiefststand der T-Aktie bei 7,91 Euro – ein Verlust von 92,4 % gegenüber dem Höchststand.

➤ **April 2012:** Kurs der Deutschen Telekom AG: rund 8,70 Euro.

Vielen Deutschen ist es nach wie vor unerklärlich, wie die Banken, die Deutsche Börse und die offizielle Politik die einfachen Investoren so ins offene Messer laufen lassen konnten. Im nächsten Kapitel werden wir uns das Trauerspiel um die Telekom-„Volksaktie", das vor allem auf Kosten von Kleinanlegern aufgeführt wurde, noch einmal näher ansehen.

Warnende Stimmen gab es nicht sehr viele. Einer von wenigen war André Kostolany, der in einer legendären *NDR-Talkshow*, die auch auf YouTube abzurufen ist, gegenüber dem damaligen Mobilcom-Vorstand Gerhard Schmid am 4. September 1998 darauf beharrte, dass der Neue Markt ein Betrug sei. Kostolany hatte recht – nicht nur mit seiner damaligen Einschätzung des Neuen Marktes. Von der Börsenlegende können wir alle noch etwas lernen, vor allem, dass Börse überwiegend Psychologie ist, wie das folgende Kapitel ausführlich erläutern wird.

Stichwörter zu Kapitel 1

• Zinseszins-Effekt

• Cost-Average-Effekt

• Vermögensklassen

• Geldvermögen und Sachvermögen

• Inflation und Inflationsschutz

• DAI-Renditedreieck

• Kursschwankungen

• Aktienkultur

2. INVESTMENTFALLEN UND INVESTMENTMYTHEN

Um was es geht

Nicht Nachrichten machen die Kurse an den Aktienmärkten, sondern Menschen, die diese Nachrichten interpretieren. Und diese Interpretationen fallen ganz unterschiedlich aus. Daher sind die Kapitalmärkte offensichtlich auch so unberechenbar. Doch bedenken Sie eins: Letztlich sind die Börsen der Handelsplatz für Emotionen wie Gier, Angst, Hoffnung und Neid. Kurz: Die Aktienmärkte sind eine massenpsychologische Veranstaltung. Das ist aber auch Ihre Chance. Um mit Aktien reich zu werden, müssen Sie vor allem Ihre eigenen Emotionen im Griff haben und kühl, betriebswirtschaftlich rational handeln. Wie die Psyche Sie bei Ihren Anlageentscheidungen beeinflussen kann und wie Sie die größten Anlegerfehler vermeiden können, zeige ich Ihnen auf den folgenden Seiten mit genauso einfachen wie verblüffenden Beispielen.

Eines jener berühmten Zitate von André Kostolany, aus denen seine fast 80-jährige Börsenerfahrung spricht, lautet: „Die Börse ist zu 80 % Psychologie, nur der Rest sind Fakten." Übersetzt bedeutet diese Erkenntnis, dass die Kurse an den Aktienmärkten nicht von Unternehmensmeldungen oder Nachrichten aus Politik und Wirtschaft gemacht werden, sondern von Menschen. Wollen Sie auf Dauer erfolgreich an den Finanzmärkten agieren, müssen Sie dem Börsenhandel und seiner Mechanik auf den Grund gehen, um zu erkennen, warum das so ist.

Nehmen Sie an, Sie haben sich ein Bild über eine Aktie gemacht und wollen diese zum aktuellen Kurs kaufen – doch woher wissen Sie, dass dieser Kurs gerechtfertigt ist? Immerhin gibt es zu jeder Aktie, egal, wo und wann sie gehandelt wird, immer mindestens zwei Meinungen: diejenige des Käufers und die des Verkäufers. Der Käufer hofft auf steigende Kurse, sonst würde er sich nicht für die Aktie interessieren. Und der Verkäufer glaubt, dass es an der Zeit ist, das Papier zu verkaufen, warum auch immer. Wie kann es zu dieser doch sehr unterschiedlichen Einschätzung ein und derselben Aktie kommen?

Eine Möglichkeit: Der Verkäufer hat die Aktie vielleicht schon vor einem Jahr erworben, und das Unternehmen hat während dieser Zeit glänzende Geschäfte gemacht und ausgezeichnete Bilanzzahlen vorgelegt. Entsprechend positiv entwickelte sich während dieser Zeit der Aktienkurs, so dass der Verkäufer nun seine aufgelaufenen Gewinne mitnehmen möchte. Vielleicht benötigt er das Geld für ein neues Auto, oder er hat ein anderes interessantes Investment geplant. Der Käufer dagegen ist erst in den letzten Wochen aufgrund der guten Unternehmenszahlen auf die Aktie aufmerksam geworden, hat die Kursentwicklung eine Zeit lang verfolgt und sich jetzt zum Kauf entschlossen.

Vielleicht befürchtet der Verkäufer der Aktie aber auch, dass das Unternehmen künftig sein dynamisches Wachstum nicht mehr halten kann, weil etwa die hergestellten Produkte nicht mehr so stark nachgefragt werden. Daher rechnet er mit sinkenden Aktienkursen und will vorher noch schnell seine bisher aufgelaufenen Gewinne realisieren. Der Käufer dagegen interpretiert die Meldung, wonach die Unternehmensumsätze zuletzt ein wenig zurückgegangen sind, ganz anders. Er ist sich sicher, dass das Unternehmen mit Kostensenkungen oder neuen, verbesserten Produkten gegensteuert und damit das Gewinnwachstum künftig sogar noch steigern kann. Also investiert er jetzt, bevor ihm die Kurse „davonlaufen". Sie sehen: eine Aktie, ein Unternehmen, aber ganz unterschiedliche Einschätzungen.

„Mr. Market"

Die Börse übertreibt ständig nach oben und unten, und zwar massiv – sie ist sozusagen manisch-depressiv. In einer Sache aber ist der Markt brutal effizient, wie mein Mentor Bruce Greenwald von der Columbia University zu sagen pflegt: Einer von beiden – Käufer oder Verkäufer – wird sich irren. Einer wird eine richtige, einer eine falsche Entscheidung treffen. Benjamin Graham, der Begründer des modernen Value-Investings, hat die Figur des „Mr. Market" erfunden, um den irrationalen Charakter des Marktes zu illustrieren. Stellen Sie sich vor, Mr. Market ist Ihr Geschäftspartner, und zwar ein sehr launischer. Sie halten jeweils 50 % an einem gemeinsamen Unternehmen, sagen wir, einer Reinigungsfirma. Eines Tages kommt Mr. Market in Ihr Büro und ist offensichtlich schlecht gelaunt. Sie fragen nach, was los ist. Draußen regnet es. Nun kommt es heraus: Er hat sich mit seiner Frau gestritten, die Tochter hat schlechte Noten mit nach Hause gebracht, der Hund hat ihn gebissen. Der Klempner hat Murks gemacht.

„Und überhaupt", ereifert sich Mr. Market, „die Welt ist Mist. Die Wirtschaft geht den Bach runter. Ich hör auf. Du kannst meine Unternehmensanteile kaufen. 1.000 Euro." „Wirklich?", fragen Sie. „Gib mir doch eine Woche Bedenkzeit." Nach einer Woche sagen Sie Mr. Market: „Ich nehme Dein Angebot an." „Welches Angebot?", fragt er. „Na, ich nehme Deine Anteile für 1.000 Euro." „Nie im Leben!", ruft Mr. Market aus. „Ich würde sie nicht für 100.000 Euro verkaufen. Die Wirtschaft hat glänzende Perspektiven." Sie sind erstaunt und unterhalten sich. Draußen scheint die Sonne. Es kommt heraus, dass seine Frau besonders nett war. Die Tochter hat in der Schule geglänzt. Und überhaupt ist seine Laune phänomenal.

Sie haben es erraten – Mr. Market ist der Kapitalmarkt. Märkte sind nicht rational, sondern manisch-depressiv. Und noch mehr: Anders als Ihr Geschäftspartner macht Ihnen Mr. Market an jedem Börsentag ein Angebot. Er wird nie müde. Jeden Tag steht er auf und macht Ihnen ein Angebot.

Und Sie? Sie müssen nichts tun als abzuwarten, bis der Preis stimmt. Graham sagt hierzu, dass der Markt nicht dazu da ist, Ihre Investmententscheidungen zu bestimmen (das wäre der Fall, wenn Sie Trendfolge oder Chartanalyse betrieben), sondern Ihnen zu dienen. Aber das ist verdammt schwer. Warum, erläutere ich in den folgenden Abschnitten.

Börse und Psychologie

Auch wenn für die meisten Leute die Kapitalmärkte undurchsichtig, selbstgetrieben und irgendwie geheimnisvoll – und damit beängstigend – erscheinen, sollten Sie eines nicht vergessen: Es sind immer nur Menschen am Werk mit ihren ganz unterschiedlichen Erwartungen, Einschätzungen, Zielen und Bedürfnissen. Und wo Menschen agieren, muss immer auch mit deren Eigenarten gerechnet werden. Nicht umsonst sagt man: „Der Markt reguliert sich selbst." Das stimmt auf lange Sicht, doch was er reguliert, oder besser gesagt anpasst, sind die unterschiedlichen Einschätzungen und Erwartungen von Tausenden von Anlegern.

Und Anleger werden nicht von nackten Fakten getrieben, sondern stets von deren Interpretation. Doch eigenartigerweise ergibt sich aus den vielen, ganz unterschiedlichen Interpretationen über kurz oder lang eine bestimmte Kursrichtung, in die sich eine Aktie bewegt – ein Trend wird geboren. Aus den vielen Einzelmeinungen schält sich eine bestimmte Übereinstimmung heraus. Bei steigenden Kursen ist die Mehrheit der Anleger der Überzeugung, dass es sich lohnt, jetzt einzusteigen. Bei fallenden Kursen sind diejenigen Investoren in der Überzahl, die von weiter sinkenden Notierungen ausgehen und daher jetzt verkaufen.

Denken Sie nur an das abrupte Ende der Hausse 1999/2000, die den DAX auf über 8.000 Punkte getrieben hatte. Plötzlich begannen die Kurse zu sinken. Vielleicht haben einige gut informierte Investoren befürchtet, die Konjunktur könnte sich bald abkühlen, und angefangen, ihre massiven

Gewinne mitzunehmen. Doch die Masse der Anleger, die sich in den folgenden Wochen und Monaten von ihren Aktien trennten, tat das nur aus einem einzigen Grund: Die Kurse fallen – also verkaufe ich auch. Ähnlich verlief die Entwicklung im Frühjahr 2009. Der DAX war im Zuge der Bankenkrise seit Ende 2008 massiv eingebrochen und dümpelte Anfang März bei 3.600 Punkten. Wie aus dem Nichts drehte dann plötzlich der Markt – und immer mehr Anleger sprangen auf den anfahrenden Zug auf. Bereits Ende 2009 stand der DAX bei 6.000 Punkten. Erneut folgte die Masse der Anleger den steigenden Kursen, kaufte Aktien und verstärkte damit den Aufwärtstrend.

Herdentrieb und Informationskaskaden

Dabei sind es immer dieselben urmenschlichen Eigenschaften, die den Markt treiben, etwa Angst, Gier, Neid oder Hoffnung. Und diese Eigenschaften lassen sich alle psychologisch erklären, womit wir wieder bei Kostolanys Erkenntnis anlangen. Die Aktienmärkte sind also mehr oder weniger eine massenpsychologische Veranstaltung, bei der ein paar wenige eine erste Richtung einschlagen und viele andere folgen. Solche Massenbewegungen haben Sie sicher schon einmal in der Natur als Herdentrieb beobachtet. Etwa auf einem See, auf dem unzählige Möwen schwimmen. Plötzlich kommt Bewegung in die Vögel, die ersten fliegen auf, die anderen machen es ihnen nach. Jetzt herrscht ein heilloses Durcheinander und man wundert sich, wie die Möwen es schaffen, beim Start nicht zusammenzustoßen. Doch dann kommt Ordnung in den wirren Haufen, und die Vögel formieren sich zu einem Schwarm, in dem alle in die gleiche Richtung fliegen.

Sie kennen sicherlich noch die Bilder von früher, als es auf dem Aktienparkett, etwa in Frankfurt oder in New York, noch Börsenhändler gab, die wild um sich schrien und mittels ominöser Hand- oder Fingerzeichen ihre Aufträge übermittelten. Das Getümmel und Geschrei war mit einem startenden Vogelschwarm durchaus vergleichbar. Und auch auf dem Börsenparkett ergab sich aus dem unverständlichen Durcheinander irgendwann ein Kurs, zu dem die Aktien gehandelt wurden. Sicher, die Zeiten von hektischen Parketthändlern mögen vorbei sein, doch auch im Zeitalter des Computerhandels sind Herdentriebe zu beobachten, die in regelrechte Stampeden, also unkontrollierbare Fluchtbewegungen, ausarten können. Bestes Beispiel dafür war der 6. Mai 2010, als der Welt-Leitindex Dow Jones binnen weniger Minuten um fast 1.000 Punkte oder 9 % in den Keller rauschte, sich dann aber schnell wieder erholte. Über die Gründe für diesen Minuten-Crash herrscht Uneinigkeit, aber es hält sich hartnäckig das Gerücht, dass sich ein Händler bei der Abgabe einer Order am Computer vertippt hat – menschliches Versagen also. Das allein hätte jedoch diese großen Kursverluste unmöglich auslösen können. Vielmehr reagierten andere Computerprogramme sofort auf die fallenden Kurse und begannen ihrerseits zu verkaufen.

Sie sehen, der Herdentrieb macht auch vor emotionslosen Computern nicht halt – wie auch, denn deren Programme werden ebenfalls von Menschen geschrieben. Wenn bestimmte Kursniveaus vorgegeben sind, ab denen verkauft werden soll, gibt der Computer automatisch den Befehl dazu und fragt nicht nach dem Warum. Doch auch wir Menschen fragen beim Investieren meist nicht nach dem Warum (dazu später mehr), sondern wir kennen die Antwort schon vorher – oder besser gesagt, unser Unterbewusstsein erledigt das. Damit geben wir Gefühlen wie Angst, Gier, Neid oder Hoffnung ohne großes Überlegen nach.

Beispiel: Die Telekom-Aktie

Wann welche Gefühle von unserem Unterbewusstsein aktiviert werden und unsere Entscheidungen lenken, lässt sich an einem typischen Entwicklungszyklus von Aktien sehr gut veranschaulichen. Wie Sie wissen, sind Aktienmärkte keine Einbahnstraßen, sondern die Kurse steigen und fallen in unregelmäßigen, aber wiederkehrenden Rhythmen. Und in jeder

Entwicklungsphase beherrschen uns andere Emotionen, wie ich Ihnen anhand des Kursverlaufs der Telekom-Aktie im ersten Halbjahr 2000 erläutern möchte.

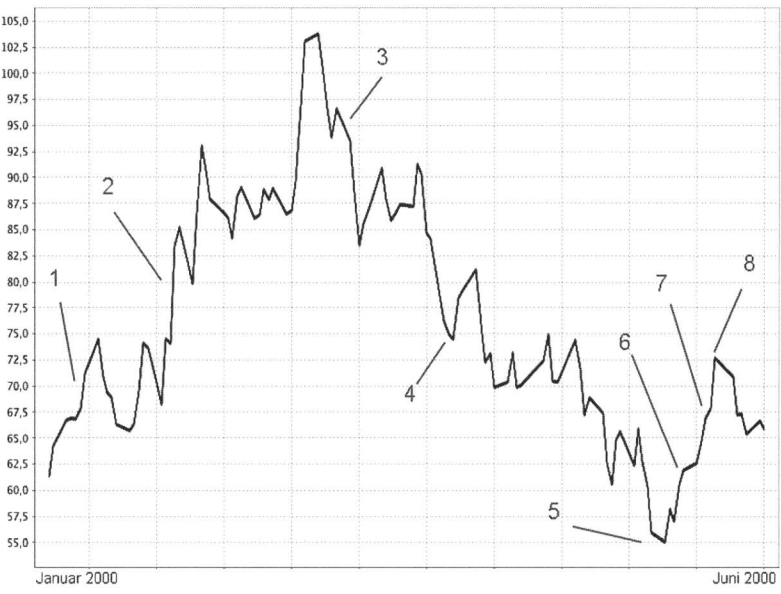

Abbildung 2.1: Die Telekom-Aktie von Januar bis Juni 2000 (Quelle: Deutsche Börse).

➤ **Phase 1:** Die Kurse sind schon eine Weile nach oben geklettert. Wir haben die Entwicklung beobachtet, sind optimistisch und entscheiden nun: „Die Kurse steigen, ich kaufe."

➤ **Phase 2:** Der Aktienkurs entwickelt sich erfreulich, wir liegen nach kurzer Zeit ordentlich im Gewinn. Wir fühlen uns in unserer Entscheidung bestätigt, es macht sich Euphorie breit: „Gut, dass ich eingestiegen bin."

➤ **Phase 3:** Der Wind hat gedreht, unsere Aktie befindet sich seit geraumer Zeit im Sinkflug. In uns kommt Unruhe auf, aber wir liegen noch deutlich im Gewinn, so dass wir beschließen: „Ich nutze die Korrektur und kaufe nach."

➤ **Phase 4:** Der Aktienkurs sinkt weiter. Uns befallen erste Zweifel, ob unsere Kaufentscheidung richtig war: „Nicht zu fassen, es kann doch nicht immer nur bergab gehen."

➤ **Phase 5:** Die Aktie hat sich seit dem Hoch mehr als halbiert. Von Panik beherrscht entschließen wir: „Das wird nichts mehr, ich verkaufe."

➤ **Phase 6:** Nachdem wir verkauft haben, drehen die Kurse wieder nach oben und scheinen unaufhaltsam weiter zu klettern. Wir ärgern uns, dass wir verkauft haben, und kapitulieren vor dem Aktienmarkt: „Ich rühr nie mehr Aktien an, nie mehr."

➤ **Phase 7:** Nach einer gewissen Zeit schauen wir uns den Kurs „unserer" Aktie wieder einmal an. Er ist weiter geklettert, Hoffnung keimt in uns auf: „Es geht weiter aufwärts, mal sehen, wie weit das geht."

➤ **Phase 8:** Die Aktienkurse sind sogar über das Hoch vor ein paar Wochen geklettert. Jetzt kommt in uns Angst auf: „Ich muss einsteigen, sonst verpasse ich den Trend."

Ich bin mir sicher, der eine oder andere von Ihnen hat genau diese Erfahrung auch schon gemacht: Sie investieren in einen Wert, der zunächst weiterhin steigt. Irgendwann geht es mit den Kursen allerdings abwärts. Doch das ist völlig normal, denn, wie gesagt, die Börsen sind keine Einbahnstraßen. Wenn der Leidensdruck dann groß genug ist, trennen Sie sich von Ihrem Investment – und just zu diesem Zeitpunkt hat der Kurs sein Tief gesehen, und es geht wieder aufwärts.

Einigen Kunden von mir ist das genau so passiert. Ein Kunde, den ich seit Frühjahr 2008 betreute, blieb im Herbst 2008 zunächst noch sehr ruhig. Da er eine sportliche Rendite erzielen wollte, hatten wir einen hohen Aktienanteil. Ab Januar 2009 merkte ich, dass der Kunde immer unruhiger wurde. Ich habe mit Engelszungen auf ihn eingeredet, gebettelt, gedroht – es hat alles nichts genutzt: Er liquidierte Mitte März 2009, exakt zum Tiefpunkt, sein ganzes Depot. Wenige Tage später setzten die Märkte zu einer

spektakulären, zwei Jahre dauernden Kurserholung an. Eigentlich hätte
der Kunde jetzt nicht verkaufen, sondern kaufen müssen.

Ist es Ihnen selbst schon so gegangen, dann kennen Sie auch die folgende
Entwicklung: Es stellt sich automatisch das Gefühl ein, dass sich die Börsen offensichtlich gegen Sie verschworen haben, und Sie beschäftigen sich
– zumindest eine gewisse Zeit – nicht mehr mit den Aktienmärkten. Doch
irgendwann werden Sie – wie auch immer – wieder auf „Ihre" alte Aktie
aufmerksam und stellen fest, dass die Kurse ordentlich steigen. Und dann
beginnt die emotionale Achterbahnfahrt von neuem.

Psychologisch lässt sich dieses Verhalten damit erklären, dass die meisten Menschen die Kapitalmärkte als gefährlich und riskant einschätzen.
Wenn sie sich dann doch damit befassen und investieren, greifen reflexar-
tig Schutzmechanismen, die uns vor vermeintlichen Fehlern und Gefahren bewahren sollen. Ob die Gefahren wirklich so groß sind oder sich
vielleicht als Chance erweisen, bleibt unerfahrenen und ahnungslosen Anlegern vermutlich für immer verborgen. Vielmehr folgen sie den immer
gleichen sogenannten „Informationskaskaden".

Von Informationskaskaden spricht man, wenn alle Akteure unter Berücksichtigung einer bestimmten Wahrscheinlichkeit unabhängig von ihren
privaten Informationen die gleiche Entscheidung treffen. Lassen Sie es
mich einfacher erklären: Stellen Sie sich vor, Sie sind im Urlaub und fahren auf der Autobahn zu einer Touristenattraktion, deren Adresse Sie im
Navigationsgerät eingegeben haben. Der Verkehrsfunk meldet einen Unfall und rät, an der nächsten Ausfahrt auf die Landstraße auszuweichen.
Am Ende der Ausfahrt müssen Sie entscheiden, ob Sie links oder rechts
abbiegen. Ihr Navi sagt Ihnen: „Jetzt links abbiegen", doch Sie wissen,
dass die Software nicht aktualisiert ist und Sie schon des Öfteren in die falsche Richtung geführt hat. Entsprechende Ortsschilder gibt es auch nicht.
Allerdings stehen vor Ihnen drei Fahrzeuge, an deren Kennzeichen Sie erkennen können, dass es sich ebenfalls um Autos von Touristen handelt.

Und alle drei blinken rechts. Für welche Richtung werden Sie sich entscheiden?

Richtig, Sie werden ebenfalls rechts abbiegen, denn da Sie über keine objektiven Informationen verfügen, vertrauen Sie den Ortskenntnissen der vor Ihnen Fahrenden und folgen in der Hoffnung, dass diese ebenfalls die Touristenattraktion ansteuern. Sie haben sich also für eine Richtung entschieden, obwohl Sie selbst keine Ahnung haben, ob sie stimmt. Diese Entscheidung resultiert entweder aus der Angst, sich heillos zu verfahren, oder aus der Hoffnung, bald ans richtige Ziel zu gelangen. Exakt nach dem gleichen Muster funktionieren Informationskaskaden an den Aktienmärkten. Die Folge sind Herdentrieb und unter Umständen eine sich selbst verstärkende Trendrichtung. Exemplarisch lässt sich diese Art der Entscheidungsfindung sehr gut an der SolarWorld-Aktie darstellen.

Beispiel: Die SolarWorld-Aktie

Sie erinnern sich bestimmt noch an den Solar-Hype in den ersten Jahren des neuen Jahrtausends. SolarWorld war einer der damaligen Highflyer, ist dann jedoch gnadenlos abgestürzt und kostete im Oktober 2011 nur noch knapp über 3 Euro, im April 2012 sogar weniger als 2,20 Euro. Mitte 2004 war die Aktie fast genauso viel wert, doch wie die Börsenumsätze zeigen, interessierte sich damals noch kaum jemand für das Solarunternehmen aus Bonn. Erst ab Anfang 2005, der Aktienkurs hatte sich bis dahin schon verfünffacht, stieg die allgemeine Nachfrage nach dem TecDAX-Wert, weshalb sich die Umsätze mehr als verdoppelten. Als die Aktie Mitte 2005 endgültig die Schallmauer von 20 Euro durchbrach, hatten sich die Umsätze bereits verdreifacht. Abgesehen davon, dass natürlich auch viele institutionelle Investoren wie Fonds die Aktie im Depot hatten, gehörte SolarWorld damals mehr oder weniger zur „Grundausstattung" vieler privater Aktiendepots. Und es ist davon auszugehen, dass die meisten Anleger einfach nur dem Trend folgten und die Aktie kauften. Diese klassische Informationskaskade führte zu verstärkter Nachfrage (siehe wachsende Umsätze) und damit zu immer weiter steigenden Kursen, womit sich die Notierungen geradezu aufschaukelten und in immer neue Höhen vordrangen. Im November 2007 notierte SolarWorld schließlich bei knapp 48 Euro, dem höchsten Stand aller Zeiten. Seitdem ging es mit der Aktie nur noch nach unten und die Verluste belaufen sich auf sagenhafte 97 %!

Wie oft bin ich 2005, 2006 oder 2007 auf Solaraktien angesprochen worden! Ich habe immer wieder gesagt: „Finger weg!" Und dann stiegen die Aktien munter weiter. Ja, ich habe auch immer wieder gesagt, dass ich auf diese 1.000, 2.000, 3.000 % Gewinn gerne verzichte, weil die Geschäftsmodelle der Aktien aus meiner Sicht nicht durchschaubar und nachhaltig waren. Aber erst in den Jahren 2010 und 2011 gab mir der Markt recht. Vorher muss ich in den Augen einiger ganz schön dumm gewirkt haben. Doch das war mir egal, ich wollte das Risiko nicht eingehen. Wer den Informationskaskaden folgend noch Anfang 2006 in das Unternehmen investiert hat, wurde mit dem einstigen Highflyer nie mehr froh. An letztlich verhängnisvollen Investments, die sich durch Informationskaskaden erklären lassen, sind aber nicht nur unwissende oder leichtgläubige Anleger schuld, sondern auch sogenannte „Ratgeber".

Die Rolle der Medien und der Finanzbranche

Mit Ratgebern meine ich vor allem die einschlägigen Finanzmedien beziehungsweise Zeitschriften und Magazine, die regelmäßig über die Entwicklung an den Kapitalmärkten berichten. Eine weitere Gruppe wichtiger Ratgeber für Privatanleger ist die Finanzbranche selbst, also die Banken mit ihren Investmentfonds-Töchtern und ihren in den vergangenen zehn Jahren beträchtlich gewachsenen Zertifikateabteilungen. Aber bleiben wir zunächst bei den Finanzmedien und hier insbesondere bei den Anlegermagazinen.

Während des Börsenhypes bis Frühjahr 2000, der mit dem Börsengang der Telekom Mitte der 1990er Jahre begann, fanden sich immer mehr Wochen- oder Monatsmagazine, die sich auf die Berichterstattung an den Börsen konzentrierten. Ich möchte hier keine Pauschalkritik an den Finanzjourna- listen üben, aber die Rolle dieser Magazine muss dennoch kritisch hinter- fragt werden. Der einzelne Fachredakteur unterlag zwar – wenn er seinen Job ernst nahm – wohl kaum irgendwelchen Informationskaskaden. Denn seine oberste Aufgabe war es ja, sich über einzelne Märkte, Branchen oder Aktien detailliert und fachlich kompetent zu informieren, die Entwicklun- gen zu analysieren und daraus bestimmte Empfehlungen abzuleiten.

Neben einigen schwarzen Schafen in der Branche, die ihre Kenntnisse (und vor allem die Multiplikatorwirkung „ihres" Magazins) für eigene finanzielle Interessen nutzten, erwies sich die überwiegende Mehrheit der Redakteure als kompetent und war sich ihrer journalistischen Verantwortung durchaus bewusst. Immerhin machten sie ihre Arbeit nicht zur Unterhaltung ihrer Leser, sondern konnten mit ihren Analysen und Empfehlungen erheblichen Einfluss auf deren Finanzsituation ausüben. Doch die Redakteure waren in den seltensten Fällen wirtschaftlich unabhängig, sondern fest bei den Verla- gen angestellt. Und diese wiederum waren an steigenden Auflagen interes- siert, um ihre Gewinne zu erhöhen. Also trat nicht selten der Fall ein, dass Artikel, die sich kritisch mit einem Unternehmen auseinandersetzten oder sogar Verkaufsempfehlungen aussprachen, in den Papierkorb wanderten, weil sie nicht das allgemeine Anleger- und damit Leserinteresse getroffen hätten. Folglich wurde die thematische Ausrichtung vieler Finanzmedien immer stärker vertriebsorientiert und immer unkritischer. Das betraf nicht nur bestimmte Unternehmen (erinnern wir uns an die zahlreichen „Luft- nummern" am Neuen Markt wie etwa EM.TV), sondern auch neue Anla- gethemen wie zum Beispiel Investitionen in BRIC-Staaten.

So veröffentlichte das *Manager Magazin* im Juni 2006 unter der Headline „Synonym für Wachstum" einen Artikel zu den aufstrebenden Volkswirt- schaften und begann mit der Einleitung: „Der heißeste Tipp vieler Renditejäger ist nichts weiter als eine Abkürzung: BRIC. Die vier magischen Buchstaben stehen für die derzeit wohl hoffnungsvollsten aufstrebenden Volkswirtschaften der Welt: Brasilien, Russland, Indien und vor allem China. Vier gewaltige Emerging Markets auf der Schwelle zum Erwachsenendasein." Bereits wenige Wochen zuvor, im März 2006, hatte das renommierte *Handelsblatt* seine Leser auf die vier „Wunderländer" aufmerksam gemacht: „Brasilien, Russland, Indien und China – kurz BRIC – sind seit gut zwei Jahren die Stars unter den großen Emerging Markets. Politische und wirtschaftliche Fortschritte eröffnen Ertragschancen für Kapitalanleger."

Warum soll sich „Otto Normalanleger" bei so viel Sachverstand und Renommee nicht von den Gewinnmöglichkeiten mit Investments in die BRIC-Staaten überzeugen lassen? Aber *Manager Magazin* oder *Handelsblatt* waren seinerzeit nicht die einzigen Medien, die sehr positiv über die Emerging Markets berichteten. Verantwortlich für diesen allgemeinen Medienhype zu diesem Thema zeichneten auch die Presseabteilungen der Banken, Fondshäuser und Zertifikateanbieter. Und damit komme ich zu der zweiten Gruppe von Ratgebern für Privatanleger und wie sie bestimmte Trends verstärken können.

Natürlich werden Fonds oder Zertifikate am Bankschalter verkauft oder seit Jahren immer häufiger über einschlägige Online-Finanzportale. Doch das Interesse für speziell ausgerichtete Anlageprodukte beim Anleger wird meist über die Medien geweckt; dabei sind gut formulierte Pressemitteilungen der Finanzbranche von großer Hilfe. Und diese Tendenz ist steigend, denn die Verlage müssen sparen, und die Redaktionen können sich immer seltener zu jedem Fachgebiet den richtigen Fachjournalisten leisten. Insofern fallen Pressemitteilungen – noch dazu, wenn sie mediengerecht geliefert werden – auf zunehmend fruchtbaren Boden. Vor allem bei den zahlreichen Finanzportalen im Internet, die in der Regel keine großen Redaktionen unterhalten, finden „Produktinformationen" aus der Finanzbranche reißenden Absatz, denn es gilt, jeden Tag neue Texte zu liefern.

Machen Sie sich einmal den Spaß und geben Sie eine bestimmte Branche oder ein bestimmtes Anlageprodukt bei Google ein. Sie werden erstaunt sein, auf wie viele Seiten Sie stoßen, die zu dem gewünschten Thema Informationen anzubieten haben. Und noch erstaunter werden Sie sein, wenn Sie erkennen, dass manche Artikel nahezu wortgleich bei den unterschiedlichsten Portalen zu finden sind. Hier wird aber nicht voneinander abgeschrieben, vielmehr arbeiten die redaktionellen Online-Angebote mit Dienstleistern zusammen, welche die Artikel liefern. Doch auch diese Dienstleister verfügen in der Regel nicht über kompetente Finanzredakteure, sondern verarbeiten wiederum Pressemitteilungen aus der Finanzbranche weiter. Insofern können Anleger schlichtes Marketing und redaktionelle Inhalte immer weniger voneinander unterscheiden – egal, ob sie sich im Internet informieren oder über Printmedien.

Die Marketing- und Vertriebsanstrengungen, mit denen die Finanzbranche ihre Produkte unters Volk bringen will, sind verständlich, denn seit der Finanzkrise geht es manchen Geldhäusern nicht mehr ganz so gut, weshalb auch hier mit spitzen Bleistiften gerechnet werden muss. Das zieht sich durch die Hierarchien bis hin zu den Filialen auf dem Land. Mittlerweile haben die meisten Bankangestellten von oben ganz klare Vorgaben, wie viel Umsatz sie mit welchen Anlageprodukten pro Monat oder Quartal erzielen müssen. Hinter vorgehaltener Hand wird dann in den Filialen so manches neue Produkt intern kritisiert, weil es offensichtlich komplett an den Bedürfnissen der Bankkunden vorbeigeht und daher nur schwer zu verkaufen sein wird.

Tatsächlich sind viele Anlageprodukte wie beispielsweise Indexzertifikate Mogelpackungen, in denen die Titel des Index gar nicht enthalten sein müssen, und in vielen Papieren stecken sogar Swaps (also Termingeschäfte) oder Derivate. Also Vorsicht! Ebenso sind etliche spezielle Rohstoff-, Branchen- oder Länderindizes meistens Geldfallen. Mittlerweile gibt es viele Tausende von Indizes. Banken und Finanzdienstleister schaffen also einen solchen Index oder Aktienkorb, der zu einer Modewelle passt (zum

Beispiel „BRIC" oder „Rohstoffe") und vermarkten ihn. Immer mehr Menschen springen auf. Wenn die Blase dann platzt, wird der Index einfach still und leise begraben, wie es auch mit dem NEMAX (Neuer-Markt-Index) der Fall war. Und die unwissenden Privatanleger werden in den nächsten Modeindex getrieben.

Mit der Bankenkrise nach dem Zusammenbruch des US-Immobilienmarkts 2008 wollten sich viele Geldhäuser wieder verstärkt dem Privatanleger zuwenden, denn das internationale Investmentgeschäft erschien plötzlich extrem riskant und riss große Löcher in die Bilanzen. Die Deutsche Bank etwa verstärkte mit der Übernahme der Postbank Ende 2010 ihr Privatkundengeschäft, indem sie sich deren 14 Millionen Kunden einverleibte. Auch andere Finanzinstitute schrieben sich das Privatkundengeschäft wieder groß auf die Fahnen und gaben für den Umbau ihrer Häuser viel Geld aus. Paradoxerweise wurden gleichzeitig in den Banken die Analyse- und Beratungsabteilungen personell erheblich ausgedünnt, so dass sich immer weniger Experten um immer mehr Kunden kümmern mussten. Dass dadurch die Beratungsqualität auf der Strecke bleibt, ist logisch.

Dabei wird oft vergessen, dass die Finanzbranche eine dienende Rolle für die Realwirtschaft haben soll, wie Hannes Rehm, ehemaliger Chef der Nord/LB und Leiter des SoFFin, 2008 mahnend schrieb. Die Börsenspekulation bekommt zwar die meiste mediale Aufmerksamkeit, weil sie spannend ist und hier unvorstellbare Summen verdient werden. Aber die deutsche Wirtschaft wird von normalen Banken bedient – den Sparkassen, Volks- und Raiffeisenbanken –, die Unternehmen und Mittelstand mit Krediten versorgen und dafür sorgen, dass die Wirtschaft läuft. Überhaupt war die deutsche Wirtschaft sehr viel weniger spekulationsanfällig als die kapitalmarktorientierten Ökonomien Englands und der USA. Das deutsche Bankensystem stellte seit ca. 1880 geradezu eine Stärke des deutschen Wirtschaftssystems dar und fand auch international große Beachtung. Doch seit ca. 1980 bauen wir alle unsere Stärken mit zunehmender Geschwindigkeit ab und sind 30 Jahre später in einer ziemlich grenzenlosen Spekulationswirtschaft angelangt, die es auch dem Mittelstand immer schwerer macht.

Investmentbanking und normales Bankwesen

„Investmentbanken sind keine Banken, und sie investieren auch nicht", sagte einmal ein Beobachter der Finanzwelt. Das trifft es eigentlich ziemlich gut. Wenn es die Aufgabe einer Bank ist, Spargelder einzusammeln und dann Kredite an die Industrie und Private zu vergeben, dann sind Investmentbanken keine Banken. Investmentbanken sind eher Makler, die Wertpapiere an der Börse platzieren und Anlageprodukte erfinden. Damit interessiert sie auch nicht der langfristige Erfolg von Unternehmen, und Kredite vergeben sie nur sehr kurzfristig für Börsengeschäfte. Als Lloyd Blankfein, Chef von Goldman Sachs, 2010 gefragt wurde, ob man nun nicht auch Kredite vergeben wolle (immerhin ist Goldman Sachs nun unter US-Bankenaufsicht), knurrte er nur: „Too risky." Mit anderen Worten: Mit der Finanzierung von Unternehmen gibt man sich nicht ab. Man will das schnelle, risikolose Geschäft (bei dem oft am Ende ein unwissender Anleger die Zeche zahlt).

Investmentbanken investieren auch nicht, wenn man unter investieren die langfristige Anlage eigener Gelder versteht. Darum kümmern sich Investmentgesellschaften (Fondsgesellschaften). Im PI Global Value Fund sind wir daran interessiert, langfristig Kundengelder zu betreuen und durch nachhaltige Leistungen zu beweisen, dass wir das Vertrauen der Kunden verdienen. Das ist bei Investmentbanken die Ausnahme; sie wollen das schnelle Geschäft. Demgegenüber machen Sparkassen, Volks- und Raiffeisenbanken genau das, was Banken nun einmal machen sollten: Sie sammeln Spargelder ein und vergeben Kredite. Allerdings hat sich die Bundesregierung für eine Förderung des Spekulationsgeschäfts zulasten der Sparkassen, Volks- und Raiffeisenbanken entschieden und wird damit unsere Wirtschaft weiter extrem belasten. Durch die lockere Geldpolitik können sich spekulative, kapitalmarktorientierte Banken für 0,5 oder 1 % Gelder leihen und weiter zocken oder (risikolos) Staatsanleihen kaufen. Bürger, die sparen, werden hingegen durch die niedrigen Zinsen bestraft.

Charlie Munger, genialer Partner von US-Investmentlegende Warren Buffett, kritisierte Anfang 2010 in einem Artikel, dass seine Nation langsam der „Spielsucht" verfalle und viele der talentiertesten Hochschulabgänger in Kasinos (sprich an der Wall Street) arbeiten würden, anstatt Brücken zu bauen oder neue Technologien zu erfinden. Dies, so Munger, würde unweigerlich zum Ruin des Landes führen. Fakt ist: Die Mehrzahl aller Menschen ist an der Börse falsch aufgehoben – hier wird es immer wenige Gewinner und viele Verlierer geben. Die Finanzmärkte selbst ließen sich relativ einfach in den Griff bekommen: erstens mit ausreichendem Eigenkapital für alle Finanzakteure, zweitens mit einer Finanztransaktionssteuer und drittens mit einer Regulierung von Geschäftsmodellen und Produkten, zum Beispiel mit dem Verbot des Eigenhandels für Investmentbanken, so dass diese nicht auch mit Kundengeldern zocken dürften. Fakt ist aber auch, dass die Lobby der Finanzbranche so stark ist, dass auch mehrere Jahre nach der Finanzkrise die Kasinos nicht reguliert wurden. Die Eigenkapitalanforderungen sind nach wie vor ein Witz und begünstigen sogar Private-Equity-Fonds und Investmentbanken gegenüber Sparkassen, Volks- und Raiffeisenbanken. Die Finanztransaktionssteuer, zu der ich im Bundestag aussagte, ist so gut wie tot. „Seriöse" Banken bieten ihren Kunden weiterhin Bonus-, Discount- und Barrierezertifikate an – und verlocken eben diese Kunden dazu, gegen die Bank zu wetten. Raten Sie mal, wer gewinnen wird!

Wir leben in der Welt, in der wir leben – mit Regierungen, die sich von den mächtigen Investmentbanken und Finanzmarktakteuren und ihren gekauften Lobbyisten manipulieren lassen und hinsichtlich ihrer Maßnahmen den Finanzunternehmen hinterherlaufen, weil sie nicht wagen, wirklich die Rahmenbedingen zu verändern. Fakt ist also auch: Sie werden sich selber Gedanken um Ihre Geldanlage machen oder einen Finanzberater finden müssen, dem Sie vertrauen können. Auch wenn die Finanzmärkte für viele undurchsichtig und gefahrenreich erscheinen: Es sind nur ein paar, dafür aber immer wieder die gleichen Fehler beim Investieren, die Privatanleger an einer erfolgreichen Kapitalanlage hindern. Wenn Sie sich dieser Fehler bewusst sind, können Sie sie vermeiden. Daher werde ich Ihnen auf den folgenden Seiten die aus meiner Sicht größten Anlegerfehler aufzeigen. Ich bin mir sicher, dass Ihnen der eine oder andere Punkt sehr bekannt vorkommen wird. Das ist nichts Verwerfliches, denn Fehler sind menschlich, und die Börse ist zu 80 % Psychologie, um noch einmal an Kostolanys Weisheit zu erinnern. Wenn Sie also Ihre eigene Psyche beim Anlegen in den Griff bekommen, machen Sie einen wichtigen Schritt in Richtung erfolgreiches Investieren.

Die größten Anlagefehler und wie man sie vermeidet

Zuerst muss ich Sie mit einer unschönen Nachricht konfrontieren: Viele von Ihnen werden an der Börse mit Einzelaktien nie Geld verdienen. Für Sie wäre es besser, Indexinvesting zu betreiben, wie es auch von Warren Buffett empfohlen und in Deutschland zum Beispiel von Gerd Kommer propagiert wird. Oder Sie legen in einen einfachen globalen, europäischen oder deutschen Aktienfonds an, der eine einfache Gebührenstruktur aufweist, dessen Gesamtkostenquote überschaubar ist und dessen Manager sich bewährt hat. Aber es gibt etliche andere Fondsmanager, die ihr Geschäft beherrschen. Meistens sind diese Börsenexperten Inhaber unabhängiger Fondsboutiquen wie zum Beispiel Shareholder Value Management, Frankfurt Performance Management, Acatis Investment, in der Schweiz Braun, von Wyss und Müller oder Bestinver in Spanien. Aber auch große Fonds wie der DWS Vermögensbildungsfonds oder von Fidelity oder Pioneer performen langfristig durchaus ordentlich. Ich freue mich natürlich, wenn Sie uns vertrauen und in das Vehikel investieren, mit dem ich verbunden bin.

Ja, es wäre einfach, wenn Sie wie etwa Edward Reid gute Aktien kaufen und langfristig liegen lassen würden. Dann würden Sie wahrscheinlich schöne Renditen erzielen. Aber die meisten von Ihnen werden klüger sein wollen als der Markt – und damit auf die Nase fallen. Und nicht nur Privatanleger fallen immer wieder auf die Nase; auch Finanzprofis und Analysten verhalten sich in der Masse dumm und zeigen das bereits beschriebene Herdenverhalten. Warum das so ist, belegt James Montier eindrucksvoll. Montier ist einer der weltweit führenden Experten für verhaltenswissenschaftliche Finanzforschung. Er war als Hedgefondsmanager auch Praktiker und ist derzeit bei der Investmentfirma GMO tätig, die ein Vermögen von über 100 Milliarden Dollar verwaltet. Sein mit Anhängen über 1.000 Seiten starkes Kompendium *Die Psychologie der Börse* gibt den aktuellen Stand der finanzwissenschaftlichen Forschung verständlich wieder.

In seinem Buch beschreibt Montier, wie unser Gehirn bei der Entscheidungsfindung trickst und Abkürzungen sucht, um mit der Komplexität der Welt zurechtzukommen. Diese Mechanismen sind sogenannte Heuristiken. Daneben gibt es natürlich auch tiefergehende Verhaltensmuster, wie sie Daniel Kahneman aufdeckte: Nackte Emotionen bestimmen Kapitalanlageentscheidungen, wo doch eigentlich die Vernunft herrschen sollte. Montier dagegen orientiert sich an den sieben Todsünden Stolz, Völlerei, Wollust, Neid, Habsucht, Trägheit und Zorn, um den Stand der wissenschaftlichen Erkenntnisse zum Anlageverhalten darzustellen.

Selbstüberschätzung und Wiederholungstäter

Oftmals erweisen sich die ersten Schritte an den Aktienmärkten als überaus erfolgreich. Der Grund dafür ist relativ simpel: Vor dem ersten Investment macht man sich viele Gedanken, wägt Risiken und Chancen ab und beginnt, sich intensiv mit der neuen Materie zu beschäftigen. Das konnte ich bei einem alten Bekannten erleben, den ich nach vielen Jahren wiedergetroffen habe. Wir redeten über Gott und die Welt, die Kinder, die Arbeit – und irgendwann kamen wir auch auf das Thema Geld und Börse zu sprechen. Mein Bekannter, den ich nie als besonders risikofreudig eingeschätzt hatte, eröffnete mir, dass er vor ein paar Monaten angefangen habe, an der Börse zu spekulieren. Und wie immer in solchen Gesprächen, schwärmte er mir von seinen tollen Aktien vor und wie erfreulich sich sein Wertpapierkonto seitdem entwickelt habe. „Wie bist denn ausgerechnet Du auf Aktien gekommen?", fragte ich überrascht. Darauf erzählte er mir von den positiven Börsenerfahrungen seiner Kollegen und wie er begonnen hatte, sich mit der Börse intensiv zu beschäftigen. „Ich habe immer häufiger den Wirtschaftsteil meiner Zeitung gelesen und sogar abends meine Frau genervt, weil ich mir immer öfter auf n-tv das Börsenlaufband ansehen wollte."

Einige Monate später trafen wir uns zufällig wieder, doch mein Bekannter war wie ausgewechselt und jammerte: „Stell Dir vor, mein ganzes Depot hat sich in Luft aufgelöst, meine schönen Gewinne sind alle futsch." Ich fragte, wie das passieren konnte, denn seine Aktien, von denen er mir vorgeschwärmt hatte, waren von ausgezeichneten Unternehmen und beileibe keine Zockerpapiere. Kleinlaut gab er zu: „Ein Kollege erzählte mir von Aktien, mit denen er innerhalb von vier Wochen 50 % Plus gemacht hatte. Da hab ich meine alten Positionen rausgeworfen und die Gewinne in die Aktienempfehlungen meines Kollegen gesteckt. Naja, und genauso schnell, wie die Papiere um 50 % gestiegen waren, sind sie auch wieder gefallen."

Die tragischen ersten Erlebnisse meines Bekannten an der Börse sind ganz typisch. Erst nach vielen Gedanken und der intensiven Beschäftigung mit den Börsen und verschiedenen Aktien werden Sie sich für ein Wertpapier entscheiden und erstmals investieren. Aber natürlich nur dann, wenn Ihnen das Studium des Wirtschaftsteils und die Indexstände im Laufband bei n-tv zeigen, dass es mit den Aktienmärkten generell bergauf geht. Experten würden bei einer anhaltend positiven Marktstimmung sagen: Das „Marktrisiko" ist gering. Vermutlich wird sich Ihr erstes Aktieninvestment in den ersten Tagen und Wochen ausgezeichnet entwickeln. So viel zum Anfängerglück.

Ich gönne jedem „Anfänger" dieses Gefühl, allerdings muss ich Ihnen auch sagen: Das ist der erste Schritt zu einem ganz typischen Anlegerfehler, nämlich der Selbstüberschätzung. Denn je länger die Kurse nach oben gehen, desto mehr werden Anleger bezüglich der Qualität ihrer Kaufentscheidung bestärkt. Hinzu kommen in solch erfreulichen Phasen auch noch positive Analystenkommentare, und sofort stellt sich das gute Gefühl ein: „Das habe ich doch schon gewusst, so schwer ist die Börse auch wieder nicht." Viele Privatanleger werden dann aber leichtsinnig und glauben, die nächsten Investments entwickeln sich automatisch genauso erfolgreich. Doch spätestens wenn die Gewinne der folgenden Aktienkäufe allmählich schwinden, machen sich erste Zweifel breit. Aber noch überwiegt die Hoffnung, dass sich das Blatt schon wieder wendet. Erst, wenn das gesamte Depot kräftig im Minus ist, werden die Verluste realisiert – meist viel zu spät. Oder, anders betrachtet, viel zu früh. Denn nach einem tiefen Tal der Tränen folgt meistens auch ein Aufschwung, den dann aber die entsprechenden Anleger nicht mehr erleben.

Diese ersten Verluste an den Börsen sollten eigentlich ein lehrreicher „Schuss vor den Bug" sein. Aber es kommt noch schlimmer: Auf der Suche nach neuen, besseren Investments erinnern sich Anleger nach einiger Zeit wieder an „Gewinner-Aktien" von früher. Da sie aber jetzt – im Gegensatz zum Anfang ihrer „Börsenkarriere" – bei weitem weniger Zeit und Arbeit in Informationsbeschaffung und Analyse stecken, investieren sie erneut in diese Papiere und sind damit zum Wiederholungstäter – man könnte auch sagen: zum Glücksritter – geworden.

Anfängerglück und Anfängerfehler: Die Aktie der Deutschen Bank

Welche fatalen Folgen Anfängerglück in Kombination mit Wiederholungstäterschaft haben kann, wollen wir uns beispielhaft an einem Investment in die Aktie der Deutschen Bank anschauen.

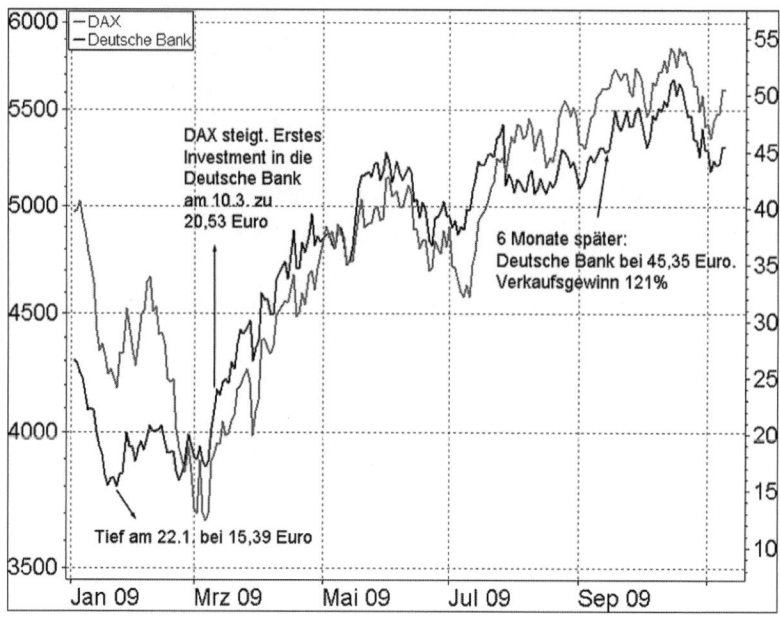

Abbildung 2.2: Deutsche-Bank-Aktie und DAX von Anfang 2009 bis Anfang 2010 (Quelle: Deutsche Börse).

Wie Abbildung 2.2 zeigt, erreichte Mitte Januar 2009 die Deutsche-Bank-Aktie ein Tief bei 15,39 Euro. Der heimische Leitindex DAX befand sich noch im freien Fall. Ein Investment in die Bankaktie erschien völlig abwegig. Anfang März drehte der DAX nach über einjähriger Talfahrt nach oben. Auch die Aktie der Deutschen Bank gewann schnell an Höhe.

Nehmen wir an, Sie haben von einem Bekannten den Tipp bekommen, die niedrigen Kurse zum Einstieg in die Deutsche Bank zu nutzen. Da sich auch der Gesamtmarkt positiv entwickelt, kaufen Sie die Aktie am 10. März zu einem Kurs von 20,53 Euro. In den folgenden Monaten geht es sowohl mit dem DAX als auch mit der Bankaktie steil bergauf. Sie sind euphorisiert und lassen sich von der kurzen Schwächephase im Frühjahr nicht entmutigen. Recht haben Sie, denn die Kurse steigen ab Juli weiter. Anfang September brauchen Sie Geld für ein neues Auto und entschließen sich, die Aktie bei einem Kurs von 45,35 Euro zu verkaufen. Damit realisieren Sie einen Gewinn von stolzen 121 % in nur sechs Monaten und sind sich gewiss: „Ich bin ein toller Börsianer, so schnell habe ich noch nie Geld verdient!" So weit, so gut.

Danach haben Sie es noch ein paar Mal mit anderen Aktien probiert, doch Ihren Erfolg mit der Deutschen-Bank-Aktie konnten Sie nicht mehr wiederholen. Im Gegenteil: Die nächsten Investments gingen ziemlich daneben, schnell wurde der ganze Gewinn aus dem ersten Investment zunichte gemacht. Auf der Suche nach einer vergleichbaren Erfolgsstory erinnerten Sie sich an Ihr erstes Investment und entschlossen sich zum erneuten Einstieg nach dem Motto: Was einmal geklappt hat, kann jetzt nicht falsch sein. Anfang Mai 2010 investierten Sie erneut in die Deutsche-Bank-Aktie zu einem Kurs von 41,79 Euro, nachdem sie in den Wochen zuvor mächtig unter Druck gekommen war. Nach ein paar Wochen, in denen die Aktie unter großen Schwankungen seitwärts tendierte, begann ein erneuter Höhenflug, der die Kurse rasch über die 50-Euro-Hürde hievte.

Abbildung 2.3: Deutsche-Bank-Aktie und DAX von Anfang 2010 bis Oktober 2011 (Quelle: Deutsche Börse).

Jetzt wurden Sie von der Marktentwicklung in Ihrer Kaufentscheidung bestärkt und freuten sich schon auf weitere Kursgewinne. Leider ging es mit der Aktie ab Anfang August nur noch nach unten. Doch der DAX setzte seine Kletterpartie fort, und Sie beruhigten sich: „Bei der Deutschen Bank kann es sich wohl nur um eine kurzfristige Schwäche handeln." Erst als der DAX im Zuge des Sommer-Crashs 2011 abstürzte, wurde Ihnen mulmig zumute. Schließlich trennten Sie sich von der Bankaktie und verbuchten mit Ihrem Investment einen Verlust von fast 50 %.

Im Nachhinein hätten Sie sich vermutlich die Frage gestellt, warum Sie die Aktie nicht schon viel früher verkauft haben – vielleicht dann, als Sie wieder beim Kaufkurs von knapp 42 Euro angekommen waren? Eine berechtigte Frage, auf die erneut die Verhaltensforschung eine Antwort bietet. Doch zuvor noch ein kleiner Trost für diejenigen unter Ihnen, denen es schon einmal so ergangen ist, wie es das Beispiel gerade skizziert hat. Denn Sie befinden sich in bester Gesellschaft. Nämlich in der von Sir Isaac Newton, neben Gottfried Wilhelm Leibniz wohl dem klügsten Mann seiner Zeit.

Ein Genie verspekuliert sich: Isaac Newton und die South Sea Company

1720 wurden an der Londoner Börse Anteilsscheine der South Sea Company zu immer höheren Kursen ausgegeben. Viele Vorgänge aus diesem Jahr könnte man problemlos auf die New Economy übertragen, zum Beispiel gab es einen Emissionsprospekt, der „eine Gesellschaft zur Durchführung einer sehr vorteilhaften Unternehmung, von der jedoch niemand wissen darf, worin sie besteht" ankündigte. Newton hatte zu einem relativ frühen Zeitpunkt in Aktien der South Sea Company investiert. Am 20. April 1720 verkaufte er seine Anteile (Aktien) an der Company mit einem Plus von 100 %. Damit konnte er sich einen Gewinn von 7.000 Pfund in die Tasche stecken – zu seiner Zeit ein ansehnliches Vermögen. Wenige Wochen später aber überfiel ihn der drängende Impuls, sein Geld wieder in eben dieselben Aktien zu investieren, gerade als die Spekulationsblase ihren Höhepunkt erreichte. Einer der rationalsten Geister des Jahrhunderts, ein großer Physiker und Astronom, verfiel dem Herdentrieb. Das Resultat: Newton verlor über 20.000 Pfund. Und das tat wirklich weh. Entnervt gab er mit dem Kommentar auf: „Ich kann die Bewegung der Himmelskörper berechnen, aber nicht den Wahnsinn der Menschen."

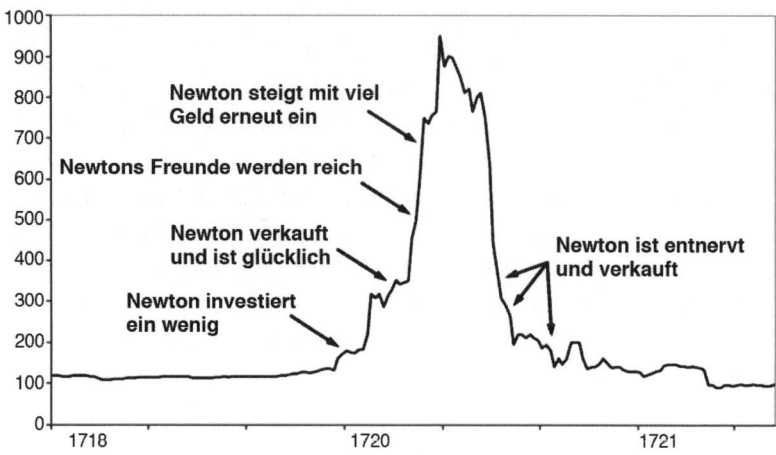

Abbildung 2.4: Die Entwicklung der South-Sea-Company-Aktie von Ende 1718 bis Ende 1721 (Quelle: Google).

Dabei hätte Sir Isaac Newton nur seinen eigenen Lehrsätzen folgen müssen. In seinen drei Grundgesetzen der Bewegung formulierte er das Trägheitsprinzip, das Aktionsprinzip, also dass Kraft gleich dem Produkt von Masse und Beschleunigung ist, und das Prinzip der Wechselwirkung, also dass jeder Aktion eine Gegenreaktion folgen muss (*actio* gleich *reactio*). Doch Newton war zwar ein mathematisches Genie und legte grundlegende Arbeiten zur Physik und Mechanik vor, hatte allerdings keine Ahnung von der Mechanik des eigenen Ichs, der Psyche und der Trägheit des Menschen. Erst Jahre, nachdem sich Newton an der Börse verzockt hatte, begann sich die klassische Nationalökonomie mit der möglichen Verbindung zwischen Wirtschaftstheorie und Psychologie zu beschäftigen.

Der Begründer der damaligen Wirtschaftstheorie, der schottische Moralphilosoph und Aufklärer Adam Smith, beschrieb als einer der ersten die psychologischen Prinzipien des individuellen Verhaltens (*The Theory of Moral Sentiments*, deutsch: *Theorie der ethischen Gefühle*) innerhalb wirtschaftlichen Handelns. In der folgenden Ära der neoklassischen Wirtschaftstheorien entfernten sich die Wirtschaftswissenschaftler jedoch wieder von der Psychologie und begannen, ihr Fach quasi als Naturwissenschaft zu etablieren; das wirtschaftliche Handeln wurde mit Naturgesetzen zu erklären versucht. Dabei wurde das Konzept des „Homo oeconomicus" entwickelt, dessen wirtschaftliches Handeln auf den Grundsätzen der Vernunft basierte. Gegen Mitte des 20. Jahrhunderts war die Psychologie gänzlich aus der wirtschaftswissenschaftlichen Diskussion verschwunden, und diese wurde erst in den 1960er Jahren wieder aufgenommen. Doch erst Jahre später befasste sich die Verhaltensökonomie ernsthaft mit dem irrationalen Verhalten von Individuen an den Finanzmärkten, um aus diesen „Fehlern" zu lernen.

Verschobene Rendite-Risiko-Wahrnehmung

Was ich damit meine, möchte ich Ihnen an einem interessanten Versuch des israelisch-amerikanischen Psychologen Daniel Kahneman verdeutlichen. Für seine Forschungen im Bereich Behavioral Finance, mit denen er das Herdenverhalten bei Investmententscheidungen auf spezielle Gehirnaktivitäten zurückführen konnte, erhielt Kahneman 2002 den Preis der schwedischen Reichsbank für Wirtschaftswissenschaften, meist nicht ganz korrekt als Wirtschaftsnobelpreis bezeichnet. Probanden wurden in einen Kernspintomographen geschoben und mit Fragen zu Geldanlagen konfrontiert, die sie per Knopfdruck zu beantworten hatten. So wurden sie beispielsweise gefragt: „Hätten Sie lieber 100 Dollar jetzt oder 110 Dollar in vier Monaten?" Die Fragen waren zum Teil sehr einfach, zum Teil aber auch recht knifflig. Der Kernspintomograph maß dabei, welche Bereiche des Gehirns bei der Beantwortung bestimmter Fragen besonders aktiv waren.

Die Ergebnisse verblüfften: Immer, wenn sich der Versuchsteilnehmer für die sofortige Geldauszahlung entschied, war besonders das Stammhirn aktiv. Dieser evolutionsgeschichtlich sehr alte Gehirnteil ist auch bei Reptilien vorhanden. Das bewusste Denken, für das das Großhirn verantwortlich ist, wurde nur dann „eingeschaltet", wenn der Teilnehmer sich für eine spätere Geldannahme entschied. Die Schlussfolgerung: Ein Großteil unseres Investmentverhaltens wird von Mechanismen gesteuert, die aus einer Zeit stammen, als es nur um eines ging: ums Fressen und Gefressenwerden. Mit anderen Worten: Kampf, Angriff oder Flucht sind Verhaltensmuster, die uns bis heute beeinflussen.

Wie so oft, spiegeln sich archaische Verhaltensweise in Sprichwörtern oder Volksweisheiten wider. In diesem Fall lautet sie: Lieber den Spatz in der Hand als die Taube auf dem Dach. Bei der Anlage von Geld sollten jedoch nicht Emotionen den Ausschlag geben, sondern ein kühl kalkulierender Kopf, der zukünftige Renditen und Risiken möglichst sachlich und nüchtern analysiert. Spontane Reaktionen sind absolut kontraproduktiv. Unser Gehirn ist mithin denkbar ungeeignet für Investmententscheidungen. Wir steuern unsere Investmententscheidungen mittels Mechanismen, auf die sich auch Reptilien verlassen. Erfahrene Anleger haben jetzt den Beweis für das, was sie schon immer wussten: 90 % des Anlageerfolgs bestehen darin, die eigenen Emotionen unter Kontrolle zu halten. Kahnemans Experiment hat gezeigt, warum Anleger sich gelegentlich extrem idiotisch verhalten.

Wir alle wissen von der eigentlich logischen Erkenntnis, dass es vorteilhaft ist, Gewinne so lange wie möglich laufen zu lassen und auf der anderen Seite Verluste zu begrenzen und so gering wie möglich zu halten. Was so einfach klingt, wird in der Praxis von den meisten Anlegern nicht befolgt – oder besser gesagt: nicht geschafft. Denn bei Betrachtung dieser essenziellen Investmenttugend tun sich gleich mehrere Fragen auf, deren Beantwortung erst „hinterher" relativ einfach erscheint. Wie lange soll man Gewinne laufen lassen? Was heißt: so lange wie möglich? Ab wann soll man Verluste realisieren, um das Kursdesaster einzugrenzen? Und was, wenn sich die Kurse wieder erholen, wenn gerade verkauft wurde? Weil diese Fragen während des Investmentprozesses nicht beantwortet werden können, ordnen wir den Prozess als „Gefahr" ein, und damit – siehe das Experiment von Kahneman – schaltet sich das Stammhirn ein. Es sagt uns: „Nimm den kleinen Gewinn mit, den Du jetzt hast, wer weiß, wie es weitergeht." Warum ist das so?

Normalerweise wiegen Verluste emotional wesentlich schwerer als Gewinne in gleicher Höhe. Und Versuche haben gezeigt, dass die Freude über zusätzliche Gewinne im gleichen Maße abnimmt wie der Ärger über weitere Verluste. Daraus ergibt sich ein völlig paradoxes Anlageverhalten. Je mehr Anleger gewinnen, desto risikoaverser werden sie. Und je mehr sie verlieren, umso risikofreudiger verhalten sie sich. Mithin ergibt sich damit ein verschobenes Rendite-Risiko-Verhalten, das wesentliche Auswirkungen auf den langfristigen Anlageerfolg hat. Der Grund, warum wir an Verlustaktien viel zu lange festhalten, hat erneut etwas mit Psychologie zu tun. Zuerst greift wieder einmal ein uralter Mechanismus, der unser Selbstbewusstsein stärken soll. Positive Entwicklungen schreiben wir uns gerne selbst zu, während bei negativen Erfahrungen alle anderen oder die Umstände usw. die Schuld tragen und wir die gemachten Fehler zuallerletzt bei uns selbst suchen. Lassen Sie mich ein Extrembeispiel zur Illustration anführen.

Die „Volksaktie": Der Börsengang der Deutschen Telekom

Wir sind ihr und ihrer desaströsen Kursentwicklung schon am Ende des ersten Kapitels begegnet: der T-Aktie. Im November 1996 ging die Deutsche Telekom an die Börse, nachdem zuvor *Tatort*-Kommissar und TV-Rechtsanwalt Manfred Klug monatelang die Werbetrommel für die neue „Volksaktie" gerührt hatte. Die Aktie stieg vom Emissionspreis von 14,57 (28,50 D-Mark) Euro sofort auf 17,33 Euro, und der Bund hätte ohne weiteres auch die fünffache Menge an Aktien unter die Leute bringen können. Bei der zweiten Tranche, die Ende Juni 1999 ausgegeben wurde, lag der Ausgabekurs bereits bei 39,50 Euro. Für alle war diese Entwicklung völlig normal, denn der damalige Vorstandsvorsitzende Ron Sommer versprach den Anlegern goldene Zeiten. Immerhin hatte er zuvor ein Unternehmen nach dem anderen zugekauft, um damit Umsatz und Marktmacht zu steigern. Dass die Telekom schon damals einen Berg an Schulden hatte und der Gewinn schon einmal hinter den Erwartungen zurückblieb, störte in Zeiten von New Economy und Dotcom-Hype niemanden.

Bereits am Tag der zweiten Emission sprang der Kurs auf über 40 Euro, und in weniger als einem Jahr explodierten die Notierungen bis zum 6. März 2000 auf den bisherigen Höchststand von 103,50 Euro, bevor die Telekom-Aktie in den freien Fall überging. Doch das wussten die Anleger noch nicht, die im Juni 2000 die dritte Tranche zu einem Kurs von immerhin noch 66,50 Euro zeichneten. Noch einmal strich der Bund für dieses Aktienpaket 15 Milliarden Euro ein – und es hätte noch wesentlich mehr sein können, denn auch die dritte Tranche war 3,5-fach überzeichnet.

Abbildung 2.5: Die Telekom-Aktie seit der Emission (Quelle: Deutsche Börse).

Wenn sich zumindest diejenigen Anleger, die beim ersten Börsengang und bei der zweiten Tranche investiert hatten, früher von der T-Aktie getrennt hätten, beispielsweise bei einem Stand von 100 Euro, wären Jahre später nicht Legionen von Anwälten nötig gewesen, mit denen Investoren gegen die Deutsche Telekom geklagt haben. Denn „Schuld" an den immensen Kursverlusten, die die sogenannte Volksaktie seit dem Hoch im Jahr 2000 eingefahren hatte, waren ja die anderen: Telekom-Chef Ron Sommer zeichnete ein viel zu positives Bild seines Unternehmens, der Bund war an üppigen Emissionserlösen interessiert, und in einigen Medien wurde sogar Werbetrommler Manfred Krug kritisch befragt, ob er nicht ein schlechtes Gewissen gegenüber den Tausenden von Anlegern habe, die mit der T-Aktie viel Geld verloren hatten.

Allerdings: Eigentlich waren doch die „Warnzeichen" für einen drohenden Zusammenbruch nicht zu übersehen. Erstens hätte die irrationale Entwicklung des deutschen Leitindex DAX seit Mitte 1999 bereits als Überhitzungssignal gesehen werden können. Und zweitens war die hohe Verschuldung, die die Telekom in ihrem Expansionsdrang aufbaute, bereits in den Bilanzen abzulesen, bevor Mitte 2000 die dritte Tranche unters Anlegervolk gebracht wurde. Doch viele Anleger hielten ihrer T-Aktie die Treue – offensichtlich egal, was kam. Denn es war „ihre" Aktie – für die meisten bedeutete der Telekom-Kauf das erste Börseninvestment ihres Lebens. Kein Wunder, hatte doch die Deutsche Telekom Unsummen für die Werbung ausgegeben. Erstmals in der deutschen Geschichte wurde ein PR-Feldzug nicht für ein Konsumgut oder eine Dienstleistung, sondern für eine Aktie geführt. Letztlich mit Erfolg für den „Hersteller", also für den Staat, nicht aber für die Abnehmer. Und natürlich profitierten auch die Emissionsbanken, die der Telekom an die Börse halfen, ordentlich von dem Deal.

Hier zeigt sich deutlich, wie wichtig bei der Suche nach Value-Investments eine sorgfältige Analyse des Geschäftsmodells ist. Bei der T-Aktie war das für Privatanleger zugegebenermaßen nicht ganz so einfach, denn unter den Analysten und in den Medien herrschte eine extrem positive Stimmung.

Wenn Sie sich also nicht sicher sind, ob sich ein Unternehmen langfristig gut entwickeln wird, dann lassen Sie lieber die Finger davon. Denn damit vermeiden Sie vermutlich Verluste, die immer schwerer aufzuholen sind, wie die Modellrechnung in Abbildung 2.6 zeigt.

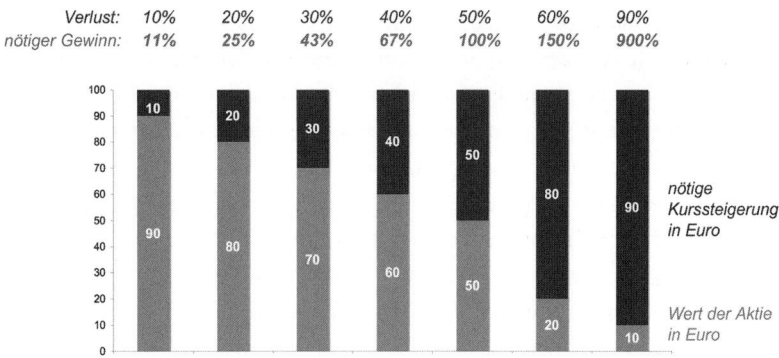

Abbildung 2.6: Welche Gewinne nötig sind, um Verluste wieder aufzuholen (Quelle: eigene Berechnungen).

Wie Sie sehen, hält sich das „Aufholpotenzial" von 11 % bei einem Verlust von 10 % noch in Grenzen und ist durchaus möglich. Doch schon bei einem Verlust von 30 % muss eine Aktie um über 40 % im Wert steigen, um wieder zum Ausgangsniveau zu kommen. Fast schon unrealistisch ist eine Verdoppelung des Aktienkurses nach einem zuvor erlittenen Verlust von 50 %. Und fällt ein Wert um 90 % (wie die T-Aktie), sind bereits sagenhafte 900 % Kursgewinn nötig, um wieder auf den Kaufkurs zu kommen.

Sie sehen anhand dieses Beispiels zudem noch einmal, wie paradox die unterschiedliche Erwartungshaltung vieler Anleger an ihre Investments ist – je nachdem, ob sie sich im Gewinn- oder im Verlustbereich befinden. Liegt der Kurs um 20 % unter dem Einstandskurs, hoffen sie auf Erholung, obwohl die Aktie immerhin schon 25 % zulegen müsste, um die erlittenen Verluste auszugleichen. Liegen dagegen die Anleger mit der gleichen

Position um 20 % im Plus, werden diese Gewinne meist schnell realisiert. Weitere 25 % Kurssteigerungen trauen Sie der Aktie offenbar jetzt nicht mehr zu. Wenn sich fundamental an den Rahmenbedingungen des Gesamtmarktes oder des Unternehmens seit dem Kauf nichts geändert hat oder wenn der Anleger aktuell nicht auf das investierte Kapital angewiesen ist, ist die Gewinnmitnahme nicht nachvollziehbar. Vielmehr bedeutet der Verkauf, dass Anleger ihrer eigenen Anlageentscheidung, die sie vor dem Kauf getroffen haben, nicht vertrauen. Ansonsten wären sie von der Aktie so überzeugt, dass sie von weiteren Kurssteigerungen ausgehen müssten.

Dass viele Anleger den Kardinalfehler machen und Verluste viel länger laufen lassen als Gewinne, hat damit zu tun, dass ein Verkauf das Eingeständnis eigener Fehler sein kann. „Hätte ich doch früher verkauft" oder: „Wie konnte ich auf diese Empfehlung hereinfallen?" – das beinhaltet eine Selbstkritik, die nicht immer leicht fällt, vor allem dann nicht, wenn der Fehler auch noch viel Geld gekostet hat. Die Hoffnung, dass sich die Kurse schon wieder erholen werden, hält sich wesentlich länger als die Erwartung, dass die Position weitere Gewinne erzielen kann – im übertragenen Sinn nehmen Anleger dann lieber den Spatz in der Hand mit und verzichten auf die mögliche Taube auf dem Dach. Fällt Ihnen etwas auf?

Hoffnung und Erwartung stehen in einem krassen Missverhältnis zueinander – je nachdem, ob sich die Position im Gewinn oder im Verlust befindet. Doch wer den gesunden Menschenverstand einschaltet (und sich nicht von Emotionen leiten lässt), muss sich fragen, warum eine Aktie, die weit im Verlust ist, plötzlich zu einem „Gewinnerpapier" werden und alle Verluste wieder aufholen sollte. Während gleichzeitig einer Position, die sich gut entwickelt und bereits im Gewinn liegt, keine weiteren, viel größeren Kurssprünge zugetraut werden. Wie paradox diese verschobene Erwartungshaltung ist und wie trügerisch die Hoffnung auf eine Kurserholung, wenn man immer weiter ins Minus rutscht, möchte ich Ihnen am Beispiel eines armen Telekom-Aktionärs verdeutlichen, der im Juni 2000 die dritte Tranche der Volksaktie gezeichnet hatte.

Die Telekom hatte damals Eigenkapital in Höhe von 37 Milliarden Euro, die langfristigen Schulden beliefen sich auf 45 Milliarden Euro, doch an der Börse besaß das Unternehmen einen Wert von mehr als 250 Milliarden Euro. Schon allein diese Zahlen hätten bei Herrn Müller – eigentlich kein unvorsichtiger Mensch und von Beruf kaufmännischer Angestellter in der Stadtverwaltung – alle Warnlampen aufleuchten lassen müssen. Er hat finanziell seine Schäfchen bereits im Trockenen und überlegt, zum anstehenden 10. Geburtstag seines Enkels den Grundstock für dessen langfristigen Vermögensaufbau zu legen. Also investiert er Mitte 2000, als die dritte Emission der T-Aktie ansteht, 6.650 Euro und zeichnet 100 Stück. Bereits einige Wochen später notiert der Telekom-Kurs nur noch bei 60 Euro – ein Minus von rund 10 %. Damit Opa Müller wieder auf den Kaufkurs von 66,50 Euro kommt, muss die T-Aktie aber nicht 10 %, sondern 11 % zulegen, denn sie steht ja bei 60 Euro, und ein Plus von 10 % reicht nur bis 66 Euro. Kein Problem, denkt Müller, wir befinden uns ohnehin in einer generell schwachen Marktphase, darunter leidet auch die Telekom-Aktie. Doch bereits wenige Wochen später rutscht die Volksaktie unter die Marke von 50 Euro. Vom Kaufkurs aus gerechnet liegt Herr Müller schon fast 25 % im Minus, das Geburtstagsgeschenk für den Enkel ist nur noch 5.000 Euro wert. Müller wird zwar ein wenig unruhig, tröstet sich aber damit, dass die T-Aktie ja ein Langfristinvestment für seinen Enkel ist und die Aktie genügend Zeit hat, um sich wieder zu erholen. Allerdings hätte die T-Aktie damals schon ein Drittel im Wert steigen müssen, damit Müller wenigstens wieder beim Einstandskurs angelangt wäre.

Gut, wenn plötzlich die Unternehmensgewinne überdurchschnittlich sprudeln und sich die Gesamtmarktlage überaus positiv darstellt, ist ein solches Comeback an den Börsen durchaus vorstellbar. Doch beides war seinerzeit nun einmal nicht gegeben. Herr Müller wollte jetzt, nur wenige Wochen nach dem Geburtstag seines Enkels, dennoch nicht zu seiner Tochter gehen, um ihr mitzuteilen, dass er die T-Aktie wieder verkauft. Das wäre ja peinlich gewesen. Also bleibt er bei dem Papier und muss zusehen, wie es im Herbst 2000 auf unter 40 Euro fällt. 2.650 Euro hat er nun schon mit seinem gut gemeinten Geschenk in den Sand gesetzt. Um das wieder aufzuholen, hätte aber die T-Aktie bereits um zwei Drittel im Wert steigen müssen. Das war dann auch dem bodenständigen Kaufmann Müller zu utopisch, und er verkaufte die T-Aktie mit einem Verlust von mehr als 50 % und dem Versprechen, seinem Enkel bis Weihnachten mit dem verbliebenen Kapital ein besseres Investment zu suchen.

Er entschied sich damals für Volkswagen als Langfristanlage. Von den noch vorhandenen 4.000 Euro „Startkapital" konnte er 120 VW-Aktien kaufen. Als sein Enkel Mitte 2008 den 18. Geburtstag feierte, überschrieb Müller dem Sprössling das Depot im damaligen Wert von 11.000 Euro mit der Bitte, das Konto nur im ärgsten Notfall anzugreifen. Der Enkel hielt sich daran und hatte im Herbst 2011 VW-Aktien im Wert von 16.000 Euro im Depot. Manchmal denkt Müller noch an sein Abenteuer mit der T-Aktie. Wenn er damals nicht die Reißleine gezogen hätte, würde das Depot des Enkels heute gerade einmal bei 900 Euro herumdümpeln.

Warum werden Investoren, wenn sie im Gewinn liegen, plötzlich so risikoscheu, und in Verlustphasen sind sie wagemutig und hoffen auf die „große Wende"? Erinnern Sie sich an das weiter oben beschriebene Kahneman-Experiment, in dem die Probanden sich zwischen 100 Dollar sofort oder 110 Dollar in vier Monaten entscheiden mussten. Oder an die Redewendung „Lieber den Spatz in der Hand als die Taube auf dem Dach". Wenn Anleger plötzlich risikoscheu werden und lieber kleine Gewinne mitnehmen, als geduldig auf noch größere Kurserträge zu warten, kann das nur eines heißen: Sie verfügen über kein Risikomanagement. Und damit wären wir bei einem weiteren typischen Anlegerfehler, der die meisten Privatinvestoren davon abhält, wirklich erfolgreich an den Kapitalmärkten zu agieren.

Fehlendes Risikomanagement

Risikomanagement, das heißt, sich über die Gefahren eines Investments im Klaren zu sein. Es beginnt vor dem Kauf eines Wertpapiers. Viele Anleger fangen erst dann damit an, sich mit dem möglichen Risiko ihrer Investition auseinanderzusetzen, wenn die Kurse nicht mehr in die gewünschte Richtung laufen. Doch zu diesem Zeitpunkt könnte es unter Umständen schon zu spät sein. Daher rate ich Ihnen dringend: Wenn Sie sich in Aktien engagieren, machen Sie sich vorher genau ein Bild darüber, in welches Unternehmen Sie investieren. Vielleicht ist dieser Gedanke neu für Sie, denn in einschlägigen Medien oder von Anlageberatern wird stereotyp beim Thema Risikomanagement meist nur empfohlen, mit Stoppkursen zu arbeiten, um mögliche Verluste zu begrenzen. Das mag in manchen Fällen vielleicht sinnvoll sein, etwa dann, wenn Sie nur kurzfristig investieren wollen oder wenn es darum geht, eine sich plötzlich ergebende Chance bei der einen oder anderen Aktie zu nutzen. Aber das hat nichts mit erfolgreichem Anlegen oder langfristigem Value-Investing zu tun, worum es in diesem Buch geht.

Stoppkurse – entweder mental im eigenen Kopf gesetzt oder gleich bei der Bank zusammen mit der Kauforder platziert – sind fast immer Kapitalvernichter. Denn wenn es mit den Aktienkursen auch einmal bergab geht, heißt das nicht, dass das ganze Investment auf Sand gebaut ist – sofern es sich dabei um wirklich herausragende Unternehmen handelt, die bereits über Jahre und Jahrzehnte hervorragend gewirtschaftet haben. Wird aber in einer vorübergehenden Schwächephase der Stoppkurs erreicht, dann wird verkauft – und Sie werden sich fürchterlich ärgern, wenn kurz danach die Kurse wieder zu steigen beginnen. Denn sind Sie von einer Aktie wirklich überzeugt, müssten Sie sofort wieder einsteigen und damit Ihrer eigenen Stoppkurs-Entscheidung widersprechen. Außerdem verursacht das dauernde Rein und Raus auch Kosten. Nicht umsonst lautet eine alte Börsenweisheit: „Hin und her macht Taschen leer."

Verfolgen wir einmal die Börsenentwicklung des traditionsreichen Beklei-
dungsunternehmens Hugo Boss mit dem deutschen Nebenwerte-Index
MDAX, in dem die Aktie der Firma notiert ist.

Abbildung 2.7: Boss und MDAX seit Mitte 1996 (Quelle: Deutsche Börse).

Wie Sie in Abbildung 2.7 sehen, konnte sich auch eine so gute Aktie wie
die der Hugo Boss AG nicht den Schwankungen des Gesamtmarktes, des
MDAX, entziehen. Doch während der MDAX von Anfang 1996 bis November 2011 immerhin 240 % hinzugewann, verzeichnete die Boss-Aktie
im gleichen Zeitraum eine sagenhafte Performance von +1.100 %. Oder anders ausgedrückt: Wenn Sie am 2. Januar 1996 10.000 Euro (bzw. den damaligen Gegenwert in D-Mark) zum Kurs von 6 Euro in Boss investiert

2. Investmentfallen und Investmentmythen

und die Aktie bis heute im Depot gehalten hätten, wäre das Investment heute stolze 120.000 Euro wert.

Von der Aktie langfristig überzeugte Anleger, die Anfang 1997 – die Boss-Aktie überwand gerade die 10-Euro-Marke, und die Investoren lagen mit mehr als 60 % im Gewinn – einen Stopp bei 10 Euro gesetzt hätten, wären wenig später ausgestoppt worden. Gut, 60 % Gewinn in rund einem Jahr, das ist schon etwas, werden Sie jetzt vielleicht einwenden. Aber wer vor der Aktie wirklich überzeugt war, musste eigentlich wieder einsteigen. Nur wann? Wieder bei 10 Euro, nachdem sich Boss von dem Absacker bis auf unter 9 Euro Mitte 1997 wieder erholt hatte? Oder sicherheitshalber erst bei 20 Euro, nachdem die Aktie ab Frühjahr 1998 zum Höhenflug ansetzte?

Eines wird hier überdeutlich: Mit Stopps zu arbeiten, sichert vielleicht den kurzfristigen Gewinn, hindert aber am langfristigen Erfolg. Daher rate ich jedem Anleger, der mit Aktien langfristig wirklich Geld verdienen möchte, das Risikomanagement anders zu organisieren: Arbeiten Sie nicht mit Stoppkursen, nachdem Sie eine Aktie bereits gekauft haben, sondern betreiben Sie Risikomanagement bereits während des Entscheidungsprozesses, indem Sie sich vor dem Aktienerwerb über das Unternehmen genau informieren.

Sie müssen in etwa wissen, wo die Risiken bei einer Aktie liegen, um nachher nicht von eventuellen negativen Entwicklungen überrascht zu werden. Ebenso müssen Sie eine Vorstellung haben, was diese Aktie wert ist, damit Sie billig einkaufen können und, wenn die Aktie erheblich über ihren Wert steigt, auch verkaufen können. Dann bestimmen Sie aber aufgrund einer bewussten und überlegten Strategie und nicht aufgrund irgendwelcher Stop-Loss-Kurse den Kauf- und Verkaufszeitpunkt.

Für die nähere, fundamentale Beschäftigung mit Aktien, die in die engere Kaufentscheidung einbezogen werden sollen, und um sich ein Bild von einem bestimmten Unternehmen zu machen, müssen Sie kein ausgebildeter

Analyst sein. Wenn Sie sich ein Auto oder eine neue Waschmaschine zulegen, werden Sie beim Kauf in der Regel auch nicht total falschliegen, nur weil Sie kein Kfz-Mechaniker oder Elektroniker sind. Apropos Waschmaschine: Zahlreiche Studien zum Konsumentenverhalten belegen, dass sich die Deutschen vor dem Kauf von Elektrogeräten im Schnitt zwischen drei und sieben Tage über das Angebot informieren, bevor gekauft wird. Und das über alle Kanäle – im Internet, im Fachhandel und bei Freunden und Bekannten. Doch in den meisten Fällen werden Aktien, in die investiert werden soll, vor dem Kauf weniger intensiv studiert.

Wie einfach Fundamentalanalyse manchmal sein kann, propagierte schon vor mehr als 20 Jahren Peter Lynch, der Fondsmanager des legendären US-Aktienfonds Magellan Fund. Als Lynch 1990 nach 13 Jahren als Fondsmanager zurücktrat, war sein Fonds im Wert von ursprünglich 18 Millionen Dollar auf 14 Milliarden Dollar angewachsen. Von 1977 bis 1990 erwirtschaftete Lynch eine durchschnittliche Rendite von 29,9 % im Jahr. In seinem Buch *Beating the Street* (deutsch: *Der Börse einen Schritt voraus*) verriet Lynch, dass er auf etliche Top-Investments aufmerksam wurde, indem er auf seine Frau hörte. Wenn sie vor Freundinnen von den Vorzügen ihrer Nylonstrumpfmarke schwärmte oder den neu erworbenen Trockner im Bad überschwänglich lobte, begann Lynch, sich mit den Herstellern dieser Alltagsprodukte intensiver zu beschäftigen. Doch die eigentliche Vorauswahl dieser Aktien hatte im Grunde seine Frau getroffen.

Risikomanagement bedeutet also, sich vor dem Kauf über das spezifische Unternehmensrisiko im Klaren zu sein, die Wettbewerbsfähigkeit der Firma und deren Produkte zu prüfen und die langfristige Qualität der Unternehmensführung einzuschätzen. Denn bedenken Sie eines: Das Gesamtmarktrisiko können Sie nicht beeinflussen, aber sehr wohl das Unternehmensrisiko – einfach, indem Sie in Aktien von Firmen investieren, die über lange Zeit erfolgreich in der Wirtschaft tätig sind. Doch dazu mehr in Kapitel 4.

Im nächsten Kapitel soll es zunächst um die Frage der richtigen Asset Allocation, also um die Mischung von Vermögensklassen im Depot gehen. Denn auch dann, wenn Sie wirklich erstklassige Aktien finden, sollten Sie nicht alle Eier in einen Korb legen, sondern das Gesamtrisiko, das an den Kapitalmärkten immer besteht, auf mehrere Schultern verteilen.

Stichwörter zu Kapitel 2

- Börsenpsychologie

- Herdentrieb

- Informationskaskaden

- Finanzmedien

- Banken und Investmentbanken

- Anlagefehler

- Selbstüberschätzung

- Rendite-Risiko-Wahrnehmung

- Risikomanagement

3. VALUE-INVESTING

Um was es geht

Langfristig an den Kapitalmärkten ein Vermögen aufbauen bedeutet nicht nur, unterbewertete Aktien zu kaufen und gelassen auf Kurssteigerungen zu warten. Value-Investing umfasst mehrere Disziplinen – ein kurzer Überblick soll hier Klarheit verschaffen. Doch dann geht es ans Eingemachte: Eine der wichtigsten Voraussetzungen für erfolgreiches Investieren ist die Frage der Vermögensaufteilung – die sogenannte Asset Allocation. Wovon die „richtige" Asset Allocation abhängt, wird in diesem Kapitel genauso behandelt wie die Frage, warum Gold in jedes Depot gehört und wann auch Liquidität sinnvoll ist. Den Schwerpunkt des Kapitels bildet die Aufteilung des Kapitals in Aktien auf der einen sowie Anleihen und Cash auf der anderen Seite und welche Faktoren die Verteilung des Vermögens in diese Anlageklassen bestimmen. Lesen Sie, wie die Investmentlegenden Benjamin Graham und Warren Buffett bei der Vermögensaufteilung vorgegangen sind, und lernen Sie, die Märkte und Anlageklassen richtig zu bewerten.

Value-Investing: Die Disziplinen im Überblick

Erinnern Sie sich noch an Ihre Kindheit und die Sache mit dem Taschengeld? Oder „ringen" Sie zurzeit mit Ihrem eigenen Nachwuchs um die richtige Einteilung der wöchentlichen oder monatlichen Zuwendungen? Als Eltern versucht man ja beizeiten, den Sprösslingen den richtigen Umgang mit Geld beizubringen. Und das Wichtigste dabei ist die Frage der Einteilung. Wenn am Ende des Monats die Tochter oder der Sohn wieder einmal um Geld bittet für die angesagte CD („Die haben alle anderen auch schon!"), kann es nur eine Antwort geben: „Wenn Du Dein Taschengeld schon verbraucht hast, musst Du warten, bis es neues gibt, oder Dein Geld besser einteilen." Schon früh soll so der Nachwuchs verstehen, warum es wichtig ist, sein „Vermögen" sinnvoll einzuteilen. Denn nur dann kann er sich seine kleinen Wünsche selbst erfüllen und hat vielleicht am Ende des Monats noch ein wenig Geld für einen „plötzlichen" und „ganz wichtigen" Einkauf übrig.

Ähnlich verhält es sich beim Value-Investing. Auch hier sollten Sie sich von vornherein darüber im Klaren sein, wie viel von Ihrem Vermögen Sie an den Kapitalmärkten anlegen wollen, in welchen Teilen Sie das Geld auf verschiedene Anlageformen verteilen und vor allem in welchen Aktien, Anleihen oder sonstigen Assets Sie sich engagieren wollen. Ich gehe bei meinem Investmentsystem nach vier elementaren Disziplinen vor: (1) die richtige Vermögensaufteilung, (2) der intelligente Suchprozess, (3) ein robustes Bewertungsverfahren und (4) ein systematischer und disziplinierter Kauf- und Verkaufsprozess. Dabei orientiere ich mich an Professor Bruce Greenwald von der Columbia University, dem einzigen Professor weltweit für Value-Investing an einer Elitehochschule. Ich habe von Bruce Greenwald viel gelernt.

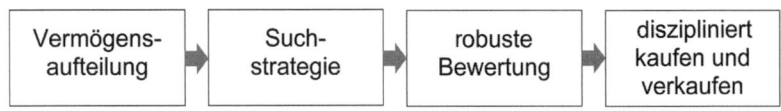

Abbildung 3.1: Die Disziplinen des Value-Investing (Quelle: Otte).

Disziplin 1: Die Vermögensaufteilung

Die erste Disziplin eines erfolgreichen Value-Investors besteht in der Vermögensaufteilung oder – auf Börsenchinesisch – in der Asset Allocation. Das bedeutet nichts anderes, als den Teil des Kapitals, der an der Börse investiert werden soll, richtig aufzuteilen. Ist es beim Taschengeld noch eine Frage der Zeit, wann wie viel Geld ausgegeben wird, dreht sich bei Börseninvestments die Frage der Asset Allocation darum, wie viel Kapital wann in welche Anlageklassen angelegt und verteilt werden soll. In Kapitel 1 wurden ja bereits die verschiedenen Anlageklassen wie etwa Aktien, Anleihen oder Immobilien und ihre unterschiedlichen Renditechancen erörtert. Bei der Asset Allocation geht es darum, das Vermögen in die Anlageform mit den höchsten Renditechancen zu investieren. Langfristig sind das Aktien, aber es gibt auch Phasen, in denen die Kurse gnadenlos überbewertet sind. Dann sollten Sie sich mit Neuinvestments zurückhalten und nach Anlagealternativen, zum Beispiel Zinspapieren, Ausschau halten oder Ihr Kapital einfach in Liquidität parken.

Value-Investoren achten nur bedingt auf die aktuellen Kurse und Entwicklungen, ihr Hauptaugenmerk liegt auf den langfristigen Gewinnmöglichkeiten. Und die hängen vor allem von der Bewertung ab. Auf die Frage, wie man reich wird, gab Value-Investor Warren Buffett einmal eine simple Antwort: „Kaufe einen Dollar, aber zahle nur 50 Cent dafür." Wenn Sie also am Aktienmarkt „einen Dollar" finden, den es für 50 Cent gibt, sollten Sie zuschlagen. Falls nicht, ist es sinnvoll, abzuwarten und das Kapital in anderen Anlageklassen zu „parken". Mehr zu dem wichtigen Thema Asset Allocation lesen Sie im nächsten Abschnitt dieses Kapitels.

Disziplin 2: Der Suchprozess

Voraussetzung dafür, überhaupt interessante Aktien zu finden, ist ein intelligenter Suchprozess. Es gibt Abertausende von Aktien an den über 100 Börsen dieser Welt, doch die Suche nach unterbewerteten Langfristgewinnern gleicht ohne System der sprichwörtlichen Suche nach der Nadel im Heuhaufen. Deshalb sollten Sie systematisch an die Sache herangehen. Auch hier hat Buffett eine verblüffend einfache Meinung parat: „Der dümmste Grund, eine Aktien zu kaufen, ist, dass der Kurs steigt." Wenn Sie nach unterbewerteten Aktien suchen, müssen Sie nicht täglich den Wirtschaftsteil der Zeitung verfolgen oder Ihren Banker fragen. Überlegen Sie vielmehr, über welche Branchen oder Regionen Sie in jüngster Zeit überhaupt keine Nachrichten mehr gehört haben. Das könnte ein Indiz dafür sein, dass es dort Aktien gibt, die derzeit keiner haben will – aus welchen Gründen auch immer – und die deshalb weniger kosten, als sie wert sind. Wie Sie die Suche nach unterbewerteten Value-Aktien systematisch und erfolgreich angehen, erläutere ich in Kapitel 4.

Disziplin 3: Die Bewertung

Sie sind bei der Suche nach augenscheinlich unterbewerteten Aktien fündig geworden. Jetzt gilt es zu klären, ob und nach welchen Kriterien die Aktien wirklich günstig sind. Salopp formuliert, geht es nun ans Eingemachte. Für die richtige Bewertung ist weniger die Frage nach dem aktuellen Kurs zu stellen, sondern vielmehr: Was ist das Unternehmen wirklich wert? Wobei es beim Value-Investing nicht nur darum geht, den wahren oder fairen Wert einer Aktie zu erkennen. Hinsichtlich der Vermögensaufteilung kommt auch der Bewertung des Gesamtmarktes entscheidende Bedeutung zu. Stellen Sie sich vor, Sie stehen vor der Entscheidung, jetzt in Aktien zu investieren oder doch besser noch abzuwarten und währenddessen Ihr Kapital am Rentenmarkt anzulegen. Doch wissen Sie wirklich, ob Anleihen derzeit günstig zu haben sind? Vielleicht sind die Kurse mittlerweile schon ziemlich hoch, so dass mögliche Kursrückgänge in den kommenden Wochen oder Monaten Ihre Erträge, die Sie mit den Zinsen erwirtschaften, komplett zunichte machen. Bei der Bewertung gilt es also immer zu klären: teuer oder günstig in Relation, nicht absolut. Bei Unternehmen wird daher der aktuelle Aktienkurs mit dem fairen Wert der Firma verglichen, um festzustellen, ob eine Über- oder eine Unterbewertung vorliegt. Bei der Asset Allocation ist der Bewertungsvergleich zwischen den alternativen Anlageformen, also etwa Aktien- und Rentenmarkt, wichtig. Erst wenn diese Fragen geklärt sind, werden Sie einerseits eine sinnvolle Vermögensaufteilung festlegen und andererseits in echte Value-Aktien investieren. Und damit wären wir bei der vierten Value-Disziplin, dem Depotmanagement.

Disziplin 4: Ein systematischer Kauf- und Verkaufsprozess

Hier dreht es sich darum, richtig zu kaufen und zu verkaufen. „Moment mal", werden Sie jetzt vielleicht denken: „Buffett hat doch gesagt, er kauft unterbewertete Aktien und lässt Sie ein Leben lang im Depot liegen." Das stimmt nicht unbedingt so. Mittlerweile ist Buffetts Gesellschaft Berkshire Hathaway einfach zu groß, um manche Titel aktiv zu traden. Warren Buffett könnte sich zum Beispiel nicht von seinem Coca-Cola-Engagement lösen, ohne dass er sofort die Kurse für die Coca-Cola-Aktie in den Keller schicken würde. Da behält er die Position lieber. Sie als Kleininvestor haben es da einfacher. Gelegentlich ist es durchaus sinnvoll, sich von Aktien wieder zu trennen. Warren Buffett hat in den ersten 20 Jahren seines Investorenlebens, in der Buffett-Partnership, auch häufiger Aktien ge- und verkauft. Außerdem – das zeigt die Erfahrung – sollten Privatanleger in der Regel nicht mehr als 10 bis 20 verschiedene Aktien halten, sonst geht schnell der Überblick über das eigene Depot verloren. Auch beim Depotmanagement spielt also die richtige Bewertung eine zentrale Rolle – sowohl beim Kauf als auch beim Verkauf. Wie erfolgreiches Depotmanagement in der Praxis aussieht, wird in Kapitel 7 anhand einiger Beispiele aus dem PI Global Value Fund eingehend beleuchtet.

Asset Allocation – die Grundlagen

Die Verteilung des freien Kapitals, das Sie an den Finanzmärkten investieren wollen, hängt von drei maßgeblichen Faktoren ab. Erstens von Ihrer persönlichen Finanzsituation, zweitens von psychologischen Einflüssen und drittens von der Bewertung der einzelnen Anlageformen. Diese drei Faktoren stelle ich Ihnen folgend der Reihe nach vor, wobei ich auf den Aspekt der Bewertung ausführlicher eingehen werde.

Die eigene Finanzsituation

Eine der meistgestellten Fragen auf Börsentagen oder sonstigen Anleger-
seminaren lautet: „Wie viel meines Kapitals sollte ich in Aktien investieren?" Und genauso oft berufen sich dann irgendwelche Experten auf die
Formel: 100 minus Lebensalter = Aktienanteil. Die Überlegung hinter dieser Faustregel lautet: Wer in jungen Jahren vermehrt in ertragreiche, aber
eben auch schwankungsintensive Aktien investiert, hat mehr Zeit, zwischenzeitliche Verluste wieder aufzuholen. Oder andersherum: Männern
im Alter von 70 Jahren, die mit ihrem Aktiendepot große Verluste einfah-
ren, bleiben bei einer statistischen Lebenserwartung von 77,5 Jahren nur
noch siebeneinhalb Jahre, um diese Verluste wieder aufzuholen. Gleichalt-
rige Frauen hätten dafür – statistisch gesehen – immerhin 12,5 Jahre Zeit.
Sie sehen, allein schon die unterschiedliche statistische Lebenserwartung
von Männern und Frauen zeigt, wie pauschal und damit wenig aufschlussreich die Faustregel ist.

Aber das nur nebenbei, denn es gibt viel wichtigere Argumente, warum
diese Faustregel kritisch hinterfragt werden muss. Sind jüngere Menschen
wirklich risikofreudiger? Verfügen sie auch über mehr Finanzmittel als
ältere Anleger? Wohl kaum – im Gegenteil: Wenn wir vom typischen Lebenszyklus eines Menschen ausgehen, können wir beim Thema Kapitalanlage die Perioden Geburt, Kindheit und Jugend sicherlich auslassen. Denn
wenn in dieser Phase Geld „für später" angelegt wird, dann in erster Linie
von den Eltern oder Großeltern. Und auch während eines Studiums werden in der Regel die eigenen wenigen Finanzmittel wohl eher für eine eigene
Wohnung und den Lebensunterhalt gebraucht und stehen damit nicht für
eine Wertpapieranlage zur Verfügung. Doch dann beginnt das Berufsleben.
Die Finanzsituation verbessert sich zusehends und erlaubt verstärkt, an den
Aktienmärkten aktiv zu werden und das Risiko auf mehrere verschiedene
Positionen zu verteilen. Im Rentenalter hängt der Spielraum dann auch davon ab, wie es um die Gesundheit bestellt ist. Größere Krankheiten oder
vielleicht sogar ein Pflegefall in der Familie binden erneut Kapital, welches

dann nicht mehr für regelmäßige Börseninvestments zur Verfügung steht. Im Idealfall bleibt die Gesundheit erhalten, und man hat mehr Zeit, sich ausgiebig den Börsen und der Suche nach erfolgversprechenden Aktien zu widmen.

Auf einer Veranstaltung für Anleger kam ich mit einem Besucher ins Gespräch, der mir von seiner „Börsenkarriere" erzählte. Als er noch jung war, begann er, sich für die Aktienmärkte zu interessieren. Während seines Studiums der Volkswirtschaftslehre fing er dann auch an, erste Aktien zu kaufen. Aber als Student war sein Budget sehr beschränkt, so dass er nur in ein paar wenige Papiere investieren konnte. Aber er war damit erfolgreich, und die Gewinne trugen zur Finanzierung seines Studiums bei. So richtig aktiv wurde mein Gesprächspartner an der Börse erst, als er nach Abschluss seines Studiums einen gut bezahlten Job erhielt. Zwar heiratete er auch in dieser Zeit und wurde kurz darauf Vater, doch das Gehalt reichte aus, um verstärkt in Aktien zu investieren. In seinen „besten Zeiten", so verriet er mir, hatte er mindestens 20 Positionen im Depot und konnte seinen Kapitaleinsatz im Laufe einiger Jahre mehr als verdoppeln. Das war auch gut so, erzählte mir der Privatinvestor weiter, denn jetzt ist er finanziell in der Lage, für seine alte Mutter einen Altersruhesitz mitzufinanzieren. Am Ende des Gesprächs gab der Besucher zu, dass er deshalb jetzt nur noch ab und zu an den Börsen investiert, denn der Heimplatz verschlinge doch jede Menge Geld.

Sie sehen an diesem Beispiel, wie ausschlaggebend die eigene Finanzsituation sich auf die Asset Allocation auswirkt. Welchen Aktienanteil Sie während Ihres Lebenszyklus im Depot haben, kann also ganz unterschiedlich ausfallen – je nachdem, welche Finanzmittel Ihnen gerade zur Verfügung stehen und welchen Anlagehorizont Sie besitzen. Generell rate ich Ihnen – und damit wären wir schon beim Thema Psychologie –, dass Sie nur das Kapital an den Börsen und in Aktien investieren, das Sie nicht unbedingt benötigen. Denn erst dann können Sie unbefangen und gelassen erfolgreich investieren und halten Emotionen wie Angst, Hoffnung oder Gier im Zaum.

Die Psychologie

Die eigene Psyche ist meist das größte Hindernis für langfristig erfolgreiche Engagements an der Börse, wie ich in Kapital 2 ausführlich dargelegt habe. Sicher ist es relativ einfach, bei stetig steigenden Aktienmärkten souverän an seinen Positionen festzuhalten. Man kann sich auch leicht vorstellen, die einmal gewählten Aktien jahrelang zu halten. Doch Sie werden diese Entscheidung schnell überdenken, wenn es mit den Kursen wochen- oder monatelang bergab geht und Sie zusehen, wie Ihr Depotwert immer mehr zusammenschmilzt. Benjamin Graham, der Vater des Value-Investings, rät daher, immer mindestens 25 % des Gesamtkapitals in sicheren Anleihen zu haben. Denn nur mit diesem „Risikopolster" könne man mutig den Rest in Aktien halten, auch wenn die Börsen auf Talfahrt gehen.

Doch was heißt schon „mutig"? Der Begriff ist relativ und hängt mit der individuellen Risikofreudigkeit zusammen. Für den einen ist es mutig, die Hälfte des zur Verfügung stehenden Börsenkapitals in eine einzige aussichtsreiche Aktie zu investieren, ein anderer fühlt sich bei einem Investment in einen Aktienfonds schon fast als Hasardeur. Die Asset Allocation, also die „richtige" Aufteilung des Vermögens auf verschiedene Anlageklassen, hängt somit stark mit dem Anlagetypus zusammen.

Heinrich Kern beispielsweise ist generell ein risikofreudiger Mensch. Das macht sich nicht nur in seinem Alltagsleben bemerkbar, sondern auch bei seinen Börseninvestments. Er ist stets gut informiert und reagiert schnell, wenn es neue, positive Nachrichten zu einem Unternehmen gibt. Insofern ist es nicht verwunderlich, dass er nahezu drei Viertel seines für Börsenengagements eingeplanten Kapitals direkt in Aktien investiert, die er für vielversprechend hält. Allerdings ist Kern kein typischer Value-Investor, denn die Haltedauer seiner Investments beträgt oftmals nicht mehr als ein paar Monate. Wenn sich herausstellt, dass die Kurse nicht auf vermeintlich gute Nachrichten reagieren, trennt er sich auch eher von den Papieren. Hat er jedoch mit den Positionen einen ordentlichen Gewinn von 10 oder 20 %

gemacht, nimmt er seine Gewinne mit und hält Ausschau nach neuen, interessanten Aktienanlagen. Diese Art von – eher kurzfristigen – Börseninvestments kann durchaus erfolgreich sein, auf jeden Fall kostet sie viel Zeit und mit Sicherheit noch mehr Nerven. Doch als risikofreudiger Anleger nimmt Heinrich Kern das gern in Kauf. Für ihn ist die Börse nicht nur eine Gelegenheit, sein Kapital zu mehren, sondern auch Leidenschaft und Hobby.

Ein ganz anderer Anlegertyp ist Thomas Klein. Er will und kann sich nicht laufend mit den Kapitalmärkten befassen. Außerdem sind ihm Aktien viel zu unsicher und volatil, als dass er größere Finanzmittel investieren würde. Klein legt sein Kapital zum größten Teil in festverzinsliche Papiere und in Bundesanleihen an. Einen kleinen Teil hat er langfristig – also auf Sicht von mehreren Jahren – in einen gemischten Investmentfonds investiert. Bei dieser Art von Fonds legt das Fondsmanagement fest, wie viel Geld der Anleger in Aktien oder Zinspapiere fließt – je nach Marktlage und Marktentwicklung. Im Schnitt sieht die Vermögensaufteilung von Thomas Klein so aus: 80 % liegen in festverzinslichen Anlagen, 10 % sind in Bundesanleihen angelegt, und die restlichen 10 % hat Klein in den gemischten Fonds investiert. Für ihn als risikoaversen Anleger, der eher auf Kapitalerhalt nach Inflation als auf eine möglichst üppige Rendite achtet, ist diese Form der Asset Allocation ideal.

Verringerung des Anlagerisikos

Manchmal wird Anlegern empfohlen, zwar in Aktien zu investieren, sich dabei aber abzusichern. Wenn Sie sich entschlossen haben, voll in Aktien investiert zu sein und dennoch nicht „volles Risiko" zu gehen, behalten Sie Ihre Value-Aktien weiterhin im Depot. Zusätzlich kaufen Sie sich eine Art Versicherung gegen sinkende Kurse, indem Sie gleichzeitig zu den „problematischen" Aktienpositionen entsprechende Put-Optionsscheine kaufen. Diese Papiere gewinnen an Wert, wenn der Kurs des sogenann-

ten „Basiswerts", also der Aktie, fällt. Im Idealfall gleichen somit die Kursgewinne des Put-Optionsscheins die Verluste der Aktie aus. Doch wie alle
Versicherungen haben auch Put-Optionsscheine ihren Preis. Normalerweise kostet eine solche Absicherungsstrategie 10 % Rendite pro Jahr. Bei einer
langfristigen Rendite des Gesamtmarktes von 8 bis 10 % ist diese Strategie
also ganz sicher ein Verlustgeschäft, außer wenn Sie sie in sehr ausgewählten Phasen einsetzen. Dennoch wird sie im Fernsehen von bestimmten Bör-
sengurus gerne empfohlen, weil sie so einfach und plausibel klingt.

Daher ist es besser, sich bei der Vermögensaufteilung auch einen Teil an
Gold ins Depot zu legen. Je höher Ihr Risikobedürfnis ist, desto größer
darf auch der Goldanteil in Ihrem Portfolio sein. Denn Gold ist die klassische „Krisenwährung", die in der Regel im Wert steigt, wenn fundamentale oder politische Einflüsse auf die Kurse an den Aktien- oder Rentenmärkten drücken.

Warum Gold in jedes Depot gehört

Gold symbolisiert seit jeher Stabilität und Werterhalt. Das liegt einfach daran, dass dieses Edelmetall selten vorkommt und überdies immer schwieriger abzubauen ist. Im Gegensatz zu Silber, welches als Rohstoff vor allem in der Technologiebranche oder im Motorenbau Verwendung findet,
also im weitesten Sinn auch ein Industriemetall ist, wird Gold in der Regel überwiegend in der Schmuckbranche verwendet – und eben als Kapitalanlage.

Selbst in Zeiten, in denen auch an den Finanzmärkten Hochtechnolo-
gie Einzug gehalten hat – und zum Beispiel in Europa bei der Hebelung
von Rettungsschirmen mit komplizierten, finanztechnischen Instrumen-
ten hantiert wird –, bleibt das althergebrachte Gold als Sicherheitswäh-
rung gefragt wie nie. So beläuft sich der Goldschatz der USA auf geschätz-
te 8.135 Tonnen. Geschätzt deshalb, weil niemand in den vergangenen

20 Jahren die Goldbarren in Fort Knox, wo der US-Goldvorrat lagert, gezählt hat. Der zweitgrößte Goldsammler ist übrigens Deutschland, das rund 3.400 Tonnen Gold sein Eigen nennt. In Euro umgerechnet verfügt Deutschland damit über Goldvorräte im Wert von 140 Milliarden Euro. Damit gehören jedem von uns rein rechnerisch 42 Gramm Gold. Bei einem Feinunzenpreis von 1.750 Dollar – eine Feinunze entspricht 31 Gramm – sind das 2.370 Dollar bzw. 1.750 Euro.

Doch das Gold der Bundesrepublik Deutschland ist in den Miettresoren der Federal Reserve Bank of New York, der Bank of England in London und der französischen Nationalbank in Paris verwahrt. In dieser Hinsicht erinnert das schon wieder an neokoloniale Politik und zeigt, dass Deutschland seit 1945 kein souveränes Land mehr ist, worauf auch Bundesfinanzminister Wolfgang Schäuble auf einer Bankentagung im November 2011 hingewiesen hat.

Der Einzelne hat also nichts davon. Doch wenn schon die großen Länder zur Sicherheit Gold horten, sollten Sie als Privatanleger es ihnen gleichtun. Denn auf lange Sicht wird der Goldpreis weiter steigen – schon aufgrund der Seltenheit des Metalls. Aber auch der Krisencharakter des Edelmetalls wird die Kurse vorantreiben, wie sich bereits bei den großen Finanzkrisen zu Anfang des Jahrtausends, während der Immobilienkrise ab 2007 oder in der aktuellen Schuldenkrise der EU und der USA gezeigt hat (Abbildung 3.2).

Abbildung 3.2: Die Goldpreisentwicklung seit 2005 (Quelle: Yahoo Finance).

Krisen wird es in der Welt immer wieder geben, und die aktuelle EU-Schuldenkrise ist noch längst nicht ausgestanden. Daher wird es sich auch weiterhin lohnen, das eigene Wertpapierdepot mit einer Beimischung von Gold zu stabilisieren.

Wer bereits seit längerem an den Kapitalmärkten aktiv ist, weiß, was ich mit „stabilisierend" meine. Denn während zum Beispiel das heimische Leitbarometer DAX seit dem Jahr 2000 zweimal den 8.000-Punkte-Gipfel erklomm, um danach jedes Mal wieder tief in den Keller zu rauschen, brachten Investments in Gold einen stabilen Wertzuwachs, wie Abbildung 3.3 eindrucksvoll zeigt.

Abbildung 3.3: Die Entwicklung von Gold und DAX seit 2000 (Quellen: Yahoo Finance, Deutsche Börse).

Anleger, die mit Zertifikate-Lösungen seit zehn Jahren im DAX investiert waren, haben bis heute eine emotionale Achterbahnfahrt ohne Beispiel hinter sich, unterm Strich erlitten sie aber einen Verlust, weil der DAX Im November 2011 mit knapp über 6.000 Punkten rund 13 % unter dem Wert von Anfang 2000 notierte. Gold kletterte dagegen im gleichen Zeitraum von knapp 300 Dollar auf 1.750 Dollar je Feinunze und verzeichnete damit einen Wertzuwachs von sagenhaften 500 %. Jetzt stellen Sie sich vor, Sie verfolgten seit Anfang 2000 keine „sture" Zertifikate-Anlage im DAX, sondern praktizierten erfolgreiches Value-Investing mit Aktien plus einer Beimischung an Gold im Depot.

Natürlich können Sie einwenden, dass Gold auf dem erreichten Niveau ziemlich teuer ist und die Spekulationsblase vor allem seit 2009 bald platzen könnte. Doch ob Gold wirklich teuer ist, kommt immer darauf an, in welcher Relation Sie den Wert des Goldes sehen. Gegenüber dem Aktienmarkt ist das Edelmetall jedenfalls nicht teuer, wie Abbildung 3.4 zeigt.

Abbildung 3.4: Die Gold-Dow-Ratio seit 1900 (Quelle: Markt-Daten.de).

Im Jahr 2000 beispielsweise brauchten Sie 40 Feinunzen Gold, um damit „einen Dow Jones" zu kaufen. Oder anders ausgedrückt: Der US-Leitindex notierte im Januar 2000 bei 11.500 Punkten, Gold nur bei 287 Dollar. 11.500 geteilt durch 287 ergibt 40. Im November 2011 lag die Gold-Dow-Ratio dagegen nur noch bei 6,6. Das bedeutet, den Dow Jones erhielten Sie damals schon für nur 6,6 Feinunzen Gold. Damit ist Gold deutlich gestiegen und notiert in etwa auf einem mittleren Preisniveau. Zum Einstieg und als stabilisierendes Element für Ihr Depot ist Gold allerdings nicht zu teuer.

Wie in Kapitel 1 dargestellt, sind mit ausgewählten Aktieninvestments langfristig Renditen von 10 % realistisch. Und Gold weist seit 1990 eine durchschnittliche Wertsteigerung von jährlich rund 7% auf. Angenommen, Sie haben sich vor 21 Jahren mit 20.000 Euro Anfangskapital zum Vermögensaufbau entschlossen. Drei Viertel davon investierten Sie seitdem erfolgreich in Value-Aktien und erzielten damit im Schnitt 10% jährliche Rendite, den Rest des Betrages steckten Sie von Anfang an in Gold als Beimischung. Einer Ihrer Bekannten begann 1990 ebenfalls mit seinen Börsengeschäften. Er begnügte sich aber damit, über Fonds oder Zertifikate ausschließlich im DAX anzulegen. Zufällig begann auch er seine Finanzmarktkarriere mit 20.000 Euro. Im November 2011 treffen Sie Ihren Bekannten wieder und ziehen einen Strich unter Ihre bisherigen Börseninvestments. Stolz rechnet Ihnen Ihr Bekannter vor, dass er sein Anfangskapital innerhalb der zurückliegenden 21 Jahre um 240% auf immerhin 68.000 Euro steigern konnte. Als erfolgreicher Value-Investor, der nicht nur in ausgesuchte Qualitätsaktien investiert, sondern auch auf eine gute Mischung an Anlageklassen im Depot achtet, können Sie über die Performance Ihres Bekannten nur schmunzeln. Denn aus Ihrem Startkapital von 15.000 Euro im Aktien und 5.000 Euro in Gold wurden seit Anfang 1990 bis Ende 2011 fast 145.000 Euro.

Warum auch Liquidität sinnvoll ist

Das obige Beispiel ist nicht aus der Luft gegriffen, sondern basiert auf Renditen von Gold oder Aktien, die in den vergangenen 20 Jahren erzielbar waren. Natürlich gibt es an den Aktienmärkten auch Phasen, in denen es mit den Kursen nicht so recht aufwärtsgehen will – auch wenn die Papiere, in denen Sie investiert sind, noch so gut bewertet werden und die Unternehmen exzellente Zukunftsaussichten haben. Diese Phasen erachte ich aber nicht als Krise, sondern vielmehr als Chance. Denn das ist die Zeit, in denen es Qualitätsaktien zu günstigen Kursen gibt. Daher sollten Sie für solche Gelegenheiten immer ein gewisses Maß an Liquidität bereit haben, um die Kaufchancen zu nutzen, die Ihnen die Börsen immer wieder bieten.

Als „Parkplatz" fürs Kapital sollten Sie aber Anlagemöglichkeiten wählen, die es Ihnen erlauben, schnell reagieren zu können. Viele Anleger versuchen beispielsweise, mit Festgeld einen Tick höhere Renditen zu erzielen. Doch das kann ein Fehler sein, denn was ist, wenn Sie aussichtsreiche Aktien „entdecken", Ihre Liquiditätsreserve aber noch ein paar Monate im Festgeldkonto eingebunkert ist? Das will ich Ihnen anhand eines Beispiels demonstrieren.

Die im MDAX notierte Aktie der Fielmann AG erzielte seit dem Jahr 2000 eine jährliche Wertsteigerung von durchschnittlich 7,6 %. Nehmen wir an, Sie haben im Oktober 2008 einen Teil ihres Kapitals für zwei Jahre in Festgeld angelegt, der Rest ist voll in ihrem Wertpapierdepot investiert. Seit längerem liebäugeln Sie mit der Fielmann-Aktie, sind aber bisher noch nicht eingestiegen. Anfang 2009 erleidet die Aktie einen regelrechten Kurseinbruch und fällt binnen weniger Wochen um 22 % von 54 Euro auf 42 Euro zurück. „Jetzt wäre der richtige Einstiegszeitpunkt", denken Sie sich, doch Ihnen fehlen dazu die nötigen freien Mittel. Von anderen Aktien wollen Sie sich auch nicht trennen, denn diese entwickeln sich ausgezeichnet.

Abbildung 3.5: Die Kursentwicklung der Fielmann-Aktie seit Januar 2009 (Quelle: Deutsche Börse).

Ihnen bleibt daher nichts anderes übrig, als zuzusehen, wie sich Fielmann von seinem Kurssturz schnell wieder erholt. Allerdings bleibt die Aktie in den folgenden Monaten volatil, denn die Kurse schwanken wild zwischen 42 und 47 Euro hin und her. Sie verlieren Fielmann wieder aus den Augen, bis im Oktober 2010 Ihr Festgeld frei wird und Sie nach aussichtsreichen Anlagemöglichkeiten am Aktienmarkt suchen. Dann erinnern Sie sich wieder an den MDAX-Wert und trauen Ihren Augen nicht: Fielmann steht bei 75 Euro. Seit Ihrer Überlegung, den Kursrückgang im Frühjahr 2009 auf 42 Euro zum Einstieg zu nutzen, ist der Kurs um 78 % gestiegen, während Sie mit Ihrem Festgeld gerade einmal knapp über 2 % Zinsen im Jahr erhalten haben.

Dieses Beispiel zeigt: Liquidität ja – aber wie der Begriff schon sagt, sollten Sie tatsächlich jederzeit „flüssig" sein, also kurzfristig an Ihr Geld kommen können. Dann können Sie auch die Chancen nutzen, die Ihnen – wie bei Fielmann – schwache Börsenphasen bieten. Als geeigneter „Parkplatz" fürs Kapital sollten Sie daher Geldmarktpapiere wie etwa Geldmarktfonds wählen oder börsennotierte Anleihen, die Sie jederzeit verkaufen können. Achten Sie allerdings darauf, dass die Laufzeiten dieser Zinspapiere nicht zu lang ist, denn je kürzer die Laufzeit, desto geringer zwar die Renditen, aber auch die Kursschwankungen – Sie wollen auf dem Parkplatz ja kein Geld verlieren. Wenn Sie also bei Ihren Kapitalanlagen auf eine gesunde Mischung zwischen Sachwerten und Liquidität achten, können Sie flexibel auf alle Marktphasen reagieren.

Aktien, Anleihen oder Cash – alles eine Frage der Bewertung

Sind die Anleihenmärkte und Aktienmärkte beide fair bewertet, sollten Sie überwiegend in Aktien investieren, da sich auch in einem fair bewerteten Markt (der ja einen Durchschnitt darstellt) noch genug unterbewertete Titel finden lassen. In einem deutlich überbewerteten Aktienmarkt gilt es allerdings, schrittweise die Liquidität beziehungsweise Anleihequote zu erhöhen, wenn keine lohnenden Investments unter den Aktien zu finden sind. Die Gretchenfrage lautet daher: Wie bewertet man ganze Märkte?

Das gängige Mittel zur Ermittlung der Bewertung ist das Kurs-Gewinn-Verhältnis, kurz KGV. Diese Kennzahl lässt sich nicht nur für einzelne Aktien errechnen, sondern auch für Gesamtmärkte. Vereinfacht dargestellt für den DAX bedeutet das: Man summiert zunächst den Gewinn aller 30 DAX-Unternehmen und teilt dann die gesamte Marktkapitalisierung des DAX durch dieser Gewinnsumme. Das Ergebnis ist das KGV für den Gesamtmarkt. Bleibt aber immer noch die Frage, wie die so erhaltene Bewertungskennzahl zu interpretieren ist. Liegt sie höher als im vergangenen Jahr, heißt das noch lange nicht, dass ein Markt langfristig überbewertet ist. Vielmehr kann der Grund darin bestehen, dass einige Unternehmen aus dem DAX im vergangenen Jahr niedrigere Gewinne ausgewiesen haben und daher das KGV angestiegen ist.

Um eine verlässliche Aussage durch das Markt-KGV zu erhalten, sollten Sie daher zwischenzeitliche „Ausreißer" eliminieren, indem Sie nicht nur die Gewinne der Index-Unternehmen aus dem letzten Jahr nehmen, sondern weiter in die Vergangenheit zurückgehen, um die durchschnittliche Ertragskraft der Unternehmen zu sehen. Je mehr zurückliegende Jahresgewinne Sie dafür verwenden, umso „robuster" wird diese Gewinnzahl. Allerdings verfälscht der Rückgriff auf vergangene Unternehmenserträge die Realität, denn bei einem Vergleich mit zurückliegenden Werten muss immer auch die Inflation berücksichtigt werden. Klar ist, dass ein Gewinn aus dem Jahr 2000 aufgrund der allgemeinen Preissteigerungen heute mehr wert ist als damals.

Robuste Bewertungszahlen

Kommen wir hier wieder zu Benjamin Graham zurück. Graham berücksichtigt bei der Ermittlung des Markt-KGVs die Inflation, indem er die Gewinne in der Vergangenheit mit der durchschnittlichen Inflationsrate „aufzinst", um damit auf den gegenwärtigen Barwert dieser Gewinne zu kommen. Beim Zehnjahresvergleich werden die so ermittelten inflationsbereinigten Gewinne durch zehn geteilt, um den durchschnittlichen inflationsbereinigten Gewinn zu erhalten. Das Graham-KGV (10J) wird also folgendermaßen ermittelt:

$$\textit{Graham-KGV (10J)} = \frac{\textit{aktuelle Marktkapitalisierung}}{\textit{durchschnittlicher inflationsbereinigter Gewinn (10 Jahre)}}$$

In Abbildung 3.6 sehen Sie das so ermittelte Markt-KGV für den US-amerikanischen S&P 500 Index.

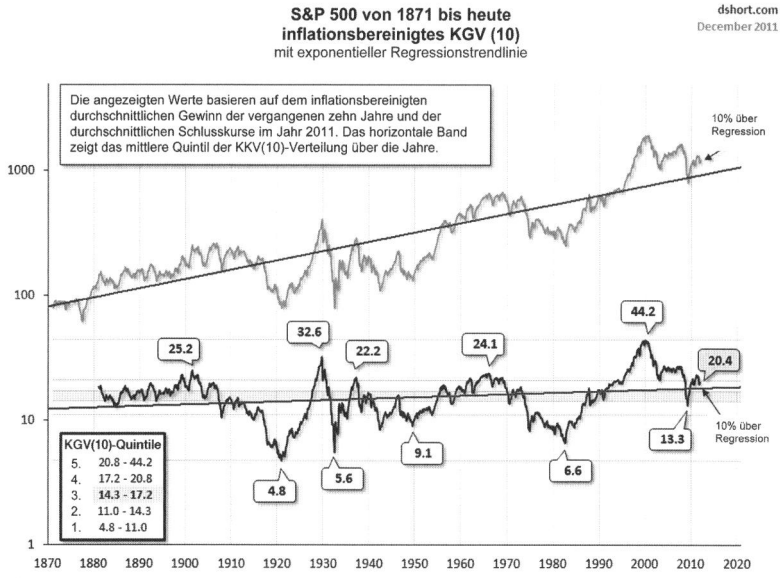

Abbildung 3.6: Das inflationsbereinigte KGV für den S&P 500 (Quelle: dshort.com).

Das so ermittelte KGV(10J) von 20,4 Ende 2011 lag erheblich über dem „normalen" KGV von rund 13, wenn man einfach die aktuelle Marktkapitalisierung durch die Gewinnsumme aller Unternehmen im S&P 500 geteilt hätte. Das Markt-KGV nach der Methode von Graham signalisiert also eine wesentlich höhere Bewertung des Gesamtmarktes.

Der Vorteil dieser Methode ist, dass Sie damit eine durchschnittliche und nachhaltige Bewertung eines Gesamtmarktes erhalten und danach Ihre Vermögensaufteilung ausrichten können. Die Betrachtung des durchschnittlichen Gewinns ist deshalb so wichtig, weil Sie dadurch kurzfristige Schwankungen des Markt-KGVs eliminieren oder zumindest abschwächen, die aufgrund der Über- oder Untertreibungstendenzen der Börse immer wieder vorkommen. Darüber hinaus müssen Sie nicht nach Gewinnschätzungen der nächsten Jahre recherchieren, die ohnehin meistens falsch sind. Denn wenn sich die Analysten bei den Gewinnprognosen für einzelne Aktien schon nicht einig sind, summieren sich solche Falschprognosen für einen Gesamtmarkt beträchtlich. Sie können die Marktbewertung viel einfacher aus Zahlen der Vergangenheit ableiten, die wesentlich zuverlässiger sind als irgendwelche Schätzungen.

Historische Erträge als Orientierung

In Sachen Asset Allocation reicht es allerdings nicht aus, dass Sie sich nur damit beschäftigen, ob der Aktienmarkt gerade teuer oder billig ist. Wichtig ist auch die Frage nach einer Alternative und danach, wie diese bewertet ist. Denn was nützt es Ihnen, wenn Sie aufgrund einer Überbewertung des Aktienmarktes einen Teil Ihres Kapitals in Anleihen umschichten und die Bondmärkte dann unter die Räder kommen? Solche negativen Erfahrungen haben vor allem während der US-Immobilienkrise 2007/2008 viele Anleger gemacht, die damals aus den Aktienmärkten in vermeintlich sichere Zinspapiere flüchteten, wie Abbildung 3.7 zeigt.

Abbildung 3.7: DAX und Bund-Future von Dezember 2007 bis Juli 2008 (Quelle: Deutsche Börse).

Stellen Sie sich vor, Sie waren bis Herbst 2007 ziemlich erfolgreich in deutsche Aktien investiert. Der DAX erklomm gerade zum zweiten Mal nach 2000 den 8.000er-Gipfel, und Ihr Wertpapierdepot entwickelte sich prächtig. Dann begann die Talfahrt an den Aktienmärkten, und Sie entschlossen sich im März 2008 bei einem DAX-Stand von nur mehr 6.200 Punkten, Ihre Aktien zu verkaufen und in sichere Euro-Anleihen zu wechseln. Zu diesem Zeitpunkt stand der Euro-Bund-Future, das Kursbarometer für Euro-Anleihen aus Deutschland, bei 112 Punkten. Aufgrund der damaligen Nervosität an den Rentenmärkten ging es mit den Zinsen steil bergauf. Entsprechend fiel der Bund-Future bis Mitte 2008 auf 104 Punkte nach unten – ein Minus von 8 % in nur drei Monaten. Für die sonst eher behäbigen Anleihenmärkte stellte das eine außergewöhnlich heftige Bewegung dar. Der Wechsel in „Sicherheit" hätte Ihnen damals herzlich wenig gebracht.

Bei der Frage Aktien und/oder Anleihen gilt es daher, immer auch auf die Bewertung der Anleihenmärkte zu achten. Wie die Aktienmärkte gibt es auch an den Anleihenmärkten eine Art KGV. Das errechnet sich aus dem Kehrwert der Rendite, die Zinspapiere erwirtschaften. Nehmen wir an, zehnjährige Anleihen verzinsen sich mit 5 %. Sie kaufen Anleihen für 1.000 Euro, dann erhalten Sie 50 Euro jährlich an Zinsen. Die 1.000 Euro können Sie gleichsetzen mit dem Kurs, und die 50 Euro sind der Gewinn. Das Kurs-Gewinn-Verhältnis für diese Anleihe beträgt damit also 1.000 geteilt durch 50 ist gleich 20. Im April 2012 lag die Rendite zehnjähriger Euro-Anleihen aus Deutschland bei mageren 1,8 %. Das bedeutet, das KGV für den Rentenmarkt betrug damit stolze 55,5. Im Vergleich dazu war das KGV von knapp über 9 für den DAX im April 2012 geradezu lächerlich.

Marktbewertung nach Benjamin Graham

Doch auch das sind wieder nur Momentaufnahmen, die für Sie als langfristig orientierter Value-Investor nichts darüber aussagen, wie Sie Ihre Depotmischung am besten gestalten. Hier sollten Sie vielmehr wieder auf langfristige Durchschnittswerte achten, mit denen Über- und Untertreibungen eliminiert werden. Orientierung können hier historische Daten geben. Benjamin Graham hat einfach das Zehn-Jahres-KGV des Aktienmarktes mit der Rendite des Anleihenmarktes verglichen. Wenn die zehnjährige Gewinnrendite des Marktes mehr als das Doppelte der Anleihenrendite betrug, waren für Graham die Aktienmärkte billig. Man sollte dann überwiegend in Aktien investieren.

Aktienerträge A	Dividenden und Verkaufserlöse	2,5 %	
	Wachstum (Kapital- gewinne)	3 – 4 %	
Summe A		5,5 – 6,5 %	
Aktienerträge B	Gewinnrendite (1/KGV)	5 %	
	Inflation	2,5 %	
Summe B		7,5 %	
Durchschnitt Aktienerträge	(A + B) / 2	6,5 – 7 %	**Aktien: 10 – 11 %** (historischer Durchschnitt)
Anleihen		2 %	**Anleihen: 4 – 5 %** (historischer Durchschnitt)

Tabelle 3.1: Aktien oder Anleihen? Marktbewertung nach Benjamin Graham (Quelle: eigene Berechnungen).

Ich gehe noch einen Schritt weiter und wende die folgende Methode an, die ich von Bruce Greenwald übernommen habe. Dabei beziehe ich sowohl die historischen Erträge als auch die erwarteten Renditen mit ein. Sie fragen sich vielleicht jetzt, wie man zu den Werten für das erwartete Wachstum oder die Gewinnrendite kommt? Ganz einfach – Sie können das erwartete Wachstum immer schätzen, indem Sie das langfristige Wachstum der Weltwirtschaft, eines Landes oder einer Branche verwenden – je nachdem, welchen Markt Sie bewerten wollen. Wenn Sie dann die Dividendenerträge addieren und ein paar Prozentpunkte Spielraum nach oben und nach unten als „Sicherheitspuffer" berücksichtigen, kommen Sie zu den Gesamterträgen, die ein Investment in Aktien bringen sollte. Die durchschnittlichen Dividendenerträge des Marktes schwanken natürlich. Je *billiger* der Markt, desto *höher* die durchschnittlichen Dividendenerträge.

Alternativ können Sie die erwarteten Renditen des Marktes auch schätzen, indem Sie zur Gewinnrendite des Gesamtmarktes noch ein paar Prozentpunkte für die erwartete Inflation hinzuzählen. Bei der Gewinnrendite handelt es sich um nichts anderes als den Kehrwert des KGV. Das durchschnittliche langfristige KGV des Gesamtmarktes liegt ungefähr bei 20. Der Kehrwert (also 1/20) beträgt 0,05, also 5 %. Mit diesem Verfahren können Sie die Bewertung von Aktienmärkten mit der von Anleihenmärkten vergleichen.

Der Value-Investor Graham hielt die Aktienmärkte generell für günstig bewertet, wenn die Gewinnrendite der Aktienmärkte mehr als doppelt so hoch ist wie die Rendite zehnjähriger Anleihen. In obigem Beispiel ist also das Graham-Kriterium erfüllt.

Marktbewertung in der Praxis

Mit der Bewertungsmethode nach Graham und Greenwald lassen sich die Aktien- und Rentenmärkte in jeder Börsenphase bewerten. Lassen Sie uns daher einmal eine Zeitreise zurück ins Jahr 1990 unternehmen, als in Deutschland die Aktienkultur noch in den Kinderschuhen steckte. Wenn man sich die DAX-Rendite im Vergleich zu den Renditen, die am Rentenmarkt zu erzielen waren, ansieht, ist klar, warum die meisten Menschen – wenn sie denn ihr Kapital an der Börse investierten – eher auf festverzinsliche Papiere setzten. Aber war dieses Verhalten nach der Bewertungsmethode von Graham auch sinnvoll?

Gehen wir Schritt für Schritt vor: 1990 konnten Anleger mit DAX-Aktien im Schnitt eine Dividendenrendite von 4 % erzielen. Die heimische Wirtschaft wuchs damals mit Raten von durchschnittlich 2 bis 2,5 % im Jahr. Nach Graham können diese Raten auch für das langfristige Wachstum der Unternehmenserträge angesetzt werden, so dass sich in der Summe Aktienerträge zwischen 6 und 6,5 % ergaben. Der DAX notierte damals mit

einem KGV von 15. Daraus errechnet sich eine Gewinnrendite von 6,7 %
(= 100/15). Wir hatten eine durchschnittliche Inflationsrate von 2,7 %, die
man auf die Gewinnrendite addieren muss. Somit beläuft sich der zweite
Teil der Aktienerträge, also Gewinnrendite plus Inflation, auf 9,4 %. Im
Schnitt ergeben sich damit Aktienerträge von 7,8 %, wenn man die Summe
aus Dividendenrendite und Gewinnwachstum sowie den zweiten Teil der
Aktienerträge zusammenzählt und durch zwei teilt (Tabelle 3.2).

Aktienerträge A	Dividenden und Verkaufserlöse	4 %	
	Wachstum (Kapital-gewinne)	2 – 2,5 %	
Summe A		6 – 6,5 %	
Aktienerträge B	Gewinnrendite (1/KGV)	6,7 %	
	Inflation	2,7 %	
Summe B		9,4 %	
Durchschnitt Aktienerträge	**(A + B) / 2**	**7,8 %**	**Aktien: 10 – 11 %** (historischer Durchschnitt)
Anleihen		**8,5 %**	**Anleihen: 4 – 5 %** (historischer Durchschnitt)

Tabelle 3.2: Aktien oder Anleihen? DAX und Anleihenmarkt 1990 (Quelle: eigene Berechnungen).

Eigentlich kein schlechtes Ergebnis, doch richtige Klarheit schafft erst der
Vergleich mit der Bewertung des Anleihenmarktes. Wir erinnern uns: Für
Graham sind die Aktienmärkte erst dann interessant, weil günstig bewertet, wenn die Gewinnrendite mindestens doppelt so hoch ist wie die mit
Zinspapieren zu erzielende Rendite. Doch im Jahr 1990 befanden wir uns
in einem Zinshoch. Die Renditen zehnjähriger Bundesanleihen lagen bei
durchschnittlich 8,5 % und damit so hoch wie seit Jahren nicht mehr. Im

Vergleich zum Rentenmarkt war also der DAX nicht günstig bewertet und das Graham'sche Kriterium pro Aktienmarkt nicht erfüllt.

Machen wir nun einen Zeitsprung um zehn Jahre ins Jahr 2000. Zumindest anfangs herrschte in Deutschland Aktienfieber. Einige Jahre zuvor hatte der Börsengang der Telekom-Aktie eine regelrechte Börseneuphorie in Deutschland entfacht, und der DAX erklomm im Frühjahr 2000 erstmals die 8.000-Punkte-Marke. Wer damals keine Aktien hatte oder nicht vorhatte, in solche zu investieren, war schlichtweg out.

Doch wer sich damals bei seiner Asset Allocation nach der Bewertungsmethode Graham gerichtet hat, ließ tunlichst die Finger von Aktien, denn es gab zum damaligen Zeitpunkt keinen Grund, in die hoch bewerteten Aktienmärkte einzusteigen. Das signalisiert der Bewertungsvergleich von Aktien und Anleihen in Tabelle 3.3.

Aktienerträge A	Dividenden und Verkaufserlöse	2,5 %	
	Wachstum (Kapitalgewinne)	1,5 – 2 %	
Summe A		4 – 4,5 %	
Aktienerträge B	Gewinnrendite (1/KGV)	4 %	
	Inflation	0,5 %	
Summe B		4,5 %	
Durchschnitt Aktienerträge	(A + B) / 2	4,4 %	**Aktien: 10 – 11 %** (historischer Durchschnitt)
Anleihen		4,5 – 5 %	**Anleihen: 4,5 – 5 %** (historischer Durchschnitt)

Tabelle 3.3: Aktien oder Anleihen? DAX und Anleihenmarkt 2000 (Quelle: eigene Berechnungen).

Die deutsche Wirtschaft wuchs zur Jahrtausendwende mit durchschnittlichen Raten zwischen 1,5 und 2 %. Entsprechend gering musste das Wachstum der Unternehmensgewinne angesetzt werden. Und auch die damalige Dividendenrendite von 2,5 % fiel eher mager aus. Dagegen notierten die 30 DAX-Akien mit einem durchschnittlichen KGV von 25, womit sich eine Gewinnrendite von nur 4 % errechnete. Es herrschte damals nahezu Preisstabilität, so dass ein inflationsbedingter Aufschlag auf die Gewinnrendite maximal 0,5 % betragen durfte. Insgesamt errechnete sich damit für den Aktienmarkt eine Gewinnrendite von lediglich 4,4 %. Wie sah damals die Anlagealternative am Rentenmarkt aus? Zehnjährige Bundesanleihen brachten eine Rendite von 4,5 bis 5 % und waren damit nahezu gleich bewertet wir der DAX. Für Graham wäre im Jahr 2000 der heimische Leitindex also keinesfalls günstig gewesen.

Doch lassen Sie uns wieder in die Gegenwart zurückkehren. Die Kapitalmärkte sind seit Monaten verunsichert angesichts der Schuldenproblematik in den Vereinigten Staaten und Europa sowie der andauernden Herabstufungen der Bonität durch die Ratingagenturen. Dabei geht es nicht mehr nur um Mittelmeeranrainer wie Griechenland, Italien oder Spanien, sondern die Einschläge kommen immer näher. Der DAX, der bis Juni 2011 noch alle Anstalten machte, erneut den 8.000er-Gipfel zu stürmen, stürzte im Sommer drastisch Richtung 4.000 Punkte ab. Ähnlich erging es auch anderen wichtigen Aktienmärkten in Europa und den USA. Die Flucht der Anleger in Sicherheit, etwa in Gold oder Zinspapiere, war in vollem Gange, und nur Mutige nutzten die Chance der zurückgekommenen Aktienkurse, um zu investieren. Wenn Graham noch leben würde, wäre für ihn glasklar gewesen, was er im Herbst 2011 gemacht hätte.

Aktienerträge A	Dividenden und Verkaufserlöse	4 %	
	Wachstum (Kapitalgewinne)	1 – 1,5 %	
Summe A		5 – 5,5 %	
Aktienerträge B	Gewinnrendite (1/KGV)	11 %	
	Inflation	2,5 %	
Summe B		13,5 %	
Durchschnitt Aktienerträge	**(A + B) / 2**	**9,4 %**	**Aktien: 10 – 11 %** (historischer Durchschnitt)
Anleihen		**2 %**	**Anleihen: 4 – 5 %** (historischer Durchschnitt)

Tabelle 3.4: Aktien oder Anleihen? DAX und Anleihenmarkt Ende 2011 (Quelle: eigene Berechnungen).

Sehen wir uns die Daten in Tabelle 3.4 an: Der DAX notierte mit einem historisch niedrigen KGV von 9. Der Kehrwert des KGVs, also die Gewinnrendite, lag damit bei 11 % (= 100/9). Als Inflationszuschlag mussten ungefähr 2,5 % einkalkuliert werden, so dass sich eine gesamte Gewinnrendite des DAX von 13,5 % errechnete. Hinzu kamen die Aktienerträge aus Dividenden und Unternehmensgewinnen, die zwischen 5 und 5,5 % lagen. Damit ergab sich eine durchschnittliche Gewinnrendite am Aktienmarkt von 9,4 %. Dagegen rentierten zehnjährige Euro-Anleihen aus Deutschland gerade einmal bei rund 2 %. Der DAX wäre für Graham also geradezu spottbillig gewesen.

Marktbewertung nach Warren Buffett

Der Meisterinvestor Warren Buffett hat ein anderes, einfacheres Verfahren, um festzustellen, ob ein Markt günstig oder teuer ist. Er vergleicht einfach die

Marktkapitalisierung, also den Wert aller Aktien eines Index, mit dem Bruttoinlandsprodukt (BIP). Wenn die Marktkapitalisierung genauso hoch ist wie das BIP, also 100 % entspricht, sind die Märkte für Buffett fair bewertet. Liegt die Marktkapitalisierung über dem BIP, sind die Märkte teuer; liegt der Wert aller Aktien unterhalb des BIP, sind sie für Buffett günstig bewertet. In Abbildung 3.8 habe ich Ihnen einmal die Marktkapitalisierung verschiedener Länder im Verhältnis zum jeweiligen Bruttoinlandsprodukt berechnet.

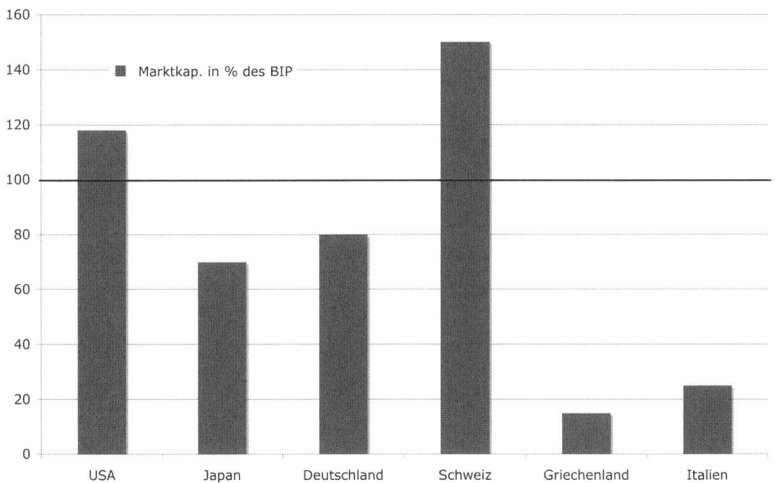

Abbildung 3.8: Marktkapitalisierung im Verhältnis zum BIP Ende 2011 (Quellen: Internationaler Währungsfonds, eigene Berechnungen).

Wie Sie sehen, sind danach die Aktienmärkte in den Vereinigten Staaten und der Schweiz im Sinne der Buffett'schen Marktbewertung fair bewertet und fangen an, leicht teurer zu werden. Im Fall der USA liegt die Marktkapitalisierung, also der Börsenwert aller Aktien, bei fast 120 % des US-amerikanischen Bruttoinlandsprodukts. In der Schweiz beträgt dieser Wert sogar rund 150 %. Dagegen beläuft sich der Börsenwert deutscher Aktien nur auf rund 80 % des heimischen Bruttoinlandsprodukts.

Hinter dieser relativ einfachen Formel stehen logische Überlegungen. Ein Aktienmarkt ist fair bewertet, wenn die Summe aller Unternehmensgewinne, multipliziert mit, sagen wir, einem KGV von 10, genauso hoch ist wie das Bruttoinlandsprodukt, das – vereinfacht gesagt – den Wert eines Landes darstellt. Also gilt:

V (fairer Wert des Aktienmarktes) =
Summe aller Unternehmensgewinne × KGV = BIP

Bevor wir auf die Erklärung dieser Gleichung näher eingehen, ein kleiner – vereinfachender – Einschub. Wenn Sie ein Unternehmen gründen wollen, müssen Sie zwei prinzipielle Fragen beantworten. Erstens: Wie viele Produkte kann ich verkaufen, und wie hoch fällt dann der Gewinn aus – wie hoch ist also die Umsatzrendite? Und zweitens: Was kostet das Kapital, das in dem Unternehmen steckt, also wie hoch sind die Zinsen für das Kapital? Es ist einleuchtend, dass der Gewinn, den Sie mit dem Umsatz, also dem Verkauf der Produkte, erzielen, mindestens so hoch sein muss wie die Kosten für das eingesetzte Kapital. Sonst knabbern auf Dauer die Kapitalkosten an der Substanz Ihrer Firma. So weit die zwei grundsätzlichen Überlegungen bei dem Vorhaben, ein Unternehmen zu gründen.

Nehmen wir jetzt an, ein durchschnittliches Unternehmen erzielt eine Umsatzrendite von 10 %, und die Kapitalkosten belaufen sich ebenfalls auf 10 %. Nehmen wir weiterhin an, dass das Unternehmen nicht wächst, also der Gewinn Jahr für Jahr gleich hoch bleibt. Das ist für Value-Investoren eine konservative Annahme, aber zur Erklärung der Buffett'schen Markteinschätzung sehr hilfreich. Im einfachsten Fall können Sie ein Unternehmen, das nicht wächst, sondern regelmäßig gleich hohe Gewinne abwirft, als eine unendlich gleich bleibende Reihe von Gewinnzahlungen sehen. Der Gegenwartswert dieser Gewinne, nennen wir ihn „V" für Value (= Wert), ist gleichbedeutend mit einer „ewigen Rente" und lässt sich mit folgender Formel darstellen:

$$V = G \times \frac{1}{R}$$

Wobei „r" den Zinssatz für die Kapitalkosten darstellt, mit dem alle Gewinne in der Zukunft abgezinst werden, um den aktuellen Wert, den sogenannten Barwert zu erhalten. Ich werde auf diese Formel in Kapitel 4, wenn es um die Unternehmensbewertung geht, noch näher eingehen. Hier soll sie uns helfen, die Annahme von Buffett für einen fair bewerteten Aktienmarkt zu erklären. „Fair bewertet" bedeutet, dass die Aktienkurse den „echten" Wert der Unternehmen widerspiegeln, die Börsen also weder über- noch untertreiben.

Der Gewinn G ist nichts anderes als der Umsatz, multipliziert mit der Umsatzrentabilität. Die Umsatzrentabilität ist der Teil des Umsatzes, der als Gewinn in einem Unternehmen hängen bleibt. Wie oben erwähnt, ist ein Aktienmarkt fair bewertet, wenn die Summe aller Unternehmensgewinne eines Landes genauso hoch ist wie das Bruttoinlandsprodukt. Also gilt:

G = Umsatzrentabilität × BIP. Unter der Annahme, dass die Umsatzrentabilität 10 % ist und die Kapitalkosten „r" ebenfalls bei 10 % liegen, können wir in die obige Formel einsetzen:

$$V = (0,1 \times BIP) \times \frac{1}{0,1} = \frac{0,1 \times BIP}{0,1} = BIP$$

Und damit sind wir wieder bei der Annahme von Warren Buffett: Ein Markt ist fair bewertet, wenn die Marktkapitalisierung den Gegenwartswert der Summe aller Unternehmensgewinne widerspiegelt, die ihrerseits wiederum genauso hoch sind wie das Bruttoinlandsprodukt.

Noch eine Bewertungsmethode: Das Kurs-Buchwert-Verhältnis

Wenn Sie bei der Frage der Marktbewertung auf Nummer sicher gehen wollen, sollten Sie sich noch einmal an Benjamin Graham orientieren. Er hat bereits 1934 in seinem Standardwerk *Security Analysis* auf den sogenannten Buchwert eines Unternehmens als wichtige Bewertungskennziffer hingewiesen. Der Buchwert ist nichts anderes als das in der Bilanz ausgewiesene Eigenkapital eines Unternehmens. Wird dieser Wert durch die Anzahl der Aktien geteilt, erhält man den Buchwert je Aktie. Und dieser Wert lässt sich wiederum mit dem aktuellen Kurs vergleichen. Liegt beispielsweise der Kurs einer Aktie bei 10 und der Buchwert je Aktie ebenfalls bei 10, lautet das Kurs-Buchwert-Verhältnis (KBV) 1. In diesem Beispiel ist der gesamte Börsenwert des Unternehmens, also der Aktienkurs, multipliziert mit der Anzahl der Aktien, genauso hoch wie das bilanziell ausgewiesene Eigenkapital. Was bedeutet das nun?

Zur Beantwortung dieser Frage muss ich ein wenig ausholen. Der Buchwert, also das ausgewiesene Eigenkapital ist im Prinzip vergleichbar mit dem sogenannten Substanzwert, also dem Wert aller Vermögenswerte des Unternehmens. Anders ausgedrückt: Der Substanzwert sagt aus, wie viel es kosten würde, das Unternehmen, wie es dasteht, jetzt neu zu gründen. Im Gegensatz dazu gibt es den sogenannten Ertragswert. Er besagt, wie viel die Erträge wert sind, die das Unternehmen jetzt und in Zukunft erwirtschaftet. Auf die Unterscheidung zwischen Substanz- und Ertragswert kommen wir in Kapitel 4 noch näher zu sprechen, wenn es um die Unternehmensbewertung im Speziellen geht.

Bei der Marktbewertung nach dem Kurs-Buchwert-Verhältnis reicht es, wenn Sie zur Bewertung den in der Bilanz ausgewiesenen Buchwert verwenden. Ist dieser genauso hoch wie der aktuelle Aktienkurs – wie in obigem Beispiel angenommen –, bedeutet das: Die Aktie ist genauso viel wert wie die einzelnen Vermögensgegenstände des Unternehmens – oder eben das ausgewiesene Eigenkapital. Hier wird also der Wert eines Unternehmens betrachtet, wie es aktuell besteht – ohne irgendwelche Prognosen über mögliches Gewinnwachstum oder Dividendenzahlungen in der Zukunft anzustellen. Insofern ist die Buchwertmethode eine relativ sichere Angelegenheit, wenn es um Bewertungsfragen geht, weil man auf Prognosen, die ohnehin nur selten so eintreffen wie gedacht, getrost verzichten kann.

Wenn also das KBV – wie in unserem Beispiel – bei 1 liegt, ist eine Aktie des Unternehmens genauso viel wert wie die einzelnen Vermögenswerte des Unternehmens. Der Buchwert stellt damit eine Art Wertuntergrenze des Unternehmens dar. Ist das KBV kleiner als eins, ist also der Aktienkurs geringer als der Buchwert, ist die Aktie eindeutig unterbewertet. Bewegt sich das KBV über eins und deutlich höher, wächst die Gefahr der Überbewertung einer Aktie. Aber kommen wir zurück zur Marktbewertung.

Auch für Gesamtmärkte lässt sich ein Buchwert berechnen. Dafür addiert man einfach das gesamte Eigenkapital aller in einem Index enthaltenen Unternehmen und vergleicht es mit der addierten Marktkapitalisierung dieser Unternehmen. Liegt dieses Markt-KBV bei 1, ist der Markt fair bewertet, bei Werten unter 1 können Sie von einer Unterbewertung ausgehen – in so einen Markt können Sie als Value-Investor unbesehen investieren. Wie wichtige Einzelmärkte Ende 2011 nach dem KBV bewertet waren, sehen Sie in Abbildung 3.9.

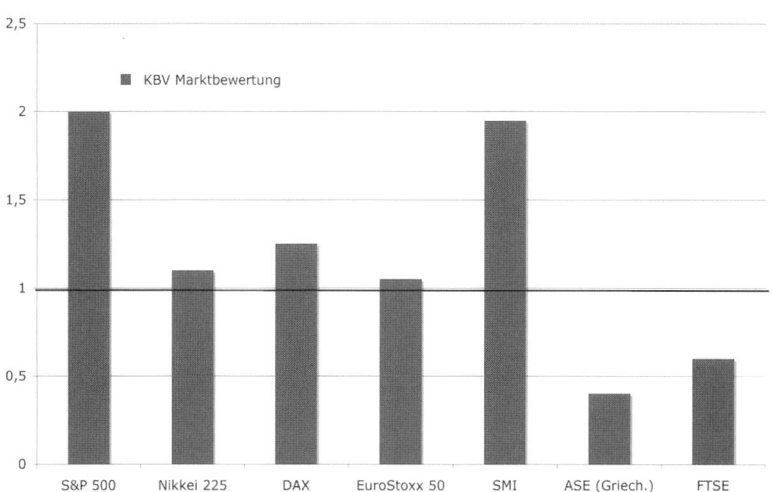

Abbildung 3.9: Markt-KBV ausgesuchter Indizes Ende 2011 (Quellen: Internationaler Währungsfonds, eigene Berechnungen).

Danach waren der US-amerikanische S&P 500 und der Schweizer SMI mit einem Kurs-Buchwert-Verhältnis von gut 2 im Vergleich wesentlich höher bewertet als etwa der heimische DAX oder der EuroStoxx 50 mit einem KBV von 1,2 bzw. 1,05. Weit unter dem Buchwert aller Unternehmen notierte Ende 2011 der griechische ASE, allerdings war diese klare Unterbewertung auch angemessen, denn angesichts der Finanzprobleme des griechischen Haushalts und des von der EU und der Weltbank angeordneten Sparkurses wird die griechische Wirtschaft wohl noch länger leiden – und mit ihr die dortigen Unternehmen.

Abgesehen von diesem „Sonderfall" zeigt die Marktbewertung nach dem Kurs-Buchwert-Verhältnis klar, dass der deutsche Aktienmarkt oder der britische FTSE Ende 2011 wesentlich günstiger bewertet waren als der US-amerikanische S&P. Bei der Frage nach der richtigen Vermögensaufteilung hätten hier langfristige Aktieninvestments im DAX oder im britischen FTSE durchaus Sinn ergeben.

Es gibt natürlich auch andere Strategien, wie das zu investierende Kapital aufgeteilt werden könnte. Zum Beispiel, dass ein fester Anteil an Aktien- und Anleiheninvestments im Depot eingehalten wird. Allerdings – das lehrt die Erfahrung – geht das langfristig zu Lasten der Renditemöglichkeiten. In der Realität wird die Vermögensaufteilung zwischen Aktien, Anleihen oder Liquidität oftmals auch von ganz persönlichen Faktoren bestimmt. Da sich die Risikoneigungen von Anlegern unterscheiden, können hier keine festen Prozentsätze der Aufteilung in Aktien oder Anleihen genannt werden. Auch spielen die finanziellen Möglichkeiten im Laufe eines Anlegerlebens eine große Rolle bei der Frage, wie viel Kapital überhaupt an den Finanzmärkten investiert wird und wie viele unterschiedliche Positionen im Depot liegen.

Stichwörter zu Kapitel 3

- Value-Investing-Disziplinen

- Asset Allocation

- Eigene Finanzsituation

- Psychologie und Risiko

- Gold

- Liquidität

- Bewertung der Aktien- und Anleihenmärkte

- Kurs-Gewinn-Verhältnis

- Marktbewertung nach Graham, nach Greenwald, nach Buffett

- Dividendenrendite

- Marktkapitalisierung

- Umsatz und Gewinn

- Kurs-Buchwert-Verhältnis

4. Value-Unternehmen und
WIE MAN SIE FINDET

Um was es geht

Der Traum jedes Anlegers ist es, gute Aktien günstig zu kaufen, um optimal von den zu erwartenden Kurssteigerungen zu profitieren. Doch was heißt günstig, und wie sollen Sie wissen, bei welchem Kursniveau sich der Einstieg lohnt? Genau darum geht es in diesem Kapitel. Um ein erfolgreicher Value-Investor zu werden, müssen Sie zuerst Unternehmen finden, die einen nachhaltigen Erfolg versprechen. Ich zeige Ihnen daher zuerst, wo Sie nach solchen Unternehmen suchen sollten und welche Kriterien Ihnen die Suche erleichtern. Wenn Sie interessante Value-Unternehmen gefunden haben, geht es im nächsten Schritt darum, diese Unternehmen zu bewerten. Da die Börsen gern über- oder untertreiben, sagt der Aktienkurs allein nichts über den wirklichen Wert eines Unternehmens aus. Daher finden Sie in diesem Kapitel auch das nötige Rüstzeug, um den wahren Wert von Unternehmen und deren Aktien zu ermitteln. Erst dann können Sie erkennen, ob diese Unternehmen über- oder unterbewertet sind und wann sich der Einstieg für langfristig erfolgreiche Investments lohnt.

Die Deutsche Wertpapierbörse listet nach eigenen Angaben mehr als 12.000 Aktien aus über 70 Ländern auf, hinzu kommen Abertausende von Aktien an den anderen internationalen Handelsplätzen wie etwa in New York, London, Paris, Tokio, São Paulo und so weiter. Selbst im Computerzeitalter ist es nicht möglich, über all diese Papiere einen Überblick zu haben, geschweige denn die hinter den Wertpapieren stehenden Unternehmen und ihre wirtschaftliche Situation genau zu kennen. Aus diesem Universum Unternehmen herauszufiltern, die das Zeug zur Value-Aktie haben, ist wie die Suche nach der Stecknadel im Heuhaufen. Doch mit den geeigneten Hilfsmitteln lässt sich diese Suche wesentlich vereinfachen. Um im Bild zu bleiben: Wenn der Heuhaufen mit einem starken Magneten untersucht wird, lässt sich die Nadel einfacher ausfindig machen. Oder der Heuhaufen wird mit einem Röntgengerät durchleuchtet. Auch dann wird die Nadel sichtbar. Was wäre Ihr „Magnet" oder Ihr „Röntgengerät", mit dem Ihnen die Suche nach Value-Unternehmen an den Kapitalmärkten erleichtert wird?

Als erstes sollten Sie sich eine Suchstrategie zurechtlegen. Eine wichtige, nach der sich auch Großinvestor Buffett orientiert, lautet: Bleiben Sie in Ihrem Kompetenzbereich und beschränken Sie sich auf Unternehmen, deren Produkte oder Dienstleistungen Sie aus Ihrem Alltag kennen. Ihren persönlichen Kompetenzbereich – auf Englisch: „circle of competence" – können Sie ganz einfach festlegen, indem Sie sich drei Fragen stellen:

1. Welche Leidenschaften haben Sie?

Was machen Sie beruflich oder in Ihrer Freizeit besonders gerne? Sind Sie beispielsweise beruflich oder privat ein Computerfreak oder widmen Sie sich Ihrer Tätigkeit als Arzt engagiert und mit Leidenschaft, dann werden Sie sich im Technologiebereich oder in der Pharmabranche wesentlich besser auskennen als zum Beispiel bei Unternehmen aus der Energie- oder Autobranche.

2. Welche Talente haben Sie, worin sind Sie besonders gut?

Sind Sie begeisterter Hobbyfotograf und legen Wert auf eine gute Ausrüstung? Dann können Sie auch beurteilen, welche Kameras oder welche Bearbeitungssoftware wirklich gut, und welche ihr Geld nicht wert sind. Sie werden sich daher leicht tun, Unternehmen aus der Foto- und Softwarebranche zu beurteilen.

3. Womit verdienen Sie Ihr Geld? Wofür geben Sie Ihr Geld gerne aus?

Arbeiten Sie beispielsweise bei einem Autokonzern oder leisten sich teure Kleidung, Schuhe oder Handtaschen, können Sie bei der Suche nach aussichtsreichen Aktien Ihren Kompetenzbereich im Automobilsektor oder bei Textil- und Modeunternehmen nutzen.

In der Regel wird dabei aber der Kreis der Unternehmen, die vielleicht als langfristiges Value-Investment in Frage kommen, relativ klein bleiben. Doch es gibt noch weitere Suchstrategien, mit denen Sie diesen Kreis schnell ausweiten können. Schauen wir einmal, wie die Finanzprofis vorgehen.

Auf der Suche nach Value-Unternehmen: Handwerker und Wissenschaftler

Ich unterscheide dabei gern zwischen den sogenannten „Handwerkern" und den sogenannten „Wissenschaftlern". Die Gruppe der Wissenschaftler orientiert sich bei der Suche nach herausragenden Unternehmen an Bilanz- und Bewertungskennzahlen sowie Untersuchungen der Vergangenheit. Mit technischen Hilfsmitteln wie beispielsweise umfangreichen Datenbanken und entsprechender Software können Sie so Hunderte von Unternehmen relativ schnell analysieren. Das nennt man „screenen". Doch wenn die Ergebnisse so ausgezeichnet wären, würde es wesentlich mehr erfolgreiche Value-Investoren geben. Denn der Nachteil dieser wissenschaftlichen Herangehensweise liegt auf der Hand: Erstens liefern Vergangenheitswerte keine Informationen über die aktuelle Entwicklung eines Unternehmens – die „Wissenschaftler" werden der Gegenwart also immer hinterherhinken.

Und zweitens sind Bilanzkennzahlen stets nur so gut wie die Rohdaten, die in eine Bilanz einfließen. Und die können von den Unternehmen relativ einfach nach ihren Wünschen beeinflusst werden – je nachdem, was sie damit bezwecken. Unternehmensberatungsgesellschaften beschäftigen ganze Legionen von Betriebswirtschaftlern, Juristen und Steuerfachleuten, um damit Firmen bei der Bilanzerstellung zu helfen. Natürlich gibt es ein Regelwerk, wie diese Bilanzen erstellt werden und was sie beinhalten müssen.

Doch jedes Regelwerk lässt sich unterschiedlich auslegen. Zum Beispiel ist es sinnvoll, die eigene Ertragslage ein wenig schlechter darzustellen, als sie tatsächlich ist, um so die Steuerlast zu senken. Es gibt auch gute Gründe, die Bilanzen ein wenig „aufzuhübschen", also optisch positiver darzustellen, als es die tatsächliche wirtschaftliche Situation erlaubt. Erinnern Sie sich nur an die Zeiten des Neuen Marktes und des Internet-Hypes Anfang des vergangenen Jahrzehnts. Damals war es an der Tagesordnung, andere Firmen zu übernehmen und den Kaufpreis mit eigenen Aktien zu bezahlen. Also waren die Käuferfirmen daran interessiert, den eigenen Aktienkurs mithilfe ausgezeichneter Bilanzzahlen nach oben zu treiben. Meist hat das auch gut funktioniert – zumindest kurzfristig. So kaufte die US-Telekommunikationsfirma AOL im Jahr 2000 den Medienkonzern Time Warner für sagenhafte 182 Milliarden Dollar. Der Deal wurde in den Medien und von den Analysten als Sieg der „New Economy" über die „Old Economy" gepriesen. Doch AOL entwickelte sich in der Folge so schlecht, dass drei Jahre später das Kürzel AOL aus dem gemeinsamen Namen gestrichen wurde. Aus AOL Time Warner wurde wieder Time Warner. Heute ist AOL ein eigenständiges Internetunternehmen und konzentriert sich auf die Vermarktung von Inhalten im World Wide Web. Die Bilanzen sind tiefrot.

Im Gegensatz zu den „Wissenschaftlern" gehen die „Handwerker" unter den Value-Strategen anders vor. Sie sind echte Arbeiter, die zwar auch Bilanzen lesen, aber darüber hinaus auch alle Nachrichten, die sie über ein Unternehmen, das sie interessiert, in die Hand bekommen. Damit sind ihre Analysen in der Regel auf einem aktuelleren Stand als die der Wissenschaftler. Überdies haben diese Handwerker mit der Zeit ein Gespür dafür entwickelt, wo sie nach potenziellen Value-Unternehmen suchen müssen beziehungsweise welche Firmen unterbewertet sein könnten. Bruce Greenwald, Finanzwissenschaftler an der New Yorker Columbia University und einer der führenden Experten im Bereich Value-Investing, hat es einmal auf den Punkt gebracht. Er rät dazu, bei versteckten oder unbeliebten Unternehmen zu suchen oder dort, wo zeitweilig Angebot und Nachfrage auseinanderklaffen. Greenwald konzentriert sich also auf Unternehmen, die von der breiten Masse – aus welchen Gründen auch immer – links liegen gelassen werden.

Suchen, wo andere nicht suchen

Dazu ein einfaches Beispiel: Stellen Sie sich vor, Sie sind auf der Suche nach einem neuen Computer für Ihre Tochter. Ihr Nachwuchs weiß genau, welche Software vorinstalliert sein und welche Geschwindigkeit der Rechner haben soll. Sie waren schon bei einigen einschlägigen Fachgeschäften und haben sich im Internet informiert, aber das gewünschte Gerät ist einfach relativ teuer. Bei der Zeitungslektüre am Samstagvormittag flattert neben allen möglichen Werbebeilagen auch ein Prospekt von einem Lebensmittel-Discounter aus der Zeitung. Normalerweise werfen Sie die Werbung gleich ins Altpapier, aber diesmal bleiben Sie bei dem „Super-Top-Sonderangebot" hängen. Ein Computer, genauso wie vom Töchterchen gewünscht, und das um 300 Euro günstiger als alle Angebote, die Sie bisher bei Ihren Recherchen gefunden haben – ab Montag in den Filialen zu erhalten. Natürlich wollen Sie am darauffolgenden Montag bei dem Discounter um die Ecke vorbeischauen, allerdings haben Sie erst nach der Arbeit um halb sechs Uhr abends Zeit dafür. Und natürlich ist das Top-Angebot längst ausverkauft. War ja klar, werden Sie sich denken, bei so einem tollen Angebot war ich einfach zu spät dran.

Auch an den Börsen gibt es immer wieder „tolle Angebote". Also Aktien von Unternehmen, die sich wirtschaftlich seit Jahren hervorragend entwickeln und ausgezeichnete Zukunftsaussichten haben. Die Informationen darüber flattern aber nicht als Werbebroschüre aus der Zeitung, sondern stehen im Wirtschaftsteil oder werden in den Finanznachrichten in Funk, Fernsehen oder Internet verbreitet. Da diese Informationen über das Unternehmen allen zugänglich sind, die sich dafür interessieren, wird die Nachfrage steigen. An der Börse können solche „Schnäppchenaktien" natürlich nicht ausverkauft sein wie das Computerangebot des Lebensmittel-

Discounters, aber der Preis, sprich der Kurs, wird seit einiger Zeit schon kräftig gestiegen sein. Das heißt, die Aktie wäre zwar fundamental ein gutes Investment, aber aufgrund des hohen Kurses vielleicht kein Value-Investment, also kein unterbewertetes Unternehmen mehr. Echte Value-Investoren suchen also dort nach unterbewerteten Aktien, wo andere gerade nicht suchen. Der langfristige Erfolg gibt ihnen recht.

Branchen, die nicht in Mode sind

Denken Sie nur an die Zeit der Jahrtausendwende, als das Schlagwort der New Economy die Runde machte. Hightech-Unternehmen aus dem Kommunikations- oder Computersektor waren die Börsenrenner schlechthin. Indizes, die Aktien solcher Branchen beinhalteten, spurteten binnen kürzester Zeit von einem Allzeithoch zum nächsten. Der US-amerikanische Technologie-Index NASDAQ 100 beispielsweise kletterte von Anfang 1999 bis Anfang 2000 um satte 150 % nach oben. In diesem Hype noch Schnäppchen zu finden, war äußerst unwahrscheinlich. Damals wurden Value-Anleger eher im DAX fündig. Der heimische Leitindex verbesserte sich im gleichen Zeitraum zwar auch um fast 60 % und verzeichnete damit eine der erfolgreichsten Börsenphasen seiner Geschichte. Doch getragen wurde diese Hausse seinerzeit nur von einigen wenigen der 30 DAX-Aktien. Dazu gehörten die Telekom, Siemens und seinerzeit noch Mannesmann – also ebenfalls Firmen aus dem Technologie- und Kommunikationsbereich. Die Jüngeren unter Ihnen, die Mannesmann nicht mehr kennen, werden sicherlich mehr mit dem Namen Vodafone anfangen können. Der ursprüngliche Industriekonzern Mannesmann stieg 1990 ins damals noch junge Mobilfunkgeschäft ein, wurde im Februar 2000 von der britischen Vodafone übernommen, und der Name verschwand vom Kurszettel.

Trotz des Höhenflugs, den der DAX seinerzeit vollzog, gab es zahlreiche Unternehmen, bei denen sich damals der Einstieg lohnte, weil sie die Kursrallye nicht mitmachten – sie waren schlicht nicht in Mode. Zu ihnen gehörte beispielsweise der Stahlkonzern Salzgitter, der damals übrigens das Röhrengeschäft von Mannesmann übernahm. Die Aktie aus der „Old Economy" tendierte in der Phase, in der der DAX 60 % zulegte, mehr oder weniger seitwärts und verbesserte sich gerade einmal um 2 %. Stellen Sie sich vor, Sie hätten Anfang 1999 dort nach Value-Aktien gesucht, wo niemand sucht – in der „Old Economy". Wenn Sie sich damals 1.000 Stück der Salzgitter-Aktie zu rund 9 Euro gekauft hätten, hätten Sie im November 2011 mit rund 330 % im Plus gelegen. Aus Ihrem Anfangsinvestment von 9.000 Euro wären knapp 39.000 Euro geworden.

Branchen mit wenig Wachstum

Ein weiterer Bereich, in dem Value-Investoren regelmäßig fündig werden, sind Branchen mit geringem Wachstum. Es handelt sich dabei meist ebenfalls um Wirtschaftssektoren, die nicht in Mode sind – eben weil sie aufgrund des geringen Wachstumspotenzials für die Masse der Anleger uninteressant sind. Außerdem sind Unternehmen aus diesem Bereich wegen der relativ geringen Umsatz- und Gewinndynamik kaum in den einschlägigen Medien vertreten – zumindest nicht als Kaufempfehlungen. Doch auch in solchen, sich schwach entwickelnden Branchen gibt es immer wieder Unternehmen, die im Prinzip wirtschaftlich völlig gesund sind, gute Geschäftsmodelle aufweisen, aber eben gerade das falsche Produkt zur falschen Zeit anbieten. Diese Unternehmen werden aber gestärkt aus der Flaute hervorgehen, denn sie nutzen das allgemein schlechte Branchenumfeld und kaufen meist für wenig Geld kleinere Wettbewerber, die nicht über die Wirtschaftskraft verfügen, die Krise zu überstehen. Solche Unternehmen sind für Value-Investoren doppelt interessant. Erstens sind aufgrund der Branchenschwäche die Kurse stark zurückgekommen, die Unternehmen daher meist stark unterbewertet. Und zweitens haben sie enormes Entwicklungspotenzial, da sie sich in der Krise gezielt mit Firmenübernahmen verstärkt und ihre Marktmacht erhöht haben und damit von einer wieder anziehenden Branchenkonjunktur doppelt profitieren.

Nehmen wir zum Beispiel die Chemiebranche. Der Branchenindex STXE 600 Chemie bewegte sich in der Zeit von Anfang 2000 bis Ende 2005 kaum. Unterm Strich kamen die Kurse im Schnitt um 5 % voran. Das war auch kein Wunder, denn die Branche litt unter dem schwachem Konjunktur- und damit Gewinnwachstum. In der ersten Hälfte des vergangenen Jahrzehnts waren die Aktien der Chemiebranche daher nicht gerade im Fokus der Anleger, denn die Medien waren voll mit schlechten Nachrichten. Im Jahr 2001 meldete die Presseagentur dpa: „Die Stimmung in der deutschen Chemie ist am Boden. Die Lage werde sich auch 2002 kaum verbessern, prognostizierte der Verband der Chemischen Industrie. Kurz zuvor war in der *Frankfurter Neuen Presse* unter der Überschrift „Deutsche Chemie befürchtet Rezession" zu lesen: „Die chemische Industrie blickt düster in die Zukunft. Die Hoffnung, im zweiten Halbjahr auf den Wachstumspfad zurückzukehren, wird immer geringer." Tatsächlich verzeichnete die Branche in den folgenden Jahren kaum wirtschaftliche Dynamik, so dass zum Beispiel BASF-Chef Jürgen Hambrecht im Jahr 2003 gegenüber der *Süddeutschen Zeitung* unumwunden zugab, die Zeiten überdurchschnittlicher Wachstumsraten in der Branche seien längst vorüber.

Das war die ideale Phase, sich in der Chemiebranche nach unterbewerteten Unternehmen umzusehen, die aufgrund ihrer Marktstellung und wirtschaftlichen Kraft gestärkt aus der Krise hervorgehen würden. Das Ende der Krise zeichnete sich ab dem Jahr 2005 immer deutlicher ab, und plötzlich waren auch die Medien wieder voll mit positiven Nachrichten über die Branche. Das *Handelsblatt* schrieb Ende 2005: „Die Chemiebranche jubiliert. Das Jahr 2005 war für die deutsche Chemiebranche höchst erfreulich. Produktion und Umsatz stiegen kräftig. Im kommenden Jahr soll es gut weitergehen." Und Mitte 2006 meldete die Wirtschaftszeitung: „Export zieht die deutsche Chemiebranche. Das dynamisch wachsende Exportgeschäft macht die deutsche Chemieindustrie weiter zuversichtlich für das Gesamtjahr. Die Branche plane Angaben des Chemieverbandes zufolge wieder mehr Investitionen in Deutschland." Dabei zitiert das *Handelsblatt* den Präsidenten des Verbandes der Chemischen Industrie, Werner

Wenning: „Die Chemieausfuhren haben im ersten Halbjahr kräftig zugelegt und bleiben damit der wichtigste Impulsgeber für die deutsche Che-
miekonjunktur. In den ersten sechs Monaten sind Umsatz- und Produktion des Industriezweigs weiter gewachsen. Für das Gesamtjahr erwarten
wir eine Ausweitung der Chemieproduktion um 2,5, der Branchenumsatz
dürfte um 5,5 % zulegen."

Dieser positive Nachrichtenfluss machte auch die Anleger wieder auf die
Aktien der Chemiebranche aufmerksam, so dass in den folgenden vier Jahren bis Ende 2010 der STXE-600-Chemie-Index kräftig Gas gab und um
fast 70 % zulegen konnte. Noch besser entwickelten sich die Aktien des
Ludwigshafener Chemieriesen BASF (Abbildung 4.1).

**Abbildung 4.1: Der STXE-600-Chemie-Index und BASF von Anfang 2000 bis
Ende 2010 (Quelle: Deutsche Börse).**

Allerdings brauchten Anleger, die Anfang 2000 in die BASF-Aktie investiert hatten, als niemand die Chemiebranche auf dem Schirm hatte, viel Geduld, denn mit den Kursen ging es unter größeren Schwankungen innerhalb von fünf Jahren „nur" um 25 % nach oben. Wie bereits erwähnt, entwickelte sich in dieser Phase der Branchenindex mit +5 % wesentlich schwächer. Doch die Geduld der BASF-Anleger wurde belohnt, denn als sich ab 2006 die positiven Meldungen zur Chemiebranche häuften, ging es nicht nur mit dem Branchenindex aufwärts, sondern auch mit der BASF-Aktie. Von Anfang 2006 bis Ende 2010 verteuerte sich die DAX-Aktie um 85 %, während der Index um 68 % zulegen konnte.

Value-Investoren, die Anfang 2000 bei einem BASF-Kurs von 25,50 Euro damit begannen, in jedem Jahr für 12.000 Euro Aktien des Chemieunternehmens zu erwerben, konnten damit bis Ende 2010 den Kapitaleinsatz verdoppeln.

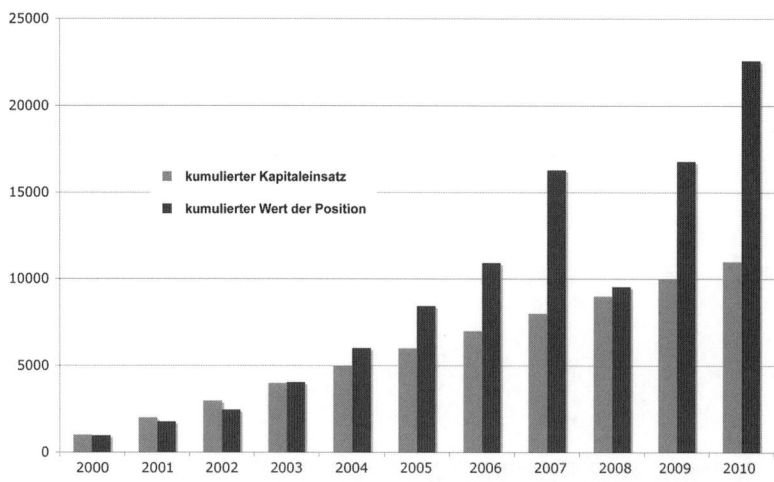

Abbildung 4.2: Vermögenszuwachs mit BASF, wenn von Anfang 2000 bis Ende 2010 in jedem Jahr 12.000 Euro in die Aktie investiert wurden (Quelle: Deutsche Börse, eigene Berechnungen).

Wie gesagt, in den ersten Jahren, in denen regelmäßig in die BASF-Aktie investiert wurde, brauchten Value-Anleger viel Geduld. Denn wie Sie in Abbildung 4.2 sehen, lag der kumulierte Wert der Position bis 2003 unter dem bis dahin aufgewandten Kapitaleinsatz. Doch schon 2004 übertraf der Wert der BASF-Aktien die bisherigen Investitionen. Das Hiobsjahr 2008 drückte zwar auch den Kurs des Chemieriesen in den Keller. Doch dafür erhielten Anleger in dieser Schwächephase mit ihrem regelmäßigen Investment von 12.000 Euro im Jahr mehr Aktien. Jetzt machte sich der in Kapitel 1 erläuterte „Cost-Average-Effekt" positiv bemerkbar, denn in den Jahren 2009 und 2010 ging es mit der BASF-Aktie kräftig aufwärts, was auch den Gesamtwert der Position deutlich nach oben zog. Das Fazit Ende 2010 sieht dementsprechend erfreulich aus: Aus den regelmäßigen Käufen zu 12.000 Euro seit Anfang 2000, also dem gesamten Kapitaleinsatz von 132.000 Euro, wurden am Ende 271.000 Euro.

Regionen mit Problemen

Ähnlich wie Branchen mit geringem Wachstum sind auch Anlageregionen, die konjunkturelle oder strukturelle Probleme aufweisen, oftmals ein Sammelbecken mit unterbewerteten, erstklassigen Unternehmen. Die Börsenmechanik ist dabei die gleiche wie bei den vernachlässigten Branchen: Die Nachrichtenlage ist schlecht, niemand beachtet die Aktien aus solchen Regionen, und die Aktienkurse treten auf der Stelle oder geben nach. Wer interessierte sich beispielsweise seit dem verheerenden Erdbeben und der Nuklearkatastrophe in Fukushima im März 2011 noch für japanische Aktien? Offensichtlich die wenigsten, denn der bekannteste Index an der Tokioter Börse, der Nikkei 225, lag Mitte November 2011 immer noch 20 % unter seinem Wert kurz vor dem Beben.

Dennoch gibt es auch in Japan hervorragende Unternehmen, die über Jahre eine ausgezeichnete wirtschaftliche Dynamik aufweisen, weil sie mit ihren Produkten am Weltmarkt tätig sind und eine sehr gute Wettbewerbsstellung genießen. Wie immer neigen die Kapitalmärkte, also die Masse der Anleger, zu Übertreibungen, weil Emotionen ihre Handlungen diktieren. Im Falle Japans beeinflussten die fürchterlichen Eindrücke von der Doppelkatastrophe aus Erdbeben und Atom-GAU die Entscheidungen der Anleger, die da hieß: „Japan liegt am Boden, daher braucht man auch keine japanischen Aktien."

Als Gegenentwurf zu dieser Haltung möchte ich ein Unternehmen anführen, dessen Produkte Sie sicher kennen und vielleicht sogar selbst regelmäßig nutzen: Shimano, den japanischen Hersteller von Fahrradschaltungen und sonstigem Zubehör. Die Firma ist überdies auch noch mit Anglerprodukten am Markt tätig, die rund ein Fünftel zum Umsatz beitragen. Die Aktie des weltweit operierenden Unternehmens hat sich längst vom japanischen Aktienbarometer Nikkei losgelöst und entwickelt sich seit Jahren überdurchschnittlich (siehe Abbildung 4.3).

Shimano schafft es immer wieder, seine Wettbewerbsposition zu behaupten oder auszubauen. Das Unternehmen ist bereits in dritter Generation im Familienbesitz. Außerdem hat es kaum Schulden. Solche Unternehmen sind mir natürlich besonders lieb.

Abbildung 4.3: Shimano-Aktie und Nikkei seit Anfang 2000 (Quelle: Yahoo Finance).

Von Anfang 2000 bis November 2011 hat sich der Kurs von 18 Euro auf 36 Euro verdoppelt, während der Nikkei in dieser Zeit fast 50 % an Wert verlor. Aber das ist nicht der eigentliche Grund, warum Shimano als Value-Investment so interessant ist, sondern vielmehr die stetige wirtschaftliche Dynamik des Unternehmens. Und nur, weil der japanische Aktienmarkt als Ganzer seit Jahren an Attraktivität für internationale Investoren verliert und seit der Katastrophe im März noch mehr leidet, ist das kein Grund, sich nicht auch in dieser Region nach interessanten und unterbewerteten Unternehmen umzuschauen – im Gegenteil. Erfolgreiche Value-Investoren suchen gerade dort, wo andere kein Interesse zeigen, um günstig Langfristanlagen zu finden.

Unternehmen mit finanziellen oder sonstigen Problemen

Wenn es nicht so läuft wie erhofft, in Regionen, Branchen oder bei einzelnen Unternehmen, strafen das die Kapitalmärkte relativ schnell mit „Liebesentzug" ab, so dass es mit den Kursen kräftig abwärts geht. Insofern sollten Sie bei Ihrer Suche nach Value-Aktien ein Gespür dafür entwickeln, wo die nächsten Hiobsbotschaften oder negativen Überraschungen auftauchen. Dabei kann es sich um Unternehmen handeln, die zwischenzeitlich Finanzprobleme bekommen, welche sich aber bei genauerer Analyse als lösbar und daher zeitlich begrenzt herausstellen. Wenn Sie in solchen Schwächephasen einsteigen, können Sie sicher sein, dass sich das Investment auf Dauer als sehr lohnenswert erweisen wird. Voraussetzung dafür ist natürlich, dass es sich bei diesen Unternehmen um an sich wirtschaftlich gesunde Firmen handelt, die bereits in der Vergangenheit eine stetige Ertragsdynamik bewiesen haben und aufgrund der gesunkenen Kurse jetzt unterbewertet sind.

Erinnern Sie sich an die Jahre 1999/2000, als die Raucherklagen ihren Höhepunkt erreichten? Damals wurde die Firma Philip Morris zu Schadensersatzleistungen in Höhe von 81 Millionen Dollar an die Hinterbliebenen eines verstorbenen Rauchers verurteilt. Aus Angst, dass dieser Richterspruch weitere Klagen nach sich ziehen könnte und damit die Gewinne der Branche weltweit einbrechen würden, wurde die Aktie des Tabakkonzerns Altria, wie das Unternehmen heute heißt, kräftig nach unten geprügelt. Innerhalb von vier Monaten verlor das Papier gut 40 % an Wert und beendete das Jahr 2000 bei 5,39 Dollar. Bereits ein Jahr später notierte die Tabakaktie bei 10,60 Dollar, also fast 100 % höher.

Aber Sie müssen gar nicht so weit in die Vergangenheit zurückgehen, um auf Unternehmen zu stoßen, die – aus welchen Gründen auch immer – zwischenzeitlich Probleme bekommen und deren Aktienkurse daher auf Tauchstation gehen. Bleiben wir in der jüngeren Vergangenheit und in Deutschland und erinnern uns an die Diskussion um den geplanten Ausstieg aus der Kernenergie. Im Juni 2010 beschließt die Bundesregierung das größte Sparpaket in der bundesdeutschen Geschichte. Die Atomkonzerne sollen eine Steuer auf Brennelemente zahlen – unabhängig von Laufzeitverlängerungen. Die Steuer soll dem Bund ab 2011 jährlich 2,3 Milliarden Euro in die Kassen spülen. Aber die politischen Diskussionen um die Kernenergie gingen in den folgenden Monaten unerbittlich weiter, bis sich im März 2011 der Atomunfall in Japan ereignete. Daraufhin einigte man sich in der schwarz-gelben Koalition auf ein Datum für den Atomausstieg: Der Großteil der Kernkraftwerke in Deutschland soll bis 2021 vom Netz. Zudem sollten die sieben ältesten Atommeiler und das AKW Krümmel sofort stillgelegt werden. Die sieben älteren Kraftwerke waren Mitte März nach der Katastrophe von Fukushima aus Sicherheitsgründen abgeschaltet worden.

Kein Wunder, dass die Aktien der Energieunternehmen kräftig unter Druck gerieten, denn die Konzerne hatten mit den künftigen Gewinnen ihrer AKWs bereits fest gerechnet. So gehörten die Stromriesen E.ON und RWE im Jahr 2010 mit Abschlägen von 21 und 27 % zu den schlechtesten Aktien im heimischen Leitindex DAX. Im Jahr 2011 verlor die E.ON-Aktie bis November 26 %, RWE brach sogar um weitere 43 % ein. Innerhalb von nicht ganz zwei Jahren verbilligten sich die Papiere der beiden Marktführer damit um im Schnitt 50 %. Ohne auf die Bewertung der beiden Unternehmen einzugehen, wird allein schon aus dem Vergleich der „normalen" jährlichen Entwicklung der RWE-Aktie seit dem Jahr 2000 und dem Kursverlauf von 2011 offensichtlich, dass mit dem Kursverfall eine Unterbewertung sehr wahrscheinlich ist (siehe Abbildung 4.4):

Abbildung 4.4: Durchschnittliche jährliche Kursentwicklung der RWE-Aktie von 2000 bis 2009 und im Jahr 2011 (indexiert, Januar 2000 = 100; Quelle: Deutsche Börse, eigene Berechnungen).

Während die Aktie von RWE seit Anfang 2000 im Schnitt jährlich rund 11 % zulegen konnte (siehe die Kurve, die den durchschnittlichen jährlichen Kursverlauf der RWE-Aktie seit 2000 zeigt), weist ihr Verlauf im Jahr 2011 eine eklatante Abweichung vom langfristigen Bild auf. Für mich gehören die Aktien des RWE-Konzerns daher mit zu den am stärksten unterbewerteten Papieren im heimischen Leitindex DAX, weshalb wir mit unserem PI Global Value Fund bereits seit Frühjahr 2009 auf der Käuferseite sind. Denn ich bin mir sicher, dass ein Konzern wie RWE aus der politischen Entscheidung des Atomkraftausstiegs seine Konsequenzen zieht und auf Dauer sein Geschäftsmodell entsprechend anpasst. So will der Stromerzeuger in neue Geschäftsfelder einsteigen und bis zum Jahr 2013 etwa 17 Milliarden Euro investieren – der größte Teil davon sind Ausgaben für die Energiewende. Das wird vermutlich auch künftig noch auf die Gewinnentwicklung von RWE drücken, doch als Value-Investor mache ich mir keine Gedanken um die kurzfristige Entwicklung, sondern denke viel weiter voraus, wenn ich von einem Unternehmen überzeugt bin.

Neue Tiefststände oder plötzlicher Kursverfall

Wenn Sie in vernachlässigten oder problembehafteten Regionen und Branchen nach unterbewerteten Unternehmen suchen, kommen Sie nicht umhin, die Berichterstattung über Wirtschaft und Politik regelmäßig und aufmerksam zu verfolgen. Denn nur so bekommen Sie mit der Zeit ein Gefühl dafür, wo es für „normale" Anleger uninteressant ist zu investieren und sich daher für Value-Anleger die besten Kaufgelegenheiten bieten. Wenn Ihnen das am Beginn Ihrer Value-Karriere zu mühsam erscheint, habe ich einen ganz simplen Rat für Sie: Achten Sie auf Aktien, die neue Tiefststände erreichen oder einen plötzlichen Kursverfall erleiden. Meist gibt es dafür zwar triftige, fundamentale Gründe, aber die Frage ist doch: Gelten die Gründe für den Kursverfall in vier oder fünf Jahren immer noch, oder handelt es sich nur um eine zeitlich begrenzte Schwächephase, aus der wirtschaftlich gesunde Unternehmen gestärkt hervorgehen?

Die Suche nach solchen „fallen angels", also gefallenen Engeln, gestaltet sich im ersten Schritt recht einfach, denn die Informationen darüber stehen – vor allem im Zeitalter des Internets – jederzeit jedem zur Verfügung. Bei vielen Finanzportalen gibt es bereits Kursranglisten, mit denen schnell ausfindig gemacht werden kann, welche Aktien in einer bestimmten Zeitspanne am stärksten gefallen sind. Auch etliche Online-Banken bieten ihren Kunden bereits diesen Datenbankservice, auf den vor etlichen Jahren nur die Profis in den Investmenthäusern und Banken zugreifen konnten.

Für Privatanleger war das früher nicht so einfach. Entweder investierten sie in teure Börsen-Software für ihren Computer, oder sie verfolgten die Kurse, beispielsweise der 30 DAX-Aktien, regelmäßig in der Tageszeitung, um auf plötzliche Kursabstürze aufmerksam zu werden. Klar, dass diese Herangehensweise äußerst zeit- und arbeitsaufwendig war. Heutzutage ist es einfacher.

Suchen Sie sich einfach einen Index aus und lassen Sie sich in den entsprechenden Masken bei Internetfinanzportalen wie etwa von comdirect.de die dazugehörigen Werte anzeigen. Meist gibt es dort einen Bereich „Performance", in dem dann die besten und schlechtesten Aktien des Index innerhalb bestimmter Fristen aufgelistet werden. Im Prinzip gehen Sie also genauso vor wie als Konsument, der sich einen neuen Kühlschrank kaufen oder eine Urlaubsreise buchen will. Dann werden Sie auch nicht das erstbeste Angebot wählen, sondern die Preise vergleichen. Dazu gibt es im Internet ja mittlerweile unzählige Vergleichsportale, mit denen Sie bequem von zu Hause aus nach Schnäppchen suchen können. Ob sich diese Schnäppchen tatsächlich auch gelohnt haben, zeigt sich allerdings erst dann, wenn Sie den Kühlschrank benutzen oder die Reise angetreten haben.

Bei der Jagd nach „Schnäppchen" an der Börse gilt es daher, darauf zu achten, inwieweit die hohen Kursverluste gerechtfertigt sind oder ob es sich nur um eine kurzfristige Schwächeperiode handelt und die Unternehmen aktuell unterbewertet sind. Das war beispielsweise ab Herbst 2008 beim Schweizer Nahrungsmittel-Multi Nestlé der Fall. Innerhalb von sechs Monaten brach der Nestlé-Kurs von 32 Euro um fast 26% auf 23 Euro ein. Einen stichhaltigen wirtschaftlichen Grund dafür gab es nicht, im Gegenteil: Wenige Wochen zuvor meldete das Unternehmen ein glänzendes Quartalsergebnis und blieb damit weiterhin auf Wachstumskurs. Die einzige Begründung für den rapiden Kursverfall war der allgemeine Abwärtsstrudel an den Weltbörsen im Zuge der US-Immobilienkrise, die sich mit der Pleite des US-Investmenthauses Lehman Brothers zur Bankenkrise ausgeweitet hatte. Doch Nestlé ist nicht im Bankengeschäft tätig, sondern verdient sein Geld mit Produkten des täglichen Bedarfs – und das nicht schlecht. Daher nutzten wir im Frühjahr 2009 die Unterbewertung und begannen zu Kursen von 26 Euro die Nestlé-Position im PI Global Value Fund aufzustocken. Bereits Ende 2009 war die Schwächephase ausgestanden, und Nestlé notierte wieder bei 34 Euro. Bis November 2011 kletterten die Notierungen nochmals um 24 % auf fast 42 Euro.

Letztlich ist es egal, wo Sie nach unterbewerteten Unternehmen und Aktien auf die Suche gehen. Wichtig dabei ist immer, festzustellen, ob das niedrige Kursniveau wirklich eine Unterbewertung der Aktie bedeutet. Denn nur dann können Sie langfristig wieder mit höheren Notierungen und mit üppigen Kursgewinnen rechnen.

Unternehmensmanagement und Unternehmensstrategie: Die „weichen" Faktoren

Aber bevor wir zur alles entscheidenden Frage der fundamentalen Bewertung von Unternehmen kommen, möchte ich noch kurz auf „weiche" Faktoren eingehen, die bei der Suche nach Value-Aktien sehr hilfreich sein können. Im Ausschlussverfahren können Sie damit bereits am Anfang des Suchprozesses schnell Unternehmen eliminieren, die sich in der Regel nicht als Langfristinvestments eignen.

Unternehmensführung und Managementqualität

Gehen wir dazu noch einmal ein paar Jahre in die Vergangenheit und erinnern uns an die „Goldgräberstimmung" an den Börsen zu Zeiten des Neuen Marktes zur Jahrtausendwende. Was gab es da nicht alles für „erstklassige" Unternehmen – mit blendenden Geschäftsmodellen und Managern, die diese Geschäftsmodelle mit solcher Glaubwürdigkeit in die Welt hinausposaunten, dass so mancher ausgebuffte Profianalyst ins Schwärmen kam. Im Nachhinein stellten sich viele der „Stories", die hinter den Unternehmen vom Neuen Markt standen, als geradezu lächerlich heraus und waren nicht mehr als billige Luftnummern. Aber eben ausgezeichnet verkauft.

Als Value-Investor würde ich solche Unternehmen nicht einmal mit der Kneifzange anfassen, bei denen das Management mehr Zeit dafür veranschlagt, außergewöhnliche Events zu planen, um Analysten und Journalisten positiv zu stimmen, als sich um die laufenden Geschäfte und die Entwicklung der Ertragslage zu kümmern. Bestes Beispiel, und vermutlich den erfahrenen Börsianern unter Ihnen noch in guter bzw. schlechter Erinnerung, war die Medienaktie EM.TV.

Der Traum vom schnellen Reichtum: EM.TV

„Thyssen-Krupp gleich EM.TV" lautete im Frühjahr 2000 die einfache Gleichung am damaligen NEMAX 50, dem Vorläufer des heutigen TecDAX. Damals wurden beide Unternehmen am Aktienmarkt mit knapp 14 Milliarden Euro bewertet. Auf ein paar kleine Unterschiede zwischen den beiden Unternehmen legte niemand Wert. Auf der einen Seite ThyssenKrupp mit fast 200.000 Mitarbeitern, 32 Milliarden Euro Jahresumsatz 1999 und einer Dividendenausschüttung von 368 Millionen Euro. Auf der anderen Seite der Münchner Filmrechtehändler mit einem Umsatz von nur 320 Millionen Euro, aber der Ankündigung der Gebrüder Thomas und Florian Haffa, binnen weniger Jahre die Umsätze zu vervielfachen und Milliardengewinne zu erzielen.

Beim Geschäftsmodell von EM.TV ging es eigentlich nur um die Vermarktung von Film- und Fernsehrechten, doch den beiden Unternehmenschefs, den Haffa-Brüdern, gelang es, die versammelte Expertengemeinde davon zu überzeugen, dass EM.TV den Stein der Weisen gefunden habe. Und tatsächlich zeigte die allgegenwärtige Medienpräsenz des Brüderpaars Wirkung. Kaum eine Woche verging, in der nicht in einschlägigen Anlagemedien die Medienaktie zum Kauf empfohlen wurde. Kein Wunder, denn ich kannte damals selbst ein paar Finanzjournalisten, die nicht – wie sonst üblich – in einen kühlen Saal zur Pressekonferenz geladen wurden, sondern denen man ein verlängertes Wochenende im französischen Cannes finanzierte – inklusive Vier-Sterne-Hotel, Jachtausflug und Partysause. Natürlich wurden dabei auch kurz die aktuellen Bilanzzahlen vorgestellt, aber das war quasi zur Nebensache verkommen.

Aber vielleicht gehörten Sie ja auch zu den Glücklichen, denen beim Börsengang von EM.TV im Oktober 1997 ein paar Aktien zu einem Ausgabepreis von umgerechnet 0,35 Euro zugeteilt wurden. Dann konnten Sie eine Zeit lang den Traum der Haffa-Brüder mitträumen – den Traum vom schnellen Reichtum, quasi vom Perpetuum mobile der Börse. Denn die Kurse der EM.TV-Aktie kannten nach dem Börsengang eigentlich nur eine Richtung: nach oben. Innerhalb weniger Monate schnellten die Kurse um sagenhafte 35.000 % auf 120 Euro in den Himmel, und wer damals 10.000 Euro in die Aktie gesteckt hatte, wurde tatsächlich zum Millionär.

Meine Journalisten-Bekannten erzählten mir einige Jahre später eine schier unglaubliche Geschichte. Irgendwann Anfang 2000 begannen sie, kritisch über die EM.TV-Aktie zu berichten, denn es zeichnete sich ab, dass die wirtschaftliche Entwicklung des Unternehmens nicht mehr mit den veröffentlichten – wie immer hervorragenden – Bilanzdaten in Einklang zu bringen war. Damals wurde die Redaktion von wütenden Leserbriefen geradezu überschwemmt, und sogar an den Auflagenzahlen war zu erkennen, dass die Leser mit der kritischen Berichterstattung über EM.TV nicht einverstanden waren. Schließlich schaltete sich sogar die Verlagsleitung ein und verlangte unverhohlen eine Änderung der Inhalte.

Diese, zumindest damals noch äußerst ungewöhnliche, Einmischung eines Verlags in redaktionelle Dinge war das Ergebnis der „perfekten" Öffentlichkeitsarbeit der Haffa-Brüder. Denn auf ihrer Jacht in Frankreich wurde auch der eine oder andere Verlagsmanager gesichtet. Leser und Verlagsmanager, die sich über die kritischen Artikel zu EM.TV beschwerten, hatten ein einziges, aber gutes Argument: die Kursentwicklung der Aktie. Denn tatsächlich strebten die Notierungen noch monatelang weiter aufwärts, bevor die Börsenblase platzte und die Aktie ins Bodenlose stürzte.

Wenn Sie sich also ein Unternehmen herausgepickt haben, das unter Umständen zu einem Langfristinvestment für Sie werden könnte, machen Sie sich die Mühe: Recherchieren Sie ein wenig zur Unternehmensführung. In Zeiten des Internets ist das wesentlich einfacher als früher, und sogar zu länger zurückliegenden Machenschaften wie denen der Haffa-Brüder und ihrer EM.TV-Schießbude finden Sie dort ohne weiteres Hintergrundmaterial. Wenn sich beispielsweise herausstellt, dass Unternehmenslenker eher im Hintergrund agieren und sich über sie persönlich kaum Nachrichten und Informationen finden lassen, können Sie davon ausgehen, dass diesen Managern ihr Unternehmen wichtiger ist als ihre gesellschaftliche Position.

Ein weiteres Indiz hinsichtlich der Qualität einer Unternehmensführung stellen die Bezüge der Manager dar. Auch hier können Sie sich relativ einfach einen Überblick über die Entwicklung verschaffen. Zum einen finden Sie Angaben zu den Bezügen in der Bilanz, zum anderen werden solche Informationen oftmals auch in den Medien oder im Internet veröffentlicht, vor allem, wenn es sich um große, bekannte Konzerne handelt. Wenn Sie sich jetzt fragen, was die Managergehälter mit der Qualität der Unternehmensführung zu tun haben, möchte ich Ihnen das an einem Beispiel aus einem ganz anderen Bereich verdeutlichen.

Sie benötigen einen neuen Wasserboiler und lassen sich von diversen Installationsfirmen einen Kostenvoranschlag machen. Neben den reinen Materialkosten enthält diese Aufstellung noch Posten wie Anfahrtszeit und Stundenlohn. Sie entscheiden sich für eine Firma, bei denen Ihnen zwar diese „Nebenkosten" ein wenig hoch erscheinen, dafür aber ist der neue Boiler und das sonst benötigte Material relativ günstig. Am vereinbarten Installationstermin nehmen Sie sich extra einen Tag Urlaub. Nachdem die Handwerker mit zwei Stunden Verspätung angerückt sind und dann endlich der alte Boiler ausgebaut ist, stellt sich heraus, dass der bisherige Anschluss zum Kaminabzug nicht zu dem neuen Gerät passt. Also ziehen die Installateure los, um ein passendes Verbindungsstück zu kaufen. Kaum eine Stunde später sind sie wieder da, und der Einbau kann beginnen. Am Nachmittag hängt der neue Boiler, alles funktioniert wie gewünscht. Dass Sie am Morgen zwei Stunden auf die Handwerker gewartet haben, haben Sie genauso vergessen wie die Tatsache, dass die Arbeiten unterbrochen werden mussten, weil wichtige Teile zunächst fehlten.

Doch am nächsten Morgen kommt das böse Erwachen. Sie stellen fest, dass weder in der Küche noch im Bad das warme Wasser funktioniert. Sie rufen wieder bei der Firma an, die verspricht, innerhalb der nächsten zwei Stunden jemanden zu schicken. Im Büro geben Sie Bescheid, dass Sie heute erst gegen elf Uhr kommen. Das Problem wurde dann auch gelöst – aber erst gegen Mittag, denn früher trudelten die Handwerker nicht ein. Kulanterweise wurde für die Arbeitszeit nichts mehr berechnet, aber die Anfahrt mussten Sie erneut zahlen.

Und jetzt die Frage: Würden Sie beim nächsten Mal diese Firma wieder beauftragen? Das Produkt, das Sie eigentlich brauchten, ein neuer Boiler, war zwar günstiger als bei anderen Firmen, aber dafür bezahlten Sie für Arbeitszeit und Anfahrt wesentlich mehr – abgesehen vom ganzen Ärger. Dann doch lieber eine Firma, wo das Produkt zwar mehr kostet, sich dafür aber die Lohnkosten in Grenzen halten und die Arbeitsqualität besser ist.

Im Prinzip verhält es sich mit den Managergehältern und der Qualität der Unternehmensführung genauso. Verstehen Sie mich nicht falsch: Leistung muss sich lohnen, und Manager, die gute Arbeit leisten, sind ihr Geld auch wert. Hingegen lässt sich über die Höhe der Gehälter, die mittlerweile in

Führungsetagen gezahlt werden, trefflich streiten. Wenn etwa der VW-Chef 200-mal so viel verdient wie seine Mitarbeiter, stimmen meines Erachtens die Relationen einfach nicht mehr.

Vor einigen Jahren wurde die Forderung nach einer Transparenz der Managemententlohnung erhoben. In der Folge fand die individualisierte Offenlegung der Vorstandsbezüge als Maßstab guter Unternehmensführung Eingang in den Deutschen Corporate Governance Kodex, eine Art Verhaltenskodex der Unternehmen. Allerdings wurde diese freiwillige Forderung nur unregelmäßig erfüllt, so dass 2005 der Gesetzgeber entschied, die individualisierte Offenlegung der Vorstandsvergütung grundsätzlich verpflichtend vorzuschreiben.

Die Debatte wurde vor dem Hintergrund geführt, dass Manager umso mehr verdienten, je stärker die Aktienkurse stiegen oder die kurzfristigen Gewinne sprudelten. Die Vorstände wurden mit diesen üppigen Bonusversprechungen geradezu eingeladen, nur von einer Bilanzvorlage zur nächsten zu denken. Dadurch kam es zu einer paradoxen Entwicklung, welche immer mehr für soziale Spannungen sorgte. Denn welcher normal denkende Mensch verstand es noch, wenn ein Unternehmen Zigtausende von Angestellten entließ, um so die Kosten zu senken – und in der Folge einen massiven Gewinnschub auszuweisen –, und die Manager ließen sich millionenschwere Bonuszahlungen überweisen?

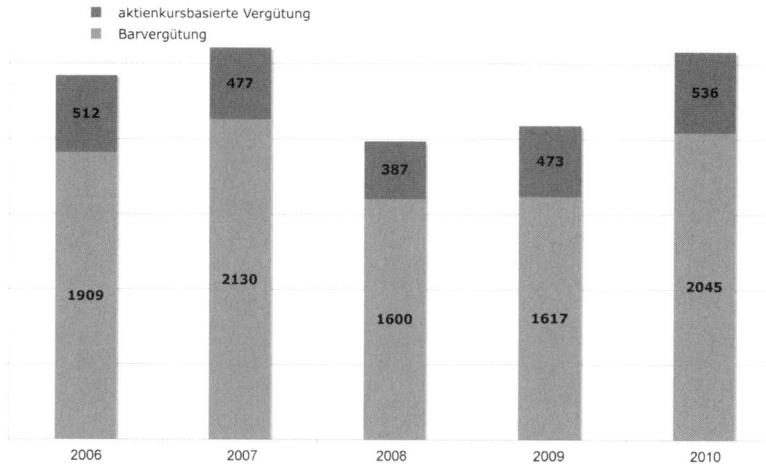

■ aktienkursbasierte Vergütung
■ Barvergütung

Abbildung 4.5: Gehaltsstruktur der Vorstände (ausgenommen Vorstandsvorsitzende) von DAX-Unternehmen von 2006 bis 2010 (Quelle: DSW).

Die Deutsche Schutzgemeinschaft für Wertpapierbesitz (DSW) recherchiert und veröffentlicht seitdem regelmäßig die durchschnittlichen Gehälter der Vorstände (ausgenommen Vorstandsvorsitzende) börsennotierter Unternehmen in Deutschland. Danach macht die aktienbezogene Vergütung der Chefs seit Jahren rund ein Fünftel des Gesamtgehalts aus. Allerdings stellt sich schon die Frage, warum die Vorstände für die Jahre 2008, 2009 und 2010 insgesamt fast 1,5 Millionen Euro an aktienbezogener Vergütung erhielten, obwohl in dieser Zeit das heimische Leitbarometer DAX um 15 % nachgab.

Managementvergütung und Unternehmensbewertung

Aber hier soll es nicht darum gehen, ob und inwieweit die Höhe der Gehälter von Konzernmanagern gerechtfertigt ist, sondern vielmehr darum, wie Sie anhand des Faktors „Managervergütung" langfristig interessante Value-Unternehmen von – lassen Sie es mich so sagen – „Sternschnuppen" unterscheiden können, die kurzfristig aufleuchten und dann wieder verglühen. Manager, die ungezügelt und unverfroren in die Firmenkasse greifen und sich üppige Sonderzahlungen genehmigen lassen, entziehen dem Unternehmen Finanzmittel, sorgen für negative Schlagzeilen und haben alles andere im Kopf, nur nicht den langfristigen Erfolg des Unternehmens. Ich möchte Ihnen an zwei Beispielen zeigen, wo sich hier die Spreu vom Weizen trennt. Und Sie werden mir recht geben, wenn ich Ihnen sage, dass man bei der Frage nach der Berechtigung so mancher Bezüge kein Bilanzspezialist oder Aktienanalyst sein muss.

Zu den Top Ten der bestverdienenden Unternehmenslenker in Europa gehört Paul Bulcke. Er leitet seit 2008 den weltweit größten Lebensmittelkonzern Nestlé und erhielt für seine Arbeit im Jahr 2010 ein Gehalt von 10,5 Millionen Euro. Wirtschaftlich gehört Nestlé zu den gesündesten Unternehmen der Welt, was sich letztlich auch im Aktienkurs widerspiegelt. Innerhalb der vergangenen zehn Jahre legte die Aktie um 71 % zu. Allein seit Amtsantritt von Bulcke im April 2008 stieg der Kurs um 32 % – der Banken- und Finanzkrise zum Trotz. Bulcke war aber nicht nur wegen der Aktienkursentwicklung eine gute Wahl, sondern auch aufgrund seiner großen Erfahrung im Nestlé-Konzern. Denn der neue Chef war bereits seit 28 Jahren für das Unternehmen tätig und leitete seit 2004 das hochprofitable US-Geschäft des Schweizer Lebensmittel-Multis.

Und hier das Gegenbeispiel. Ob Stephen Elop sein Topgehalt von 11,5 Millionen Euro im Jahr wirklich wert ist, muss sich erst noch zeigen. Der Ex-Microsoft-Manager übernahm im September 2010 den kriselnden finnischen Handyhersteller Nokia. Ein Jahr später legte Elop die Bilanz für das zweite Quartal 2011 vor. Danach verbuchten die Finnen einen Verlust von 368 Millionen Euro, nach einem Gewinn von 227 Millionen Euro noch ein Jahr zuvor. Der Umsatz sank von 10 Milliarden Euro um 7 % auf 9,3 Milliarden Euro. Elop erklärte die Zahlen damit, dass die Schwierigkeiten größer als erwartet gewesen seien und dass sich der Konzernumbau länger hinziehe als geplant. Der Aktienkurs von Nokia gab seit Elops Amtsantritt um fast 40% nach. Natürlich kann man von dem Kanadier, übrigens dem ersten Nicht-Finnen auf dem Nokia-Chefsessel, innerhalb eines Jahres keine Wunder erwarten, denn der Handy- und insbesondere der Smartphonemarkt ist heiß umkämpft. Und das hohe Jahresgehalt von 11,5 Millionen Euro hängt sicherlich auch damit zusammen, dass man bei Nokia einen Anreiz schaffen musste, um für den Microsoft-Mann attraktiv zu sein. Dennoch: In der Summe aus schwierigem Marktumfeld, unklarer Konzernstrategie, schlechten Bilanzzahlen und hohen Managergehältern ergibt sich ein eindeutiges Urteil: Für mich ist Nokia kein Value-Investment.

Erfolgsfaktor Unternehmensstrategie

Ein weiteres Kriterium bei der Suche nach echten Value-Unternehmen hat weniger mit den Gehältern der Manager zu tun als vielmehr mit der Qualität der Unternehmensstrategie. Um beurteilen zu können, ob eine Unternehmensstrategie langfristig Erfolg verspricht, müssen Sie kein Diplom in Betriebswirtschaft haben. Auch hier genügen Ihnen in den meisten Fällen Ihr gesunder Menschenverstand und das aufmerksame Studium der Nachrichtenlage. Anhand einiger weniger Faktoren können Sie dann recht einfach Value-Aktien von vielleicht kurzfristig rentablen, aber langfristig uninteressanten Investments unterscheiden. Wenn Sie sich an ein paar Ausschlusskriterien halten, werden Sie bald ein Gefühl für die wirklichen Gewinneraktien entwickeln.

Kapitalerhöhungen

Eines dieser Ausschlusskriterien sind zum Beispiel häufige Kapitalerhöhungen. Bei einer Kapitalerhöhung „zapfen" börsennotierte Unternehmen den Aktienmarkt an, um frisches Geld zu erhalten: Sie geben dafür neue Aktien aus und erhöhen damit das Eigenkapital. Nun können Kapitalerhöhungen durchaus sinnvoll sein; beispielsweise kann es sich aus strategischen Gründen anbieten, die Produktionsanlagen auszubauen, um entweder auf die hohe Nachfrage in neuen Absatzmärkten reagieren oder innovative Produkte herstellen zu können. Ebenfalls stellt die Beteiligung an oder die Übernahme von Mitbewerbern einen sinnvollen Grund für Kapitalerhöhungen dar, wenn etwa die eigenen, frei verwendbaren Mittel dafür nicht ausreichen oder eine Finanzierung über Kredit aufgrund hoher Zinsbelastungen zu teuer erscheint.

Unterscheiden sollten Sie ferner zwischen Kapitalerhöhungen von Unternehmen, die ohnehin schon ein sehr kapitalintensives Geschäft betreiben, und solchen, wo dies nicht der Fall ist. Zu ersteren gehören klassischerweise Energiekonzerne, in deren Produktionsanlagen – Kraftwerken – viel Kapital gebunden ist. Wenn es für diese Firmen lohnend erscheint, die Produktion auszuweiten, doch die bisherigen Anlagen bereits voll ausgelastet sind, kann eine Kapitalerhöhung eine sinnvolle Maßnahme sein, um sich für den Bau neuer Kraftwerke die nötigen Finanzmittel zu beschaffen. Gegenteilig verhält es sich etwa bei Dienstleistern oder kleinen Biotechfirmen, die in der Regel keine teuren Maschinen einsetzen, sondern vielmehr einen hohen Personalaufwand betreiben.

Wenn Sie in den Medien über Kapitalerhöhungen lesen, achten Sie daher darauf, um welche Art von Unternehmen es sich dabei handelt – kapitalintensiv oder nicht – und wie oft sich das Unternehmen bereits frisches Kapital über die Börse geholt hat. Bittet etwa ein Konzern, der sich eigentlich nur mit dem Betreiben von Supermärkten beschäftigt, seine Anleger regelmäßig zur Kasse, dann sollten bei Ihnen die Alarmglocken läuten – und fragen Sie sich einmal, wofür die Firma ständig neues Geld braucht. Achten Sie bei Ihrem nächsten Besuch in einem Baumarkt oder bei IKEA einmal auf die Architektur der Verkaufshallen. Ein paar Stahlträger, Fertigbetonteile als Wände, ein pflegeleichter PVC-Boden und Regale – fertig. Die Eröffnung neuer Supermärkte auf der grünen Wiese sollte für große Unternehmen also eigentlich keinen finanziellen Kraftakt darstellen. Das dafür nötige Kapital ist als Kredit über die Bank einfacher zu erhalten als über die Börse. Und auch die Waren in den Regalen binden nicht viel Kapital – zumindest nicht lange, wenn die Logistik stimmt. Führen solche Unternehmen also häufig Kapitalerhöhungen durch, kann das beispielsweise auf eine mögliche Überschuldung hindeuten. Das ist dann der Fall, wenn die Verbindlichkeiten nicht oder unzureichend mit Forderungen abgedeckt sind und die Netto-Schulden bedrohlich nahe an die Höhe des Eigenkapitals heranreichen.

Kapitalerhöhungen sind auch dann sinnvoll, wenn die Bilanzstruktur verbessert werden muss, also die Eigenkapitalquote erhöht werden soll. Unternehmen machen diesen Schritt gerne, um die eigene Bonität zu verbessern, denn dadurch müssen sie geringere Zinsen zahlen, wenn sie neue Investitionen mittels Bankkrediten finanzieren. Meiden sollten Sie allerdings Unternehmen, die Kapitalerhöhungen durchführen, *weil* ihre Bonität, also ihre Schuldnerqualität bereits herabgestuft worden ist. Bestes Beispiel dafür sind in der laufenden EU-Schuldenkrise Banken, die aufgrund ihres Engagements in Krisenländern in Schieflage geraten und reihenweise herabgestuft worden sind. Die EU-Kommission forderte daher, dass die Kredithäuser ihre Engagements mit mehr Eigenkapital unterlegen müssen, um im Fall von Kreditausfällen oder eines Schuldenschnitts nicht erneut vom Staat, also von uns Steuerzahlern, gerettet werden zu müssen.

Auf den Punkt gebracht: Kapitalerhöhungen sind nicht von vornherein ein Ausschlusskriterium, aber kommen sie häufig vor und sind sie aufgrund des Geschäftsmodells eigentlich nicht unbedingt nötig, werden sich solche Unternehmen immer wieder als Kapitalvernichter und nicht als Gewinnmaschine entpuppen.

Tiefpreisoffensiven

Ein weiteres „weiches" Ausschlusskriterium sind häufige Kosten- oder Kundenoffensiven. Wenn Unternehmen permanent mit neuen „Super-

Tiefstpreisen" locken, kann das auf wirtschaftliche Probleme hindeuten. Denn wann senkt man seine Preise schon freiwillig? Doch nur dann, wenn die eigenen Produkte niemand haben will oder die Konkurrenz knallhart ist. Wenn das der Fall ist, kann die Unternehmensstrategie auf Dauer nicht erfolgreich sein. Wer die Verkaufspreise senkt, muss entweder auch die Herstellungskosten massiv nach unten drücken oder schlicht über die Erhöhung der verkauften Produkte – also über die Masse – dafür sorgen, dass unterm Strich ein Gewinn übrig bleibt. Hat ein Unternehmen aber Verkaufsprobleme, weil die eigenen Produkte zu schlecht sind, wird auch eine Tiefpreisoffensive daran kaum etwas ändern. Und wenn der Konkurrenzkampf knallhart ist, führt das nur zu Preisspiralen nach unten, von denen vielleicht wir Verbraucher etwas haben, aber sicherlich nicht das Unternehmen. Also Vorsicht bei Unternehmen, die auffallend häufig mit solchen Tiefpreisen werben – das sind meist keine Value-Unternehmen. Denn denken Sie daran: Value-Investing heißt, unterbewertete Unternehmen kaufen, die langfristig im Wert steigen. Wenn aber ein Unternehmen selbst nicht an seine eigenen Produkte glaubt und laufend die Preise senkt, um den eigenen Wert zu steigern, sollten auch Sie nicht an das Unternehmen glauben.

Unternehmensbewertung

Mit dem folgenden Ausschlusskriterium kommen wir dem Kern der Value-Auswahl bereits sehr nahe – der Unternehmensbewertung. Hier bedarf es schon eines genaueren Blicks in die Bilanzen eines Unternehmens. Aber wenn Sie sich für eine Aktie interessieren und sich überlegen, langfristig zu investieren, sollten Sie nicht die Mühe scheuen, sich die Bilanzzahlen genauer anzusehen. Doch an dieser Stelle hier soll es zunächst noch nicht um die reine Bewertung von Unternehmen gehen, sondern um ein weiteres Warnzeichen dafür, warum sich ein Konzern *nicht* für Value-Investing eignet, sondern eher ein Pleitekandidat ist, obwohl die Gewinne – vermeintlich – sprudeln.

Auf der Suche nach langfristig interessanten Aktien achte ich bei meiner „Königsanalyse" unter anderem darauf, wie sich die Gewinne eines Unternehmens entwickeln – und das nicht nur im letzten oder vorletzten Jahr. Interessant für mich sind Unternehmen, die es schaffen, über fünf, zehn oder mehr Jahre kontinuierlich Gewinne zu erzielen. Denn ein Unternehmen kann auf Dauer nur dann wachsen und im Wert zulegen, wenn es Gewinne erzielt und diese wieder in sein Geschäft investiert. Wichtig ist dabei, zu erkennen, dass Gewinn nicht gleich Gewinn ist.

Sie haben es sicher schon gemerkt, ich bin ein Freund einfacher Beispiele, um komplizierte Sachverhalte zu verdeutlichen. Stellen Sie sich vor, Sie kommen erst spät am Abend von der Arbeit heim. Sie haben zwar Hunger, aber keine Lust mehr, sich jetzt noch an den Herd zu stellen. Also machen Sie es sich vor dem Fernseher bequem und gönnen sich eine Tafel Schokolade. Der Stress im Büro zieht sich noch über die nächsten fünf Tage hin, so dass Ihre Abende zu Hause in dieser Zeit stets nach dem gleichen Muster ablaufen: heimkommen, Fernseher an und dann etwas Süßes, bis Sie ins Bett gehen. Am Ende haben Sie zwar jeden Tag Ihren Hunger gestillt (oder besser gesagt, Ihren Magen beschäftigt), aber Sie wissen auch, dass diese Lebensweise nicht gerade gesund war – keine Vitamine, sondern nur jede Menge Kalorien. Essen ist eben nicht gleich Essen.

Übertragen wir dieses Beispiel nun auf die Unternehmensseite. Die tägliche Tafel Schokolade für Ihren Heißhunger steht für den Gewinn. Doch die Frage ist, wie gesund dieser Gewinn ist, wenn davon im Unternehmen auf Dauer nichts hängen bleibt, womit es künftig wirtschaften kann – sozusagen die Vitamine. In der Bilanzanalyse gibt es dafür die Messgröße „Cashflow", auf Deutsch: Geldzufluss. Diese Kennzahl gibt Auskunft darüber, wie gesund ein Unternehmen wirklich ist, denn der Gewinn allein steht zuerst einmal nur in den Büchern. Erst wenn klar ist, wie viele Euro vom verbuchten Gewinn tatsächlich dem Unternehmen zufließen, um damit neue Investitionen zu finanzieren oder für unsichere Zeiten vorzusorgen, können Sie beurteilen, wie gesund es wirklich ist. Wenn jedoch dieser

Cashflow auf Dauer geringer ist als der Gewinn, zeichnen sich ernsthafte Probleme ab. Das verhält sich dann so wie mit der Tafel Schokolade und den Vitaminen, die jeder Mensch braucht.

Künstliche Gewinne: Enron

Das wohl bekannteste Beispiel dafür, bei dem der ausgewiesene Gewinn regelmäßig höher ausfiel als der Cashflow, ist der ehemalige US-Energieriese Enron. Das Unternehmen bezeichnete sich selbst als „die großartigste Firma der Welt" und wurde Ende der 1990er Jahre in den Medien für seine Wachstumsdynamik und Innovationskraft hochgejubelt. Im Jahr 2001 folgte dann der große Knall. Aufgrund fortgesetzter Bilanzfälschungen entpuppte sich Enron als der größte Unternehmensskandal, den die USA bis dahin erlebt hatten. Aber um die kriminellen Machenschaften des Managements soll es hier nicht gehen, sondern vielmehr um die Gefahren, wenn ausgewiesene Gewinne höher sind als tatsächliche Zahlungseingänge, also der Cashflow.

Die Bilanzfälscher von Enron nutzten genau diesen Zusammenhang, um sich besser darzustellen, als sie waren. So wurden etwa Verkäufe als Termingeschäfte vereinbart, das heißt, die Kunden zahlten sofort, aber Enron musste erst später liefern. Die Einnahmen wurden sofort als Gewinn verbucht, während die späteren Ausgaben für die Lieferung des Stroms nicht in den Büchern auftauchten. Der eigentliche Cashflow fiel somit geringer aus als der Gewinn. Ähnlich ging Enron vor, wenn das Unternehmen selbst Produkte wie Gas oder Strom einkaufen musste. Geliefert werden musste sofort, bezahlt hat Enron aber erst später. Beim Weiterverkauf wurde sofort ein Gewinn verbucht, während die Forderungen erst später beglichen wurden. Wären die Zahlungen, die Enron ja nur verschoben hatte, sofort verbucht worden, wäre der Gewinn geringer ausgefallen.

Noch subtiler ging Enron vor, als es begann, Unternehmen im Ausland zu gründen und mit diesen Handel zu treiben. Die Skandalfirma führte also im Prinzip Geschäfte mit sich selbst, um damit „künstliche Gewinne" ausweisen zu können. Einen wirklichen Zahlungseingang und damit Cashflow erwirtschaftete Enron mit ihnen auf diese Weise nicht. Ende 2001 war der ehemalige Weltkonzern pleite und hatte 30 Milliarden Dollar Schulden. Anfang 2002 wurde die Aktie vom Handel ausgesetzt, nachdem sie vom Höchstkurs von 90 Dollar im August 2000 auf wenige Cent abgestürzt war.

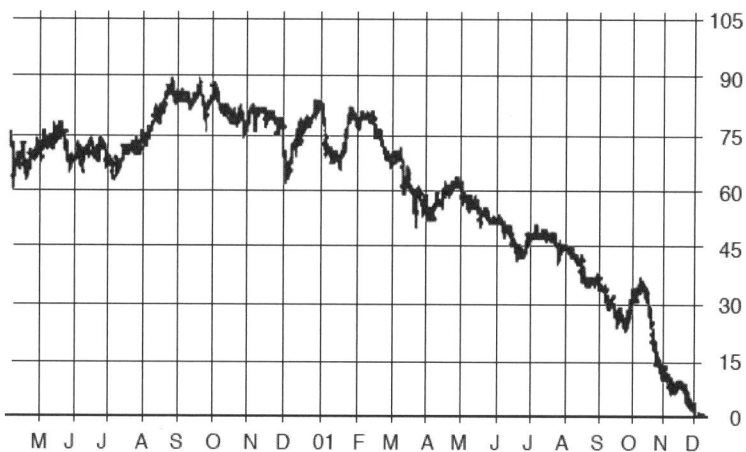

Abbildung 4.6: Enron-Aktie von Anfang 1999 bis Anfang 2002 (Quelle: Google).

Damals machten sich Anleger, Medien und Politik Gedanken dazu, was eigentlich Unternehmensbilanzen wert sind, wenn man den Zahlen nicht trauen kann. Seitdem hat sich zwar in der Gesetzgebung vieles geändert, und auch die Medien sind kritischer geworden, doch vor kriminellen Machenschaften ist niemand gefeit – weder im Alltag noch in der Wirtschaft. Umso wichtiger ist es, bei der Unternehmensbewertung auf Kennzahlen zu achten, die den tatsächlichen Wert einer Firma widerspiegeln.

Dazu gibt es mehrere Möglichkeiten, die ich Ihnen in der Folge kurz näher erläutern möchte. Wichtig ist mir dabei, dass Sie die Zusammenhänge verstehen, warum man was wie bewertet. Danach wird es für Sie ganz verständlich, wie Value-Investoren den sogenannten „inneren Wert" eines Unternehmens festlegen können. Denn nur so werden Sie zu einem echten Value-Investor: wenn Sie Unternehmen kaufen, die unter ihrem inneren Wert notieren.

Die Frage der Bewertung

Sie kennen sicherlich die Weisheit, dass jede Statistik nur so viel wert ist wie das Papier, auf dem sie steht. Nun, ganz so schlimm ist es mit Unternehmensbilanzen nicht, denn ihr Inhalt unterliegt strengen Vorschriften, und auch die Bilanzprüfer, die am Ende jeder Rechnungslegung ihr Prüfsiegel aufdrücken, haften persönlich für die Richtigkeit des Zahlenmaterials. Allerdings – und das sollten Sie im Hinterkopf behalten – gibt es gewisse legale Freiräume, wie welche Vorgänge in einem Unternehmen bilanziert werden, so dass die Kennzahlen in den Bilanzen nie losgelöst von dem Unternehmen und seinem Geschäftsmodell, seiner Strategie und seinen Zielen interpretiert werden sollten. Auch prüfen die Wirtschaftsprüfer nur, ob die Börsenbewertung über oder unter dem Bilanzwert einer Firma liegt. Sie enthalten sich weitgehend einer materiellen Prüfung. Aber darauf komme ich später noch zurück.

Das Bewertungsverfahren: Unternehmenskennzahlen

Welche Möglichkeiten gibt es, den Unternehmenswert zu ermitteln? Die meisten Verfahren basieren darauf, bestimmte Kennzahlen eines Unternehmens mit dem aktuellen Aktienkurs zu vergleichen, um festzustellen, ob die Börsenbewertung über oder unter dem bilanziellen Wert einer Firma liegt. Die verschiedenen Verfahren haben alle ihre Vor- und Nachteile.

In der Folge möchte ich Ihnen die gängigsten Bewertungsverfahren vorstellen, damit wir uns Schritt für Schritt dem Verfahren nähern, mit dem wirkliche Value-Unternehmen identifiziert werden können. Hier geht es quasi um den zweiten Teil der Suche nach Value-Investments. Nachdem Sie bei der Suche in vernachlässigten Regionen oder Branchen oder in Ihren persönlichen Themengebieten vermeintlich unterbewertete Unternehmen ausgemacht haben, gilt es festzustellen, welches dieser Unternehmen tatsächlich unterbewertet ist.

Das Kurs-Gewinn-Verhältnis

Die bekannteste, aber wohl auch am meisten überschätzte Bewertungskennzahl ist das sogenannte Kurs-Gewinn-Verhältnis oder kurz KGV. Hierbei wird der Jahresgewinn eines Unternehmens je Aktie mit dem aktuellen Kurs verglichen, um somit zu ermitteln, wie viele Jahre es dauert, bis ein Unternehmen den aktuellen Aktienkurs „verdient" hat. Das klingt alles ziemlich banal, doch der Teufel steckt wie immer im Detail. Zur Verdeutlichung der Fallstricke betrachten Sie die folgenden Beispiele.

Nehmen wir an, ein Unternehmen erzielt einen Gewinn je Aktie von 5 Euro. Der aktuelle Aktienkurs liegt bei 50 Euro. Nach der Formel KGV = Kurs/Gewinn je Aktie ergibt sich:

$$KGV = \frac{50}{5} = 10$$

Das so ermittelte KGV beträgt also 10. Sie wissen damit, dass es zehn Jahre dauert, bis das Unternehmen den aktuellen Aktienkurs „verdient" hat – allerdings nur dann, wenn der Gewinn in den folgenden neun Jahren gleich bleibt. Sie sehen, schon diese Annahme ist unrealistisch, denn die Ertragslage eines Unternehmens ist immer Schwankungen unterworfen, je nachdem, wie sich die Branche oder Region wirtschaftlich entwickelt, in der das Unternehmen tätig ist. Oder stellen Sie sich vor, das Unternehmen bringt im folgenden Jahr ein neues, innovatives Produkt auf den Markt und schlägt damit alle seine Konkurrenten um Längen. Dann könnte der Gewinn je Aktie schnell von 5 auf beispielsweise 7 Euro steigen. Setzen wir nun in unsere KGV-Formel den erwarteten Gewinn je Aktie für das kommende Jahr mit einer Höhe von 7 Euro ein, ergibt sich ein anderes Bild:

$$KGV = \frac{50}{7} = 7,1$$

Es würde also nur etwa mehr als sieben Jahre dauern, bis das Unternehmen den aktuellen Aktienkurs verdient hat. So gesehen hat sich die Bewertung also eindeutig verbessert. Aber Sie wissen immer noch nicht, ob das Unternehmen unterbewertet ist und ob es sich lohnt, als Value-Investor dort langfristig zu investieren. Denn es ist ja nicht sicher, dass der Gewinn je Aktie im kommenden Jahr tatsächlich auf 7 Euro steigt. Vielleicht haben sich die Analysten geirrt (was ja des Öfteren vorkommt), oder die Konkurrenz schläft nicht und reagiert ihrerseits mit Produktinnovationen. Dann ist die erhoffte Gewinnerhöhung von 5 auf 7 Euro schnell Makulatur.

Abgesehen von den Unsicherheiten mit prognostizierten Gewinnen fehlt Ihnen ein Vergleichsmaßstab, um festzustellen, ob ein KGV von 10 oder vielleicht nur 7 positiv ist. Vielleicht gibt es in der gleichen Branche oder Region ein Unternehmen, das ein KGV von 4 aufweist? Ist das nun besser bewertet, oder gibt es Gründe für das niedrigere KGV? Oder ist der aktuelle Aktienkurs zu niedrig beziehungsweise der für das kommende Jahr erwartete Gewinn zu hoch angesetzt? Sie sehen, die Unternehmensbewertung mit Hilfe des KGVs ist problematisch. Ein niedriges Kurs-Gewinn-Verhältnis deutet nicht automatisch auf eine günstige Bewertung hin, denn vielleicht liegen ja handfeste wirtschaftliche Gründe dafür vor. Zudem gibt es oftmals deutliche regionale und branchenspezifische Unterschiede zwischen den KGVs. In Japan waren KGVs von über 80 in den 1990er Jahren völlig normal, während das durchschnittliche KGV der 30 DAX-Aktien seinerzeit gerade einmal zwischen 20 und 25 lag. Und auch ob eine Aktie oder ein Gesamtmarkt nun günstig bewertet ist oder nicht, lässt sich allein am KGV nicht ausmachen. Betrachten Sie dazu Abbildung 4.7.

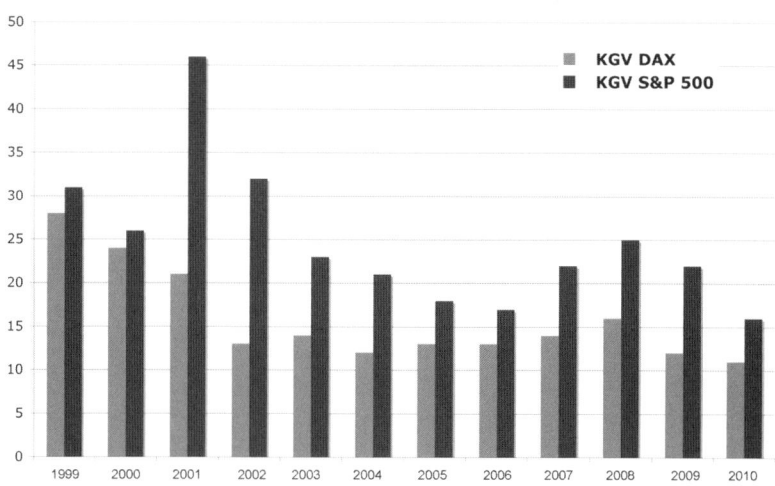

Abbildung 4.7: Das Kurs-Gewinn-Verhältnis des DAX und des S&P 500 von 1999 bis 2010 (Quellen: Deutsche Börse, NYSE, eigene Recherchen).

Innerhalb der vergangenen mehr als zehn Jahre lag das Markt-KGV des breit gefassten US-Index S&P 500 regelmäßig höher als das des DAX. War deshalb der DAX stets günstig bewertet? Danach hätte sich mit einem Investment in den DAX mehr verdienen lassen können als mit dem S&P 500, weil es im DAX ja offensichtlich mehr günstig bewertete Aktien gab. Die tatsächliche Entwicklung der beiden Indizes ist allerdings mehr als ernüchternd. Von Ende 1999 bis November 2011 verlor der DAX 21,3 %. Auch mit den laufend höher bewerteten Aktien im S&P 500 ging es seitdem bergab, aber der Index als solcher verlor „nur" 20,9 %.

Auch innerhalb eines Landes können die KGVs ganz unterschiedlich ausfallen, ohne darauf hinzuweisen, ob die jeweiligen Unternehmen an der

Börse hoch oder niedrig bewertet sind. So liegt das KGV von Beiersdorf auf Basis des für 2012 erwarteten Gewinns je Aktie bei 23. Im Gegensatz dazu beträgt das KGV von RWE nur 8, doch beide Unternehmen halte ich für ausgezeichnete Langfristinvestments – ungeachtet der unterschiedlichen KGV-Bewertung. Sie sehen, die Suche nach Value-Aktien mit Hilfe der Bewertungskennzahl KGV ist ein ziemlich unsicheres Verfahren. Es hilft sicherlich, „billige" Aktien zu finden, doch danach muss eine weitere Auswahl erfolgen, die bei Investoren viel Wissen erfordert.

Das KGV nach Benjamin Graham

Benjamin Graham, dem wir bereits ausführlich in Kapitel 3 begegnet sind, verfeinerte die Bewertungskennzahl Kurs-Gewinn-Verhältnis insofern, als dass er ein adjustiertes KGV berechnete, bei dem sowohl zyklische Gewinnschwankungen als auch die Inflationsentwicklung berücksichtigt werden. Konkret setzte Graham den inflationskorrigierten Kurs ins Verhältnis zu den inflationskorrigierten durchschnittlichen – nicht geschätzten – Gewinnen der letzten Jahre. Graham empfahl, die Werte der vergangenen zehn Jahre zu verwenden, wenngleich er selbst eine Durchschnittsbildung der zurückliegenden sieben bis zehn Jahre bevorzugte.

Die Vorteile des Graham-KGVs liegen auf der Hand: Das Bewertungsmaß bewegt sich im Zeitablauf um einen Mittelwert. Falls dieses Kriterium nicht erfüllt wäre, würde dies implizieren, dass sich ein unterbewertetes (überbewertetes) Asset über einen gewissen Zeitraum hinweg weiter verbilligen (verteuern) könnte. Das so errechnete KGV hat Prognoserelevanz für künftige Kursentwicklungen, denn in ihm stecken alle zyklischen gesamt- und betriebswirtschaftlichen Entwicklungen der längeren Vergangenheit. Ein weiterer, nicht zu unterschätzender Vorteil des Graham-KGVs ist, dass die für die Berechnung notwendigen Daten zeitnah verfügbar und auch deutlich transparenter sind als immer mit Unsicherheit behaftete Gewinnschätzungen für die Zukunft und aktuelle Kursdaten, die von vielen, nur zeitlich begrenzt auftretenden Entwicklungen beeinflusst sind.

Das Kurs-Cashflow-Verhältnis

Wie im letzten Abschnitt dargestellt, kann der Gewinn eines Unternehmens durch buchhalterische Maßnahmen – ob legal oder kriminell – manipuliert werden. Daher wird bei der Bewertungsanalyse gern auch mit dem Cashflow, also mit den tatsächlich zugeflossenen Finanzmitteln gearbeitet. Das sogenannte Kurs-Cashflow-Verhältnis (KCV) kann dann genauso interpretiert werden wie das KGV. Doch denken Sie daran, dass dabei die gleichen Interpretationsprobleme auftauchen. Wenn Sie also mit Hilfe des KCVs nach günstigen Aktien Ausschau halten, sollten Sie wissen, wie die Zahlen zu „lesen" sind.

Das Kurs-Buchwert-Verhältnis

Unter dem Buchwert versteht man handels- und steuerrechtlich die Anschaffungskosten eines einzelnen Wirtschaftsgutes abzüglich der (handelsrechtlichen) Abschreibungen bzw. der (steuerrechtlichen) Absetzung für Abnutzung (AfA). Dieser Ansatz ist rechtlich vorgegeben und weicht vom „tatsächlichen" Wert eines Wirtschaftsgutes daher in aller Regel ab. Mit Blick auf ein gesamtes Unternehmen bezeichnet der Buchwert den Wert des auf die Unternehmensinhaber entfallenden Eigenkapitals. Hierzu erfolgt die Verminderung aller Aktiva um die Verbindlichkeiten und Sonderposten. In einem alternativen Verfahren werden auch die immateriellen Wirtschaftsgüter wie etwa der Markenwert zusätzlich abgezogen.

Den Buchwert je Aktie können Sie errechnen, indem Sie zuerst das bilanzielle Eigenkapital eines Unternehmens durch die Anzahl der ausgegebenen Aktien teilen. Vereinfacht ausgedrückt, ist das auch der Teil des Eigenkapitals, der auf jeden Unternehmensinhaber, also Aktionär, entfällt. Teilen Sie nun den aktuellen Kurs durch den Buchwert je Aktie, haben Sie das KBV. Für Value-Investoren, die Unternehmen kaufen, die weniger kosten, als sie wert sind, bedeutet ein KBV von weniger als 1 ein klares Kaufsignal, denn der Buchwert je Aktie ist dann höher als der aktuelle Aktienkurs.

Auf den ersten Blick erscheint die Bewertungskennzahl KBV einfach und aussagekräftig. Doch wie beim KGV festgestellt, steckt der Teufel im Detail. Die entscheidende Frage lautet: Zu welchen Preisen werden die Vermögensgegenstände eines Unternehmens bewertet? Zu Anschaffungskosten, wie es handels- und steuerrechtlich vorgeschrieben ist? Oder zu dem Preis, den ein Investor zu zahlen bereit wäre, wenn er ein bestehendes Unternehmen heute kaufen würde? Der beim KBV verwandte Buchwert mit den Anschaffungskosten spiegelt daher nicht unbedingt den tatsächlichen Wert eines Unternehmens wider, sondern den Substanzwert. Er dient als unterste Bewertungsgrenze. Dazu später mehr.

Unternehmenswert im Verhältnis zum Gewinn vor Abzug von Zinsen und Steuern (Ebit)

Bei der Bewertungsfrage der Unternehmen sollten Sie nicht alle Faktoren über einen Kamm scheren. Denn natürlich stellt es einen Unterschied dar, ob Sie sich zum Zweck der Bewertung mit einer Firma beschäftigen, die aufgrund des Geschäftsmodells oder wegen anderer Faktoren kaum Schulden aufweist, oder mit einem Unternehmen, das zeitlich begrenzt oder sogar permanent hohe Schulden hat. Doch beachten Sie dabei bitte: Eine hohe Verschuldung allein muss nicht unbedingt negativ sein. Denken Sie nur an kapitalintensive Branchen wie etwa die Stromversorger oder den Telekommunikationsbereich. Hier müssen die Konzerne viel Geld für Forschung oder innovative Technik investieren, um überhaupt in der Branche bestehen zu können.

Wenn Unternehmen mit hohen Verbindlichkeiten Gewinne erzielen, müssen diese Konzerne anders bewertet werden als Firmen, die kaum Schulden in der Bilanz haben. Dies lässt sich durch das Verhältnis vom Wert des gesamten Unternehmens zu Gewinn vor Abzug von Zinsen und Steuern, kurz Ebit darstellen. In einer Formel ausgedrückt lautet die Kennzahl also:

$$\frac{EV}{Ebit}$$

EV steht für Enterprise Value (Unternehmenswert) und Ebit für „earnings before interest and taxes", das heißt Gewinn vor Zinsen und Steuern. Man betrachtet also den Gewinn, bevor von ihm Zinsen und Steuern bezahlt werden.

Den Unternehmenswert erhalten Sie, indem Sie die Marktkapitalisierung – also den aktuellen Aktienkurs multipliziert mit den ausgegebenen Aktien – nehmen und davon die Barmittel abziehen sowie die Finanzverbindlichkeiten hinzuaddieren. Dem liegt folgende Überlegung zugrunde: Auf der Passivseite der Bilanz befinden sich Fremdkapital und Eigenkapital. Von beiden wird der Marktwert genommen. Der Marktwert des Eigenkapitals ist die Marktkapitalisierung. Die Finanzverbindlichkeiten sind ebenfalls Kapital, welches dem Unternehmen zur Verfügung gestellt wurde, um damit die Aktivseite – also Maschinen, Vorräte, Forderungen usw. zu finanzieren. Die Aktivseite der Bilanz ist also die Seite, die besagt, welche Erträge man erwirtschaften muss. Sie muss letztlich Gewinne zur Befriedigung der Eigenkapitalgeber erwirtschaften sowie auch weitere Erträge, von denen Zinsen bezahlt werden. Die Berücksichtigung der Finanzverbindlichkeiten ist wichtig, denn – wie gesagt – Unternehmen etwa aus den Bereichen Versorgung oder Telekommunikation können ihren normalen Geschäftsbetrieb nur aufrechterhalten, indem sie sich mit Fremdkapital finanzieren.

Die Unternehmensbewertung nach obiger Formel sollten Sie nur für Unternehmen aus sehr kapitalintensiven Branchen verwenden. Vielen Langfristanlegern ist diese Bewertungsmethode allerdings oftmals zu umständlich. Sie gehen daher einfacher vor, um Investments zu suchen, die ihnen regelmäßige Erträge einbringen, und achten bei der Suche nach erfolgversprechenden Aktien schlicht auf eine hohe Dividendenrendite.

Die Dividendenrendite

Dieses Suchverfahren besitzt mehrere Vorteile. Erstens benötigen Sie dafür keinerlei Kenntnisse, wie Bilanzen gelesen werden müssen, und zweitens sind die Angaben, die Sie für die Berechnung der Dividendenrendite brauchen, ganz einfach aus der Tageszeitung oder im Internet zu ermitteln. Bei der Dividendenrendite wird schlicht die gezahlte Dividende, also die jährliche Gewinnausschüttung an die Aktionäre, mit dem aktuellen Aktienkurs verglichen.

Nehmen wir als einfaches Beispiel an, Sie wollten Anfang 2009 in eine solide Aktie aus dem DAX investieren. Bei der Auswahl achteten Sie auf eine möglichst hohe Dividendenrendite, und ihre Wahl fiel auf RWE. Für das Geschäftsjahr 2008 schüttete der Energiekonzern eine Dividende je Aktie von 4,50 Euro aus. RWE-Aktien notierten damals bei 64 Euro, so dass Sie sich ausrechnen konnten: Wenn ich 100 RWE-Aktien kaufe, kostet mich das 6.400 Euro. Pro Aktie erhalte ich aber beim Ausschüttungstermin 4,50 Euro an Dividenden, also 450 Euro. Damit verzinst sich mein investiertes Kapital von 6.400 Euro mit 7 %. Die entsprechende Formel zur Berechnung der Dividendenrendite lautet:

$$Dividendenrendite = \frac{Dividende}{Aktienkurs} \times 100 = \frac{4,50}{64} \times 100 = 7\,\%$$

Wie damals gehört die RWE-Aktie zu den dividendenstärksten Aktien aus dem DAX. Die Suche nach Value-Aktien mit Hilfe der Dividendenrendite ist allerdings nicht immer von Erfolg gekrönt, denn die Weitergabe der Gewinne an die Aktionäre fällt von Unternehmen zu Unternehmen unterschiedlich aus, je nachdem, welche strategischen Ziele das Unternehmen verfolgt. Wenn beispielsweise eine Firma größere Investitionen plant, weil sich das wirtschaftliche Umfeld verbessert hat und daher mit höherer Nachfrage zu rechnen ist, kann es sein, dass ein Teil des Gewinns nicht ausgeschüttet, sondern für diese Investitionen verwendet wird. Entsprechend gering bleibt in diesem Fall die Dividende an die Aktionäre, und entsprechend niedriger ist die Dividendenrendite. Dennoch ist das Unternehmen aus Value-Gesichtspunkten interessant, denn mit den neuen Investitionen kann die Firma kräftig wachsen und so den Grundstein legen für künftige Gewinnsteigerungen. Auch die Dividendenstrategie kann daher nur ein Mosaikstein bei der Suche nach Value-Aktien sein. Und sie erfordert vom Investor ebenfalls ein gewisses Maß an wirtschaftlichem Denken, um die Dividendenzahlungen „richtig" zu interpretieren.

Dennoch zeigten Untersuchungen, dass sich dividendenstarke Unternehmen auch an den Aktienmärkten durchsetzen. So machte der amerikanische Vermögensverwalter Michael O'Higgins die Dividendenstrategie in seinem Anfang der 1990er Jahre erschienenen Buch *Beating the Dow* (etwa: „Schlag den Dow Jones") populär. O'Higgins zeigte, dass man mit den jeweils zehn dividendenstärksten Aktien aus dem Dow Jones von 1973 bis 1991 eine Gesamtrendite von 1.753 % erreicht hätte, während der Dow Jones selbst in diesem Zeitraum nur um 560 % zulegte. Die O'Higgins-Strategie wäre auch beim DAX erfolgreich gewesen, wie eine Studie erwies, die ich gemeinsam mit meinem Kollegen Stefan Kotkamp im Jahr 2001 veröffentlichte. Wir untersuchten dabei den Zeitraum 1961 bis 1998 und wählten jedes Jahr aufs Neue die dividendenstärksten Werte aus dem DAX. Damit ließen sich gegenüber dem Index Überrenditen von bis zu 4 % jährlich erzielen. Zwar bringen alle Strategien, mit denen Sie mechanisch mit nur einer Bewertungskennzahl nach günstigen Aktien suchen, nicht in jedem Jahr bessere Ergebnisse als der Schnitt der Aktien, doch in der Regel überwiegen die Phasen, wo Sie Überrenditen gegenüber dem Gesamtmarkt erzielen können. Mit der von mir untersuchten Dividendenstrategie wären Sie in zwei Drittel der untersuchten 28 Jahre besser gewesen als der DAX.

Ich selber habe zusammen mit Stefan Kotkamp in einer Studie für die Zeitschrift *Geld und Kredit* nachgewiesen, dass Dividendenstrategien auch in Deutschland seit dem Jahr 1960 Überrenditen von 3 bis 4 % über die normale Marktrendite hinaus erbringen.

Die Suche nach dividendenstarken Unternehmen, die Anlegern mit relativ sicheren und regelmäßigen Ausschüttungen Extraerträge bringen, hat aber eigentlich nichts mit Value-Investing zu tun. Als Value-Investor müssten Sie dann schon verschiedene Strategien kombinieren. Etwa, indem Sie die Dividendenperlen heraussuchen und unter diesen Aktien wiederum in die am geringsten bewerteten investieren.

Wenden Sie diese Methode doch einmal auf die 30 Aktien im deutschen Leitindex DAX an. Dazu suchen Sie sich die zehn Aktien mit der höchsten Dividendenrendite und die zehn Werte mit dem niedrigsten KGV heraus und tragen sie in zwei Spalten einer Tabelle ein. Eine Übersicht über diese Kennzahlen finden Sie relativ einfach in einschlägigen Finanzzeitungen oder Finanzportalen im Internet. Dann schauen Sie, welche Aktien in beiden Tabellenspalten vorkommen. In der Schnittmenge befinden sich fünf Aktien, die aus Bewertungs- und Ertragsgesichtspunkten sehr vielversprechend sind (siehe Abbildung 4.8).

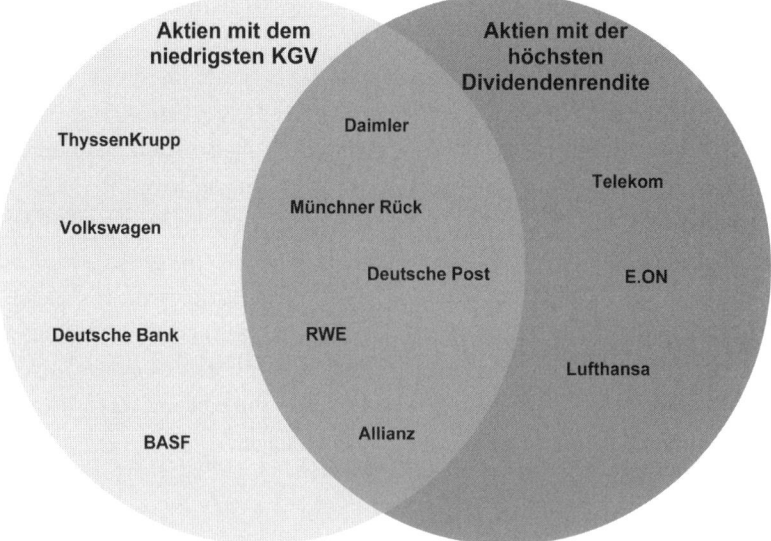

Abbildung 4.8: Die fünf DAX-Aktien mit der höchsten Dividendenrendite und dem niedrigsten KGV (Stand: Ende November 2011; Quelle: boerse-online.de, eigene Berechnungen).

Aus der Schnittmenge hielten wir im November 2011 im PI Global Value Fund mit RWE und Münchner Rück zwei Aktien. Aber dazu mehr in den folgenden Kapiteln.

Warren Buffett, der bei Graham studiert hat, geht bei seinen Investments noch rigoroser vor. Seine Maxime lautet: „Reich wird, wer in Unternehmen investiert, die weniger kosten, als sie wert sind." Was aus dem Mund der Investorenlegende so einfach und gleichzeitig bestechend überzeugend klingt, bedeutet jedoch jede Menge Arbeit. Denn um den tatsächlichen oder inneren Wert eines Unternehmens herauszufinden, reicht es nicht, sich einfach nur das KGV oder das KCV anzusehen.

Der innere oder faire Wert eines Unternehmens

In der Literatur zum Thema Value-Investing werden Sie immer wieder über den Begriff „innerer Wert" stolpern. Wenn Warren Buffett davon spricht, dass er nur Unternehmen kauft, die weniger kosten, als sie wert sind, meint er damit auch diesen inneren Wert. Leider hat Buffett nie genau dargelegt, wie er den inneren Wert ermittelt. Das ist so pauschal vermutlich auch nicht möglich, denn es gibt viele Analysewege und -ansätze. Der Begriff „innerer Wert" hängt mit dem Wort „intrinsisch" zusammen, das so viel bedeutet wie „inwendig", „nach innen gewendet" oder „von innen her kommend". Intrinsische Eigenschaften gehören zu einem Gegenstand oder einem Menschen selbst und machen ihn zu dem, was er ist. Sie sind äußerlich nicht erkennbar und daher versteckt.

Substanzwert oder Ertragswert

Sie sehen, schon allein diese Definition macht es so schwer, den Begriff „innerer Wert" genau zu definieren. Die Unternehmensbewertung nähert sich dem inneren Wert an, indem sie unterschiedliche Analyseverfahren verwendet, aber letztlich gibt es nur zwei Möglichkeiten, den inneren Wert eines Unternehmens zu ermitteln: die Bewertung der Substanz oder die Bewertung des Ertrags. Bei der Ermittlung des Substanzwertes eines Unternehmens werden alle Vermögensgegenstände eines Unternehmens bewertet, beim Ertragswert handelt es sich um die Summe der aktuellen und der – abgezinsten – künftigen Erträge eines Unternehmens. Der Substanzwert bildet sozusagen eine Bewertungsuntergrenze für Unternehmen. Zum Verständnis ein ganz einfaches Beispiel.

Bekannte von mir planten vor einigen Jahren, ein kleines Café im Erdgeschoss ihres geerbten Hauses direkt am Marktplatz zu eröffnen. Die ersten Fragen, die sie sich stellten, lauteten: Welche Geräte, Möbel und sonstige Ausstattungen brauchen wir? Sie schauten sich also nach professionellen Kaffeemaschinen um und verschafften sich einen Überblick, was gute und gemütliche Stühle, Tische und Beleuchtung kosten. Außerdem sollte es noch eine schöne Bar geben, eine tolle Vitrine als Kuchentheke und natürlich elegantes Geschirr. Alles in allem benötigten sie dafür ein Kapital von 150.000 Euro. Nachdem sie in den vergangenen Jahren fleißig gespart hatten, konnten sie den größten Teil mit Eigenkapital finanzieren und mussten nur einen Kredit von 30.000 Euro aufnehmen, um das Café einzurichten.

Um den Substanzwert, auch Nettoinventarwert oder Net Asset Value (NAV) genannt, des kleinen Cafés zu ermitteln, muss man also einfach den Wert aller Vermögensgegenstände im Café zusammenzählen und davon die Verbindlichkeiten abziehen. Der Substanzwert beträgt also 120.000 Euro und ist damit gleich dem Eigenkapital, das meine Bekannten in das Café gesteckt haben. Im Fall eines großen Konzerns erfolgt die Ermittlung des Substanzwertes im Prinzip auf die gleiche Vorgehensweise, ist nur erheblich umfangreicher. Denn das in der Bilanz ermittelte Eigenkapital kann ganz legal mit unterschiedlicher Bilanzpolitik und Wahlrechten verändert werden, so dass es vom tatsächlichen Eigenkapital erheblich abweicht. Außerdem werden in Unternehmensbilanzen Vermögenswerte wie etwa Forschung und Entwicklung, Vertriebsorganisation oder Markenwerte, die heutzutage enorm wichtig sind, kaum abgebildet. Näherungsweise können Sie aber dennoch den Buchwert, also das Eigenkapital je Aktie, heranziehen, um damit den Unterschied zur Börsenbewertung und damit eine mögliche Über- oder Unterbewertung eines Unternehmens festzustellen.

Die zweite Möglichkeit der Unternehmensbewertung ist, wie gesagt, die Ermittlung des Ertragswerts. Dazu noch einmal zurück zu meinen Bekannten. Natürlich haben sie sich Gedanken darüber gemacht, ob es sich überhaupt lohnt, ein Café zu eröffnen. Aber sie wussten aus eigener Erfahrung und aus Gesprächen mit anderen Leuten, dass es toll wäre, wenn es hier ein nettes kleines Café gäbe, weil ein solches im Umkreis von mehreren Kilometern fehlte. Nachdem sie keine Personalkosten hatten – meine Bekannten wollten alles in Eigenregie machen –, mussten sie nur noch in Erfahrung bringen, was der Bezug des Kaffees, der Torten und des Gebäcks kosten und wie hoch die Stromrechnung ausfallen würde. Im nächsten Schritt achteten sie darauf, dass nach Abzug aller „Produktionskosten" und der Zinsen für den Kredit genug übrig blieb, um davon zu leben, und natürlich sollte unterm Strich auch ein kleiner Gewinn stehen. Der Plan war, innerhalb eines Jahres einen Gewinn von 20.000 Euro zu erzielen. Dafür war – nach Ermittlung aller Kosten – ein Jahresumsatz von 200.000 Euro nötig. Oder anders gesagt: Setzen wir einen Multiplikator von 10 an, wären wir wieder bei einem Umsatz von 200.000 – dem Ertragswert des Cafés. Nehmen wir einen Multiplikator von 15, erhöht sich der Ertragswert auf 300.000 Euro.

$$V \ (Wert) = U \ (Umsatz) - K \ (Kosten)$$
$$= G \ (Gewinne) \times M \ (Multiplikator)$$

Wie Sie leicht feststellen können, unterliegt die Ertragswertmethode aber einigen Unsicherheitsfaktoren. Erstens weiß man nie, wie sich die Gewinne entwickeln, und zweitens sind die Gewinne in ferner Zukunft viel unsicherer als diejenigen vom nächsten oder übernächsten Jahr. Daher müssen bei der Ertragswertermittlung die künftigen Erträge abgezinst werden – aber zu welchem Zinssatz? Und was heißt eigentlich „abzinsen"?

Was bedeutet Abzinsung?

Wenn Sie schon einmal einen Bankkredit aufgenommen haben, werden Sie festgestellt haben, dass Sie für einen Jahreskredit weniger Zinsen zahlen müssen als für einen Kredit, den Sie erst in zwei oder drei Jahren zurückzahlen müssen. Je länger die Laufzeit des Darlehens, desto höher in der Regel auch der Zinssatz. Eigentlich könnten der Zinssatz ja immer gleich bleiben, denn die Bank hat ohnehin mehr Zinseinnahmen, je länger der Kredit läuft. Die Bank denkt jedoch anders. Für sie ist der zunehmende Zinssatz der Preis für das erhöhte Risiko. Denn normalerweise ist es absehbar, dass ein Kredit innerhalb eines Jahres zurückgezahlt werden kann. Ist der Kredit aber erst in fünf Jahren fällig, kann dazwischen viel geschehen. Sie werden krank und können nicht mehr so viel arbeiten. Oder die Marktzinsen steigen rapide an, und die Bank könnte das Geld, welches sie Ihnen geliehen hat, jetzt wesentlich rentabler verleihen.

Bei der Abzinsung von künftigen Erträgen verhält es sich genauso, nur mit umgekehrten Vorzeichen. Wenn Gewinne prognostiziert werden sollen, die erst in fünf Jahren anfallen, ist die Gefahr, sich zu verkalkulieren, wesentlich größer, als wenn nur der Gewinn im nächsten Jahr geschätzt werden soll. Aufgrund dieses „Prognoserisikos" sind die tatsächlichen Gewinne in fünf Jahren mehr wert als die Gewinne im nächsten Jahr. Um beide Gewinne dennoch vergleichen zu können, werden die künftigen Gewinne „abgezinst". Ein einfaches Rechenbeispiel verdeutlicht dies: Stellen Sie sich vor, Sie leihen einem Bekannten 10.000 Euro für fünf Jahre. Sie wissen, wenn Sie das Geld selbst fünf Jahre anlegen, erhalten Sie dafür 5 % Zinsen und haben am Ende inklusive Zinseszinsen 12.670 Euro. Also verlangen Sie bei der Vergabe des Privatkredits ebenfalls 5 % Zinsen. Ihre verliehenen 10.000 Euro sind also in fünf Jahren 12.670 Euro wert. Oder anders ausgedrückt: Die 12.670 Euro in fünf Jahren haben einen aktuellen – abgezinsten – Wert von 10.000 Euro. Bei diesem Beispiel war die Wahl des Zinssatzes einfach, denn er wurde von den Marktzinsen mit 5 % vorgegeben.

Bei der Abzinsung künftiger Erträge von Unternehmen müssen Sie bei der Wahl des Abzinsungsfaktors mehrere Aspekte berücksichtigen, je nachdem, um welche Art von Unternehmen es sich handelt beziehungsweise in welcher Branche das Unternehmen tätig ist. So gibt es Wirtschaftsbereiche, in denen sich kontinuierlich Jahr für Jahr Gewinne erzielen lassen, und andere, in denen die Gewinnentwicklung stark schwankt. Diese Einflüsse bei der Ermittlung des Ertragswertes müssen genauso berücksichtigt werden wie etwa die Marktstellung eines Unternehmens. Handelt es sich dabei um einen Marktführer mit entsprechend bekannten Markennamen sind die Gewinne in der Zukunft um einiges sicherer als bei Unternehmen, die in hartem Wettbewerb stehen.

Kurz: Dient der Ertragswert als Kriterium zur Ermittlung des Unternehmenswertes, ist das mit mehr Unsicherheit behaftet als die Ermittlung mithilfe des Substanzwertes. Allerdings darf in der Regel der Ertragswert höher angesetzt werden als der Substanzwert.

Der zukünftige Ertragswert

Kommen wir noch einmal zurück auf das Café meiner Bekannten. Das Geschäft läuft erstklassig, denn sie haben keinerlei ernst zu nehmende Konkurrenz, die Qualität des Kaffees spricht sich schnell herum, und seit Jahren bleibt ein Jahresgewinn von 40.000 Euro in den Kassen. Aber meine Bekannten haben sich entschlossen, aus privaten Gründen wegzuziehen, und suchen einen Käufer für das Café. Als Kaufsumme fordern sie 200.000 Euro. Nehmen wir jetzt an, Sie seien interessiert und könnten die Kaufsumme sogar bar von Ihrem Ersparten bezahlen, das Sie bisher zu einem Zinssatz von 6 % angelegt haben. Sie stellen folgende Überlegung an: Welchen Ertragswert hätte das Café auf Sicht von zehn Jahren, wenn die Gewinne weiterhin so sprudeln wie bisher?

40.000 Euro Gewinn im laufenden Jahr sind so gut wie sicher. Doch wie sieht es in der Zukunft aus? Sollte das Café tatsächlich in jedem Jahr einen Gewinn von 40.000 Euro abwerfen, würde der Gesamtgewinn nach zehn Jahren 400.000 Euro betragen. Doch bedenken Sie: Je weiter der erwartete Gewinn in de Zukunft liegt, umso unsicherer wird er. Denn es kann sich ja einiges ändern. Vielleicht kommt doch noch jemand auf die Idee, ein weiteres Café gleich um die Ecke zu eröffnen? Dann wäre die Monopolstellung dahin, und unter Umständen verringert sich der Jahresgewinn. Oder Sie können sich wegen Krankheit eine Zeit lang nicht mehr selbst um das Café kümmern, und das Fremdpersonal ist weniger engagiert und motiviert als Sie. Auch dann könnte es zwischenzeitlich zu einer Verringerung des Gewinns kommen. Um auf Nummer sicher zu gehen, müssen Sie die künftigen Gewinne abdiskontieren. Als Zinssatz nehmen Sie die Rendite, die Sie bisher mit Ihrem Kapital von 200.000 Euro jährlich erwirtschaften, also 6 %. Die Formel für den Abdiskontierungsfaktor für einen Zeitraum von zehn Jahren lautet:

$$\frac{100}{(1+r)} + \frac{100}{(1+r)^2} + \frac{100}{(1+r)^3} + \frac{100}{(1+r)^4} + \frac{100}{(1+r)^5} + \frac{100}{(1+r)^6} + \frac{100}{(1+r)^7} + \frac{100}{(1+r)^8} + \frac{100}{(1+r)^9} + \frac{100}{(1+r)^{10}}$$

wobei gilt: r = Zinssatz (hier 6 %)

Diesen Unsicherheitsfaktoren trägt die Abdiskontierung Rechnung. Der erwartete Gesamtgewinn von 400.000 Euro weist nach der Abdiskontierung „nur" noch einen Gegenwartswert von 223.363 Euro auf. Der so ermittelte Ertragswert des Cafés liegt aber höher als die Kaufsumme von 200.000 Euro, die aktuell verlangt wird. Das Ergebnis ist eindeutig: Das Café ist unterbewertet, und als „Langfristwirt" lohnt es sich für Sie, das Café zu übernehmen.

Value-Investoren stellen im Prinzip die gleichen Überlegungen an und ermitteln auf die gleiche Weise den Ertragswert eines Unternehmens. Aber wie schon oben erwähnt, sollten Sie nur dann nach dem Ertragswertverfahren vorgehen, wenn davon auszugehen ist, dass ein Unternehmen wie bereits in der Vergangenheit auch in Zukunft regelmäßig Gewinne erzielen kann. Sie können natürlich jetzt einwenden, die Börse honoriert mit kräftig steigenden Aktienkursen doch nur Unternehmen, die Quartal für Quartal und Geschäftsjahr für Geschäftsjahr Gewinnsteigerungen aufweisen. Auf den ersten Blick – und vor allem kurzfristig – stimmt das, aber wie Sie wissen, reagiert die Börse meist über. Wie viele Unternehmen hat es schon gegeben, die eine Zeit lang sagenhafte Gewinnsteigerungen gemeldet und deren Aktienkurse danach regelmäßig Luftsprünge gemacht haben? Aber mindestens genauso regelmäßig sackten die Notierungen wieder in den Keller, wenn die „gewohnten" 15 oder 20 % Gewinnsteigerung ausblieben. Und das kann schneller gehen als gedacht. Denn bedenken Sie: Wenn Konzerne ein dermaßen üppiges Gewinnwachstum aufweisen, lockt das Wettbewerber an, die von den offensichtlichen Renditechancen in einer Region oder einer Branche profitieren wollen. Auf Dauer wird es dann immer schwieriger, die hohe Ertragsdynamik aufrechtzuerhalten. Der Kuchen, der verteilt wird, bleibt zwar genauso groß, aber immer mehr wollen ein Stück davon.

Insofern sind Value-Investoren „langweilige" Branchen lieber, in denen die Verteilungskämpfe weitestgehend abgeschlossen sind und sich Unternehmen nicht mehr mit ruinösen Preiskämpfen Marktanteile abzujagen versuchen. Die Gewinne, die in solchen Branchen erzielt werden, sind auf Dauer bei weitem sicherer. In Kapitel 3 haben Sie ja schon die Formel kennengelernt, wie ein Unternehmen, das nicht mehr wächst, sondern regelmäßig gleich hohe Gewinne abwirft, bewertet wird. Denn bei den Erträgen solcher Unternehmen handelt es sich um eine unendlich gleichbleibende Reihe von Gewinnzahlungen, deren Gegenwartswert „V" (Value = Wert) gleichbedeutend ist mit einer „ewigen Rente":

$$V = G \times \frac{1}{r}$$

wobei G = Gewinn, r = Zinssatz. Die Höhe des Zinssatzes „r" ist individuell verschieden: In dem Café-Beispiel handelte es sich um die Rendite von 6 %, die Sie erzielen, wenn Sie Ihr Kapital nicht für den Kauf des Cafés verwenden, sondern es so angelegt lassen wie bisher. Bei der Unternehmensbewertung bezeichnet „r" die Kapitalkosten oder, anders ausgedrückt, die Zinsen, die für das Kapital aufgebracht werden müssen, welches das Unternehmen am Laufen hält.

Zur Ermittlung des Gewinns G in der Formel haben sich zahlreiche Verfahren herausgebildet. Darauf möchte ich hier nicht im Einzelnen eingehen, denn das würde vom eigentlichen Thema dieses Buches wegführen.

Hier soll es ja darum gehen, wie ein Unternehmen bewertet ist, damit Sie erkennen können, ob ein langfristiger Einstieg erfolgversprechend ist. Es reicht in den meisten Fällen, wenn Sie den ausgewiesenen Jahresgewinn als Grundlage nehmen, der sich auch am schnellsten recherchieren lässt. Denn dafür müssen Sie nur das KGV einer Aktie wissen.

Betrachten wir als Beispiel die Aktie des weltweit größten Lebensmittel-konzerns Nestlé. Sie notierte Mitte Oktober 2011 bei 50 Schweizer Franken. Das KGV auf Basis des Gewinns aus dem Jahr 2010 lag bei 16. Wenn Sie also jetzt den Kurs von 50 Franken durch das KGV von 16 teilen, kommen Sie auf einen Gewinn je Aktie von 3,12 Euro im Jahr 2010. Für Nestlé würde der Faktor „G" also 3,12 betragen. Angenommen die Kapitalkosten von Nestlé beliefen sich auf 8 % im Jahr, dann wäre der Faktor „r" 0,08 (= 8/100). Setzen Sie nun diese Werte in die obige Formel für den Ertragswert „V" ein:

$$V = G \times \frac{1}{r} = 3,12 \times \frac{1}{0,08} = 3,12 \times 12,5 = 39$$

Das heißt, der Ertragswert von Nestlé je Aktie liegt bei 39, wogegen die Aktie an der Börse im Oktober 2011 bei 50 notierte und somit überbewertet war. Aber ist diese Rechnung wirklich richtig? Das herangezogene KGV von 16 ist ja nur eine Momentaufnahme, nämlich der 2011er-Gewinn, geteilt durch den aktuellen Kurs. Außerdem wurde – ausgehend von der Formel für die „ewige Rente" – unterstellt, dass Nestlé nicht wächst, der Gewinn also in jedem Jahr gleich bleibt und damit immer der Faktor „(1 / r)" gilt. Das ist erwiesenermaßen nicht der Fall – im Gegenteil. Damit ist Nestlé wahrscheinlich mehr wert als die hier per Faustformel ermittelten 39 Franken.

Exkurs: Die Bewertung von Wachstum nach Benjamin Graham

Benjamin Graham, der Urvater der Value-Investoren, bewertete Wachstumsunternehmen mit der folgenden Formel:

$$V = GpA \times (8,5 + 2g)$$

wobei „V"der innere Wert der Aktie, „GpA" die Gewinne je Aktie und „g"
die Wachstumsrate der Gewinne ist.

Langfristig zählt der Multiplikator

Nun haben sich die Zeiten seit Benjamin Graham geändert, die Märkte
sind volatiler geworden, die Wirtschaft ist globalisiert, und es gibt Unternehmen, die sich diesen Herausforderungen besser und schlechter stellen.
Es gilt daher, genauer auf die unterschiedlichen Wachstumsdynamiken
einzugehen. Doch an der Graham'schen Formel oder dem Multiplikator, mit dem das Gewinnwachstum in die Unternehmensbewertung ein-
fließt, hat sich wenig geändert. Denn der Wert von 8,5 als Multiplikator
entspricht einer Marktrentabilität von rund 12 % (100 geteilt durch 8,5 ist
11,76).

Kommt Ihnen diese Zahl, wenngleich nicht exakt gleich, bekannt vor?
Richtig, bereits in Kapitel 1 habe ich dargelegt, dass der DAX in der Zeit
von 1948 bis 2010 im Schnitt eine jährliche Rendite von 11,6 % erzielt hat.
Dennoch erlauben Unternehmen mit einer stärkeren Wachstumsdynamik
eine höhere Bewertung als Unternehmen, die auf einem gesättigten Markt
tätig sind. Erst wenn Sie diese Unterschiede bei der Unternehmensbewertung einfließen lassen, werden Sie zu einem erfolgreichen Value-Investor.

Wir müssen also die unterschiedliche Wachstumsdynamik in die Unternehmensbewertung einbauen, um entsprechend darauf reagieren zu kön-

nen, ob ein Unternehmen zum Beispiel genauso schnell wächst wie die allgemeine Wirtschaft oder ob es in Branchen tätig ist, die eine höhere oder niedrigere Gewinndynamik nach sich zieht. Auch Inflationserwartungen können Sie so berücksichtigen. Nehmen wir dazu noch einmal die Formel für die ewige Rente:

$$V = G \times \frac{1}{r}$$

Der Faktor „r" steht für die Kapitalkosten, welche ein Unternehmen regelmäßig aufzubringen hat. Angenommen, diese belaufen sich auf 8 % des Eigenkapitals in Höhe von 10 Millionen Euro, also 800.000 Euro. Das bedeutet, dass der Unternehmenswert um jährlich 800.000 Euro geschmälert wird, sofern der jährliche Gewinn stets gleich hoch ausfällt, das Unternehmen also nicht wächst. Nehmen wir weiter an, dass das Unternehmen ein neues Produkt auf den Markt bringt, das so innovativ und einzigartig ist, dass die Gewinne künftig jedes Jahr um 2 % zulegen können. Das bedeutet, dass mit dem zusätzlichen Gewinn jedes Jahr ein Teil der Kapitalkosten finanziert wird und daher der Unternehmenswert weniger stark geschmälert wird. In der Formel lässt sich das folgendermaßen ausdrücken:

$$V = G \times \frac{1}{r - g}$$

wobei „g" für die jährliche Wachstumsrate des Unternehmens beziehungsweise des Unternehmensgewinns steht. Die Bedingung für diese Formel ist, dass gilt: r > g.

Ab einem Multiplikator von 20 wird diese Formel allerdings schnell ungenau, das heißt: Dass r − g immer noch mindestens bei 0,05 liegen sollte.

Beispielrechnung: Der Unternehmenswert von Nestlé

Kommen wir noch einmal auf die beispielhafte Berechnung des Unternehmenswerts von Nestlé zurück. Bei einem Nullwachstum der Gewinne attestierten wir dem Konzern einen Ertragswert von 39. Nehmen wir an, Nestlé wächst mit durchschnittlich 3 % im Jahr und hat weiterhin Kapitalkosten in Höhe von 8 %. Dann würde sich der Ertragswert wie folgt ändern:

$$V = 3,12 \times \frac{1}{0,08 - 0,03} = 3,12 \times \frac{1}{0,05} = 3,12 \times 20 = 62,4$$

Sie sehen, der Ertragswert hat sich schlagartig von 39 auf 62,4 Euro erhöht. Der Börsenkurs der Nestlé-Aktie von 50 deutet also auf eine deutliche Unterbewertung hin. Das entscheidende Kriterium bei der Unternehmensbewertung von wachsenden Firmen ist also der Multiplikator:

$$M = \frac{1}{r - g}$$

Wichtig ist, welche Größen für „r" und „g", also für die durchschnittlichen Kapitalkosten beziehungsweise für die durchschnittlichen Wachstumsraten herangezogen werden. Für diese beiden Variablen gibt es unterschiedliche „Erfahrungswerte", je nachdem, ob es sich bei den Unternehmen um Firmen mit stabilem Wachstum handelt oder um zyklische Unternehmen.

Über die Variable „r" sind ganze wissenschaftliche Abhandlungen geschrieben worden. Warren Buffett etwa setzt dafür die Rendite zehnjähriger US-Staatsanleihen an, die historisch zwischen 5 und 7 % geschwankt ist. In Zeiten, in denen die Rendite besonders niedrig ist, wie z. B. 2012 mit 2 %, schlägt er einfach einige Prozentpunkte drauf, um den Wert zu normalisieren. Um auf Nummer sicher zu gehen, sollten Sie bei normalen Unternehmen, wie Sie etwa BMW oder Allianz darstellen, Kapitalkosten von 10 % ansetzen. Dann würde die Variable „r" also bei 0,1 liegen. Unternehmen, deren Gewinne stärker von Konjunkturschwankungen abhängen, müssen in der Regel mehr Zinsen für neues Kapital aufbringen, mit dem sie Investitionen in ihr Geschäft finanzieren. Denn diese Zinsen sind als „Risikoprämie" zu sehen, die die Bank bei der Vergabe von Krediten verlangt. Und je höher das Geschäftsrisiko (oder je unsicherer die Ertragserwartungen) sind, umso höher fällt diese Risikoprämie aus. Deshalb muss bei solchen Unternehmen ein höherer Wert für „r" angesetzt werden. Bei Kapitalkosten von 12 % liegt „r" also bei 0,12.

Buffett sieht Aktien als eine spezielle Art von Anleihen, bei denen Sie von den Zinserträgen und der Rückzahlung am Ende der Laufzeit profitieren. Auch bei Aktien erhalten Sie Erträge in Form von Dividenden und den jährlichen Gewinnen, die wiederum den Wert des Unternehmens und damit den Wert der Aktie erhöhen, den Sie bei deren Verkauf erhalten. Doch anders als bei Anleihen schwanken bei Unternehmen die Dividendenzahlungen und die Gewinne. Das Gewinnwachstum wird mit der Variablen „g" berücksichtigt. Aber wer kann schon fünf oder zehn Jahre vorausblicken, um das durchschnittliche erwartete Gewinnwachstum eines Unternehmens zu ermitteln? Also sollten Sie hier mit Hilfswerten arbeiten, die sich in der Vergangenheit als realistisch erwiesen haben. Entweder nehmen Sie die durchschnittliche Inflationsrate der Vergangenheit, denn um diesen Prozentsatz sollten die Gewinne eines Unternehmens mindestens zulegen können. Oder Sie wählen für „g" die Wachstumsraten der Gesamtwirtschaft.

Stellen Sie sich ein Unternehmen vor, das aufgrund seiner Marktmacht und seiner gefragten Produkte langfristig genauso wachsen kann wie die Gesamtwirtschaft – beispielsweise mit 3 %. Gleichzeitig belaufen sich die Kapitalkosten dieses Unternehmens auf 10 % im Jahr. Dann errechnet sich der Multiplikator M wie folgt:

$$M = \frac{1}{r - g} = \frac{1}{0,1 - 0,03} = 14,3$$

Für die Ermittlung des inneren Wert des Unternehmens nach der Formel

$$V = G \times \frac{1}{r-g} \ oder \ G \times M$$

haben wir die Variable M (= 14,3) errechnet. Nun gilt es, den richtigen Wert für G (= Gewinn) zu ermitteln.

Natürlich wäre es am einfachsten, wenn Sie von dem zuletzt ausgewiesenen Gewinn ausgehen könnten. Aber – und das vergessen die meisten Anleger – Gewinne können auch bei grundsoliden Unternehmen manchmal kräftig schwanken. Nehmen wir zur Verdeutlichung erneut das Beispiel Nestlé (siehe Abbildung 4.9).

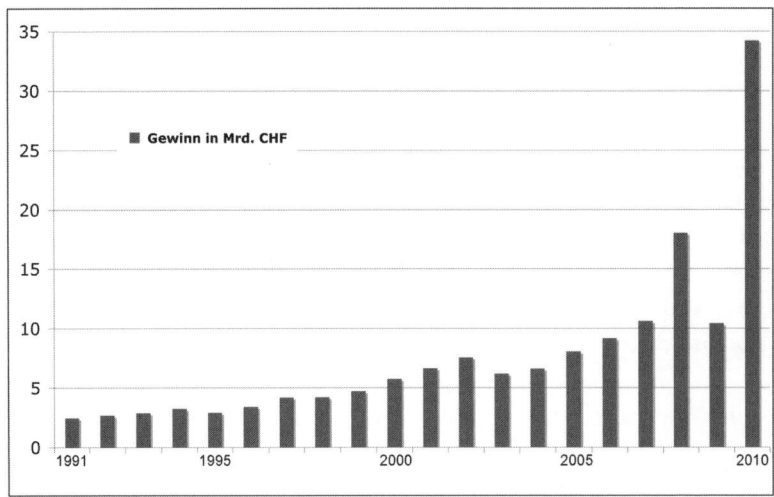

Abbildung 4.9: Entwicklung des Jahresgewinns von Nestlé von 1991 bis 2000 (Quelle: Unternehmensangaben).

Wie Sie sehen, konnte der Schweizer Lebensmittel-Multi in den vergangenen 20 Jahren seinen Jahresgewinn kontinuierlich steigern. Allerdings gab es seit 2008 erhebliche Ausschläge nach oben wie nach unten. Diese enormen Schwankungen des Gewinns sind auf zwei Sonderfaktoren zurückzuführen. Im Jahr 2008 verkaufte Nestlé rund ein Viertel seiner Anteile am Augenheilmittelhersteller Alcon an Novartis. Dieser Verkauf spülte rund 6 Milliarden Schweizer Franken in die Kassen von Nestlé. Im Jahr 2010 verkaufte der Konzern dann die restlichen Alcon-Anteile an Novartis, was sich erneut in einer außergewöhnlich hohen Gewinnsteigerung niederschlug.

Wenn Sie also den 2010er-Gewinn von Nestlé (34,2 Milliarden Franken) zur Ermittlung des inneren Werts heranziehen würden, ergäbe das aufgrund des Sondererlöses durch den Verkauf der Beteiligung ein verfälschtes Bild der wahren Ertragsentwicklung des Unternehmens. Und selbst, wenn Sie bei der Ermittlung des durchschnittlichen Gewinns von Nestlé nur die Jahre seit 2005 berücksichtigen, kommen Sie auf einen durchschnittlichen Gewinn von 16,5 Milliarden Franken. Darin enthalten sind jedoch die Extremschwankungen in den Jahren 2007 bis 2010.

Aussagekräftiger und realistischer wird die Betrachtung der Gewinnentwicklung, wenn Sie mehrere Jahre zurückgehen. Wenn Sie die Veränderung des Jahresgewinns seit dem Jahr 2000 berechnen, kommen Sie auf einen durchschnittlichen Gewinn von 11,2 Milliarden Franken beziehungsweise auf einen durchschnittlichen Gewinn je Aktie von 3,20 Franken. Jetzt können Sie den inneren Wert ermitteln, indem Sie die Werte in die Formel wie folgt einsetzen:

$$V = G \times M = 3,2 \times 14,3 = 45,76$$

Der innere Wert von Nestlé pro Aktie beträgt damit 45,76 Franken. An der Börse notierte die Nestlé-Aktie Ende November mit 50 Franken. Nestlé war also – nimmt man den inneren Wert als Maßstab – um 9,2 % leicht überbewertet. Gerade bei Topunternehmen wie Nestlé sollte man allerdings eine leichte Überbewertung noch nicht als Verkaufssignal verstehen.

Bei der Suche nach unterbewerteten Unternehmen und somit echten Value-Aktien benutzen wir im PI Global Value Fund ebenfalls den Multiplikator M. Allerdings unterscheiden wir bei der Auswahl zwischen „normalen" Unternehmen und sogenannten „Buffet-Unternehmen". Wo die Unterschiede dieser beiden Unternehmenskategorien liegen und wie sich der Suchprozess und die Bewertung dabei unterscheiden, lesen Sie in den beiden nächsten Kapiteln.

Stichwörter zu Kapitel 4

Eigener Kompetenzbereich

Unterbewertete Branchen, Regionen, Unternehmen

Unternehmensführung und -strategie

Managementvergütung

Unternehmensbewertung

Cashflow

Kurs-Gewinn-Verhältnis

Kurs-Cashflow-Verhältnis

Kurs-Buchwert-Verhältnis

Ebit

Dividendenrendite

Substanzwert und Ertragswert

Abzinsung

Abdiskontierung

Wachstumsdynamik

5. Buffett-Unternehmen – suchen und bewerten

Um was es geht

Die bisherigen Kapitel haben Ihnen das Rüstzeug geliefert, um ein erfolgreicher Value-Investor zu werden. Jetzt gilt es, die Theorie in die Praxis umzusetzen. Der erste Schritt: Finden Sie gute Value-Unternehmen. Keine Angst, der Suchprozess gestaltet sich nicht so schwierig wie befürchtet, denn einen ersten Anhaltspunkt geben schon der gesunde Menschenverstand und Aufmerksamkeit gegenüber den alltäglichen Geschehnissen. Zur Untermauerung der so gewonnenen „Kandidaten" dienen einige quantitative Kriterien, die sich aus der Bilanz entnehmen lassen. Das Handwerkszeug dafür haben Sie bereits in den vergangenen Kapiteln kennengelernt. Und schießlich heißt es „nur" noch, festzustellen, wie die ins Auge gefassten Unternehmen aktuell bewertet sind. Dazu müssen wir zwar erneut ein wenig in die Bilanzen einsteigen, aber die Mühe wird sich lohnen: Sie werden schnell merken, dass es ein paar einfache Tricks gibt, um den „fairen" Wert der Unternehmen zu berechnen. Und dann sind Sie in der Lage, wirklich zu beurteilen, ob die potenziellen Value-Aktien über- oder unterbewertet sind. Nach der nüchternen Unternehmensbewertung finden Sie für jedes Unternehmen entsprechende Grafiken, in denen der Aktienkurs und der faire Wert gegenübergestellt sind. Sie werden staunen!

In meiner langjährigen Erfahrung an den Börsen und als Value-Investor habe ich festgestellt, dass es zwei Arten von Unternehmen gibt, die sich als Value-Investments eignen. Die einen nenne ich „normale" Unternehmen, die anderen sind noch einen Tick besser, nennen wir sie „Buffett-Unternehmen". Buffett-Unternehmen deshalb, weil die Investorenlegende als einer der ersten das langfristige Potenzial von Unternehmen erkannt hat, die – warum auch immer – keinen Wettbewerb zu befürchten haben. Buffett nennt diese Unternehmen Franchise-Unternehmen. Sie kennen den Begriff „Franchise" aus dem Alltag: Beispielsweise schenkt ein Lokal nur eine Sorte Bier aus, bekommt dafür aber von der Brauerei die Einrichtung gestellt. Die Brauerei ist damit der Franchise-Geber, der Wirt der Franchise-Nehmer. Typische Franchise-Unternehmen waren früher zum Beispiel Konzerne, die quasi im Auftrag des Staates die Stromversorgung übernahmen, denn Energie stellte – zumindest früher – ein sogenanntes „öffentliches Gut" dar. Der Staat hatte für die Energieverteilung zu sorgen und zog unter anderem dafür von den Bürgern Steuern ein. Das zur Stromversorgung lizenzierte Energieunternehmen musste keinen Wettbewerb fürchten, denn „sein" Markt war vom Staat geschützt.

Ähnlich verhält es sich heute mit den Buffett-Unternehmen. Zwar genießen diese Firmen keinen staatlichen Marktschutz, doch verfügen sie etwa über einzigartige Patente, produzieren konkurrenzlos günstig oder haben einen sehr bekannten Markennamen. Um diese Unternehmen soll es in diesem Kapitel gehen. Bevor wir nun in die Praxis einsteigen, will ich Ihnen an einem Schaubild den vereinfachten Unterschied zwischen „normalen Unternehmen" und „Buffett-Unternehmen" darstellen.

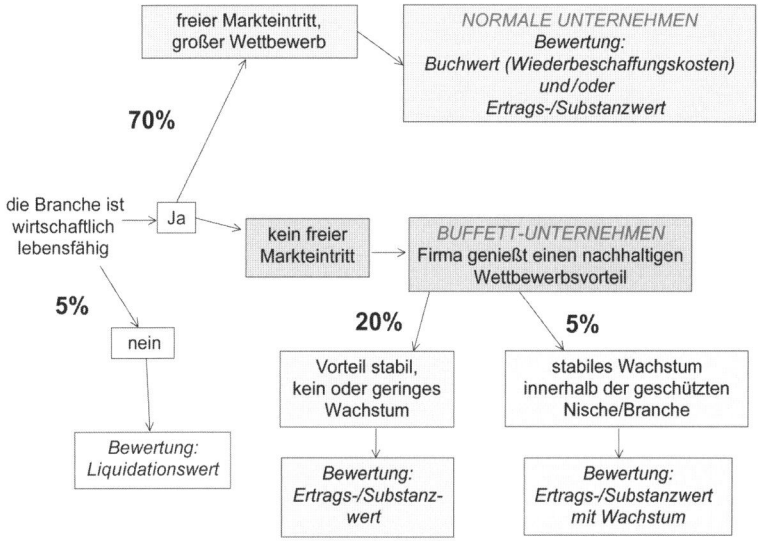

Abbildung 5.1: Der Unterschied zwischen normalen Unternehmen und Buffett-Unternehmen (Quelle: eigene Darstellung nach Bruce Greenwald/Max Otte).

Insgesamt wende ich bei der Bewertung von Unternehmen das gerade aufgezeichnete Schema an. Als erstes frage ich mich, ob eine Branche oder ein Unternehmen wirtschaftlich lebensfähig ist. Diese Frage kann durchaus gelegentlich auftauchen, so zum Beispiel aktuell bei der Solarbranche. Ist eine Branche nicht lebensfähig, so kann man die Unternehmen nur zum Zerschlagungswert bewerten. Dies ist aber ein Investmentbereich, in den ich mich selten hineinwage.

Als nächstes frage ich mich, ob das entsprechende Unternehmen, das ich untersuche, vom Wettbewerb geschützt ist oder nicht. Wenn es nicht vom Wettbewerb geschützt ist, also ein freier Marktzugang besteht, gibt es in der Branche nur normale Renditen. Diese Unternehmen nenne ich normale Unternehmen. Die Bewertung erfolgt zum Substanzwert und gleichzeitig auch zu einem bereinigten Ertragswert, bei dem ich die normalen Erträge heranziehe.

Es ist nicht so einfach, in normale Unternehmen zu investieren wie in Buffett-Unternehmen mit einem hervorragenden Geschäftsmodell. Dennoch machen wir dies im PI Global Value Fund, weil eben ein Großteil aller Unternehmen auf der Welt normale Unternehmen sind und stark im Wettbewerb stehen. Dies ist die Natur des kapitalistischen Wirtschaftssystems.

Schließlich aber gibt es hervorragende Unternehmen, die sogenannten Buffett-Unternehmen, die einen nachhaltigen Wettbewerbsvorteil genießen. Hier gilt es noch herauszufinden, ob sie relativ stabil sind und wenig wachsen – wie z. B. Wolters Kluwer, der holländische Spezialverlag – oder ob sie immer noch ein starkes Wachstum haben wie z. B. ZTS Eventim, der Eventveranstalter und Online-Ticket-Vermarkter aus Bremen. Je nachdem, ob sie ein größeres Wachstum haben oder nicht, muss ich dies in der Bewertung berücksichtigen.

Was sind Buffett-Unternehmen?

In diesem Kapitel befassen wir uns mit hervorragenden Unternehmen, die für die Langfristanlage am besten geeignet sind. Dies sind Unternehmen, mit denen Sie als Anfänger einsteigen sollten, weil Sie hier langfristig fast immer auf der richtigen Seite liegen. Auch ist die Identifikation von Buffett-Unternehmen relativ leicht möglich, und die Bewertungsverfahren sind relativ einfach. Der markante Unterschied zwischen normalen Unternehmen und Buffett-Unternehmen ist – wie Abbildung 5.1 zeigt – der Marktzugang. Normale Unternehmen stehen im Wettbewerb mit anderen Firmen, die mehr oder weniger die gleichen Produkte oder Leistungen anbieten. Dagegen zeichnet Buffett-Unternehmen aus, dass sie einen nachhaltigen Wettbewerbsvorteil genießen. Und dieser Vorteil ist nicht zu unterschätzen. Er macht diese Unternehmen einzigartig, weshalb auch die

Gewinnchancen mit Aktien solcher Unternehmen enorm sind – vorausgesetzt, Sie investieren zu einem Zeitpunkt, an dem diese Aktien unterbewertet sind.

So finden Sie Buffett-Unternehmen

Stellen Sie sich bei der Suche nach Buffett-Unternehmen immer die Frage: Operiert das Unternehmen in einer geschützten Marktnische? Bestehen Kundenpräferenzen wie beispielsweise bei Coca-Cola und McDonald's? Kunden greifen automatisch zu diesen Produkten, weil sie daran gewöhnt sind. Am besten sind übrigens leichte Kundenpräferenzen, gekoppelt mit Wettbewerbsvorteilen wie beispielsweise Kostenvorteilen. Wenn Sie starke Kundenpräferenzen haben wie zum Beispiel bei gerade modischen Artikeln oder neuen technologischen Durchbrüchen wie dem iPad, lockt das oftmals Wettbewerber an. Paradoxerweise sind also leichte Kundenpräferenzen oft besser als starke.

Ein weiteres Zeichen eines Buffett-Unternehmens können Netzwerkeffekte sein wie etwa im Fall von Microsoft. Da fast jeder die Microsoft-Produkte Windows und Office auf seinem Computer hat, lohnt es sich, selber einen Computer mit vorinstalliertem Windows und Office zu kaufen. Dadurch fallen die Kompatibilitätsprobleme mit anderen Computern definitiv geringer aus. Wenn solche Kundenpräferenzen oder Netzwerkeffekte oder auch Patente und natürliche Wettbewerbsvorteile mit Marktführerschaft kombiniert werden, verstärkt sich die Stellung des Unternehmens. Die Marktführerschaft geht mit einer gewissen Größe einher, so dass das Unternehmen effizienter produzieren und vermarkten kann. Bei Dienstleistungsunternehmen wie zum Beispiel Banken oder Einzelhändlern ist daher die regionale Marktführerschaft sehr bedeutend. Je dichter ein Unternehmen in einer Region präsent ist, desto effizienter kann es seine Werbung und Logistik betreiben.

Bei der Suche nach Marktführern können Sie ganz pragmatisch vorgehen. Überlegen Sie einfach einmal, welche Produkte oder Dienstleistungen Ihnen einfallen, auf die Sie in Ihrem Alltag nicht verzichten möchten und die Sie immer bei einem einzigen Unternehmen beziehen. Sie werden schnell auf ein paar Unternehmen kommen, die sich als Value-Investments eignen. Sie können sich auch im Internet auf die Suche nach den wertvollsten Markennamen machen, um einen ersten Überblick zu erhalten. Dort werden Sie Unternehmen finden wie Coca-Cola, McDonald's, Google, Apple, Microsoft oder Intel. Heimische Unternehmen sind in solchen Ranglisten eher selten, in Deutschland sind es vielleicht Mercedes, BMW, SAP oder Beiersdorf (Nivea). Demgegenüber gibt es viele deutsche Firmen, die in bestimmten Branchen oder Marktnischen zu den Weltmarktführern gehören. Der Wirtschaftsprofessor und Unternehmensberater Hermann Simon nennt diese die „heimlichen Gewinner" („Hidden Champions"). Auch solche kleineren deutschen Unternehmen sind oftmals börsennotiert. Oft ist der Unternehmensgründer oder der Inhaber bzw. die Inhaberfamilie noch im Unternehmen tätig oder engagiert. Ich investiere daher sehr gerne in solche kleineren oder mittleren heimlichen Gewinner, es setzt aber etwas mehr Wissen voraus als das Investment in die großen Weltmarktführer.

Neben dem Kriterium der Marktführerschaft und des nachhaltigen Wettbewerbsvorteils sollten die potenziellen Kandidaten für ein Buffett-Unternehmen natürlich noch weitere Kriterien erfüllen. Welche qualitativen, also „weichen", Kriterien und welche quantitativen und somit messbaren Kriterien das sind, damit werden wir uns im Folgenden beschäftigen.

Qualitative Auswahlkriterien

1. Unternehmergeführte Unternehmen

Ein wichtiges qualitatives Auswahlkriterium bildet das Management einer Firma. Bei börsennotierten Unternehmen ist es ja keine Seltenheit, dass das angestellte Management genauso schnell wechselt wie der Aktienkurs Hochs und Tiefs erlebt. Bei der Suche nach potenziellen Value-Unternehmen sollten Sie also auf das Dienstalter des Managements achten. Je länger Vorstände und Vorstandsvorsitzende ihre Posten bekleiden und Verantwortung übernehmen, umso höher ist die Wahrscheinlichkeit, dass die Eigentümer des Unternehmens, also die Aktionäre, mit ihrer Arbeit zufrieden sind und ihnen weiterhin die Verantwortung anvertrauen.

Wenn Sie also Unternehmen aufgespürt haben, die unter Umständen als Value-Investments in Frage kommen, sollten Sie nachforschen, wer an der Spitze des Unternehmens steht – und wie lange schon. Firmen, deren Management alle paar Jahre wechselt, können Sie gleich wieder von Ihrer Liste nehmen. Denn jeder Managementwechsel bringt Veränderungen in der allgemeinen Geschäftsausrichtung und -strategie mit sich. Denn jeder „Neue" will, ja: muss sich beweisen und wird zuerst einmal alles auf den Prüfstand stellen. Dabei kann es durchaus vorkommen, dass neue Märkte erobert werden sollen, was natürlich die Nachhaltigkeit der bisherigen Profitabilität eines Unternehmens auch schwächen kann. In Ihre nähere Betrachtung einbeziehen sollten Sie dagegen Firmen mit Managern, denen entweder das Unternehmen – zumindest mehrheitlich – gehört oder die „ihr" Unternehmen so führen, als wäre es ihr eigenes.

Bei gut 60 % der Aktienpositionen des PI Global Value Funds ist ein Einfluss der Gründerfamilie vorhanden. Bei vielen Unternehmen ist der Hauptaktionär auch CEO, es sind also Familienunternehmen im besten Sinne des Wortes. Bei anderen Unternehmen üben die Gründerfamilien noch massiven Einfluss über ihre Aktienpakete aus. Ich finde das grundsätzlich sympathisch, denn solche Eigentümer sind am langfristigen Erfolg des Unternehmens interessiert. Wir sitzen also mit den Gründern in einem Boot.

2. Die Qualität des Geschäftsmodells

Ein recht einfach zu überprüfendes Kriterium, ob ein Unternehmen das Zeug zu einem Value-Investment hat, ist die Qualität des Geschäftsmodells. Ist das Geschäftsmodell verständlich und nachvollziehbar? Besitzt das Unternehmen einen bekannten Markennamen? Um als Value-Investment interessant zu sein, ist ein bekannter Markenname durchaus wichtig, schafft er doch ein loyales Verhältnis zum Unternehmen. Bestimmte Produkte verbinden wir Konsumenten automatisch mit einem Markennamen – sogar wenn das Produkt gar nicht von dem Markenhersteller stammt, beispielsweise wird „Tempo" oft synonym für Papiertaschentuch benutzt oder „Nutella" für Nuss-Nougat-Creme. Man nimmt uns die Entscheidungen im Alltag ab, da wir im Normalfall bei „unserer" Marke bleiben. Außerdem ist davon auszugehen, dass eine Marke, die heute einen hohen Bekanntheitsgrad aufweist, in nächster Zeit nicht vom Markt verschwinden wird. Oftmals sind bekannte Unternehmen mit bekannten Produkten – nicht nur für Konsumenten, sondern auch für Abnehmer aus der Wirtschaft – auch Marktführer in ihren Branchen. Doch dann könnte es sich unter Umständen schon wieder um ein Buffett-Unternehmen handeln.

3. Wachstumsperspektiven der Branche

Haben Sie ein Unternehmen entdeckt, das sich Ihrer Meinung nach für ein langfristiges, wertorientiertes Investment lohnt, sollten Sie sich unbedingt auch dessen Branche ansehen. Handelt es sich um eine stabile Branche mit guten Wachstumsaussichten? Verfügt das Unternehmen in seinen bestehenden Geschäftsfeldern über gute Wachstumsaussichten? Können Sie diese Fragen mit einem Ja beantworten, dann war Ihre Suche nach einem Qualitätsunternehmen erfolgreich. Noch ein Tipp: Das Unternehmen sollte sich in einer bereits etablierten und überschaubaren Branche befinden, die jedoch immer noch das Potenzial hat, weiterhin zu wachsen.

4. Das Management schafft langfristig neue Werte

Betrachten wir noch einmal den Faktor Management. Nicht nur die Frage, ob sich Manager als bloße Leistungsempfänger verstehen oder ob sie sich ihrem Unternehmen zutiefst verbunden fühlen, stellt ein Auswahlkriterium dar. Versuchen Sie, bei Ihnen interessant erscheinenden Unternehmen etwas über deren Führung zu erfahren, und zwar hinsichtlich der Frage, ob das Management wertschaffend wirtschaftet oder eher wertvernichtend arbeitet. Dieser Punkt lässt sich leider nicht so einfach über den Aktienkurs ersehen. Immer wieder gibt es Aktien, die kurzfristig stark im Kurs steigen, bei denen das Unternehmensmanagement daher augenscheinlich Werte schafft. Aber das ist zu kurz gedacht. Denn – und das kann ich nicht oft genug betonen – der Aktienkurs spiegelt lediglich die Meinung der Anleger wider, nicht unbedingt die nachhaltige Entwicklung eines Unternehmens.

Wie oft schon hat ein Management mit waghalsigen Firmenübernahmen oder schön klingenden Worten bei Pressekonferenzen den Aktienkurs kurzfristig in die Höhe getrieben? Als sich dann die Unternehmensstrategie oder die euphorischen Prognosen als Flop erwiesen, ist der Aktienkurs genauso schnell wieder in sich zusammengekracht, wie er vorher gestiegen ist. Achten Sie daher vielmehr darauf, ob sich längerfristig das Eigenkapital eines Unternehmens stabil entwickelt oder sogar erhöht. Ein guter Gradmesser für die Qualität des Managements ist auch die Entwicklung der Dividende, also der Teil des Gewinns, den ein Unternehmen jährlich an seine Aktionäre weitergibt. Gute Unternehmen erzielen regelmäßig Gewinne, so dass auch regelmäßig Dividenden ausgeschüttet werden können. Die Höhe der Dividende eines Unternehmens lässt sich übrigens relativ einfach in Erfahrung bringen – auch über mehrere Jahre zurück. Sie können sich den Bilanzüberblick eines Unternehmens aus dem Internet her-

unterladen oder sich in einem der zahlreichen Online-Finanzportale informieren, die in der Regel gute Finanzkennzahlenreihen anbieten.

Als Beispiel für regelmäßige und üppige Gewinnausschüttungen sehen
Sie sich in Abbildung 5.2 die Dividendenentwicklung von Nestlé an. Der
Schweizer Lebensmittelkonzern lässt jedes Jahr seine Aktionäre an den
Gewinnen teilhaben.

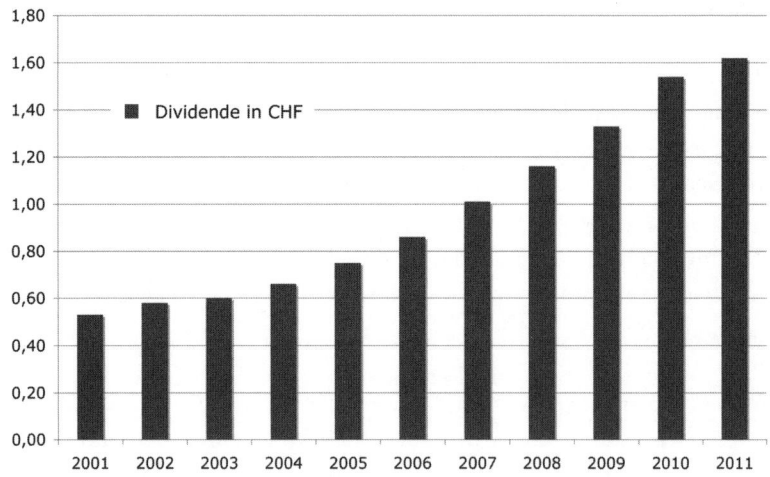

Abbildung 5.2: Die Dividendenauszahlungen von Nestlé seit 2001 (Quelle: Nestlé).

Diese Zahlen sagen zwar noch nichts darüber aus, wie hoch der Teil der Gewinne ist, die der Konzern an seine Aktionäre ausschüttet. Aber die Dividen-
dendaten seit 2001 zeigen, dass Nestlé seit Jahren einen Gewinn erziehlen
muss, sonst hätten keine Dividenden weitergegeben werden können. Immerhin hat sich die Jahresdividende seit 2001 mehr als verdreifacht. Nebenbei
bemerkt, ist der Gewinn je Aktie – bitte nicht mit der Dividende pro Aktie verwechseln! – in diesem Zeitraum von 1,72 auf 2,96 Schweizer Franken
geklettert. Unter dem Gesichtspunkt der Wertschaffung ist die Nestlé-Aktie

also ein solides Value-Unternehmen. Wie es mit der fairen Bewertung von Nestlé aussieht, werden wir uns weiter unten ausführlich ansehen. Bei der Dividendenpolitik sind wir schon im Bereich der quantitativen Auswahlkriterien – also der Qualitätsmerkmale, die durch Zahlen faktisch belegt sind.

Quantitative Auswahlkriterien

1. Ergebnismargen

Erwirtschaftet das Unternehmen hohe Bruttomargen und hohe Gewinnmargen? Können die Margen langfristig beibehalten werden? Die besten Unternehmen der Welt schaffen es tatsächlich, Bruttomargen von 40 % und Nettomargen von 20 % zu erzielen. Genau auf diese Firmen sollten Sie als Value-Investor setzen. Überdurchschnittlich sind aber auch noch Margen von 30 bzw. 15 %. Hinsichtlich der deutschen Blue Chips muss ich Sie allerdings enttäuschen: Von ihnen kommt keiner auch nur in die Nähe dieser Vorgaben. Daher dürfen Sie sich bei der Suche nach Value-Aktien nicht nur auf deutsche Unternehmen konzentrieren, sondern müssen Ihre Fühler weltweit ausstrecken.

2. Gewinnwachstum

Suchen Sie nach Unternehmen, die längerfristig – möglichst über fünf Jahre – ein kontinuierliches Gewinnwachstum aufweisen. Es klingt zwar logisch, wird aber oft gern vergessen: Ein Unternehmen kann nur wachsen, wenn auch die Gewinne wachsen. Dabei ist es wichtig, dass der mittelfristige Trend nach oben zeigt. Sie sollten hier vor allem Unternehmen bevorzugen, die in den vergangenen fünf Jahren den Gewinn um möglichst 15 % pro Jahr gesteigert haben. Hier steht ganz klar die Kontinuität im Vordergrund: Steigen die Gewinne von Jahr zu Jahr, so ist das für Sie ein klares Zeichen, dass hier etwas richtig gemacht wird. Diese Investition wird sich auf lange Sicht auszahlen.

3. Gewinnthesaurierung

Gewinne erzielen ist eine Sache. Ein ganz anderes Thema ist, was ein Unternehmen mit dem Gewinn macht. Wie verwendet es seine einbehaltenen Gewinne? Verzinsen sie sich angemessen? Wenn sich das Unternehmen entschließt, 50 % oder mehr des Gewinns einzubehalten, dann muss sich das für Sie als Anleger auch lohnen. Sie können dabei nach folgender Faustregel vorgehen: Die einbehaltenen Gewinne zur weiteren Expansion sollten sich mit mindestens 15 % verzinsen. Dieses Kriterium ist erfüllt, wenn die Gewinnsteigerung 15 % der einbehaltenen Gewinne des Vorjahres erreicht oder übersteigt.

4. Cashflow-Marge und Sachinvestitionen

Erwirtschaftet das Unternehmen einen hohen operativen Cashflow? Ist die Sachinvestitionsquote gering? Ganz entscheidend für den Erfolg eines Unternehmens ist die Cashflow-Marge. Dahinter verbirgt sich der Geldfluss im Unternehmen, also die Finanzmittel, die dem Unternehmen aus dem laufenden Geschäft zugehen. Lukrativ sind Unternehmen, die eine operative Cashflow-Marge von mehr als 20 % erzielen. Als Value-Investor sollten Sie sich auf Unternehmen konzentrieren, die kräftig wachsen, ohne dafür viele Investitionen aufwenden zu müssen. Es gilt: Je größer der Anteil, den ein Unternehmen in Sachinvestitionen stecken muss, desto geringer ist wiederum der freie Cashflow, der letztlich den Unternehmenswert bestimmt.

5. Eigenkapital und Eigenkapitalrendite

Verfügt das Unternehmen über eine stabile und ausreichende Eigenkapitalquote? Ist die Verzinsung des Eigenkapitals angemessen? Grundsätzlich sollten Sie Unternehmen mit einem hohen Eigenkapitalanteil vorziehen, denn das erhöht die strategische Flexibilität des Unternehmens. Zum Beispiel können so Übernahmechancen schnell genutzt werden. Doch

Achtung: Ein hohes Eigenkapital allein stellt noch kein Qualitätskriterium dar. Dieses Eigenkapital muss auch eine ordentliche Verzinsung aufweisen. Es gibt Unternehmen, die eine Eigenkapitalrendite von mehr als 25 % schaffen. Dabei ergibt sich die Eigenkapitalrendite, indem der Bilanzgewinn durch das Eigenkapital geteilt wird.

Jetzt ist es an der Zeit, Sie zu warnen: Nicht jedes bekannte Markenunternehmen ist zwangsläufig ein Buffett-Unternehmen. Nehmen Sie das Beispiel Apple. Wenn Sie Jugendliche befragen, was sie von iPhones oder iPads halten, werden Sie vermutlich auf Begeisterung stoßen. Doch Apple steht nicht mehr allein da. Der Vorreiter in Sachen Kult-Computer und Smartphone hat mittlerweile ernsthafte Konkurrenz bekommen – vor allem aus Asien. Wenn Sie bei der Suche nach Buffett-Unternehmen also auf vermeintliche Marktführer gestoßen sind, machen Sie sich die Mühe und prüfen Sie, ob es mittlerweile nicht vergleichbare Produkte von anderen Anbietern gibt, die zur Aufholjagd gestartet sind.

Die Bewertung von Buffett-Unternehmen

Wie ermitteln Sie den fairen Wert eines potenziellen Qualitätsunternehmens? Erinnern Sie sich an Kapitel 3 und 4, in denen ich Ihnen die Bewertungsformel für den fairen Wert eines Unternehmens erläutert habe: der faire Wert entspricht dem Gewinn, multipliziert mit einem Multiplikator; die Formel lautet: $V = G \times M$. Wobei hierbei noch einmal erwähnt sei, dass das G nicht für den derzeitigen aus der Bilanz ersichtlichen Gewinn stehen soll. Das würde die Sache verfälschen, denn dieser Gewinn kann höher oder niedriger als im Schnitt der vergangenen Jahre ausgefallen sein – je nachdem, ob es außerordentliche Einflüsse wie etwa Unternehmensübernahmen oder Sonderzahlungen gab, die das Jahresergebnis beeinflussen.

Ich verwende bei der Bewertung von potenziellen Qualitätsunternehmen einen robusten Wert für den Gewinn. Welche Daten können Sie der Bilanz entnehmen? Sie kennen den Umsatz aus den früheren Jahren und den dabei Jahr für Jahr erzielten Gewinn. Das bedeutet, Sie können ganz einfach errechnen, welcher Gewinn bei welcher Umsatzhöhe in der Vergangenheit im Unternehmen hängen geblieben ist. Nennen wir diese Gewinnmarge „m". Je mehr Daten aus der Vergangenheit Sie dabei heranziehen und daraus einen Durchschnittswert bilden, umso „robuster" wird der Wert „m". Jetzt ist es ein Leichtes, den zuletzt veröffentlichten Umsatz hinzuzurechnen und mit Hilfe der durchschnittlichen Gewinnmarge „m" den normalisierten Gewinn zu errechnen. Aus der obigen Formel V = G × M wird dann: V = (m × Umsatz) × M (Multiplikator).

Bleibt die Frage: Welchen Wert setzt man für den Multiplikator M an? Wie ebenfalls in Kapitel 4 erläutert, ist der Multiplikator M bei gleichbleibenden Erträgen wie eine „ewige Rente" zu sehen. Mathematisch lässt sich das in dieser Formel ausdrücken: M = 1 / r, wobei das „r" für die durchschnittlichen Kapitalkosten steht, die nötig sind, um das Unternehmen am Laufen zu halten. Bei normalen Unternehmen muss allerdings berücksichtigt werden, dass die Gesamtwirtschaft bzw. die Branche, in der ein Unternehmen tätig ist, ebenfalls wächst. Dieses Wachstum berücksichtigen wir bei der Berechnung des Multiplikators, indem von den Kapitalkosten „r" diese Wachstumsrate „g" abgezogen wird. Wie gesagt: Das gilt bei normalen Unternehmen, auf die wir in Kapitel 6 detailliert eingehen werden. Aber wie sieht es nun bei Buffett-Unternehmen aus? Oder anders gefragt: Wie viel sollte ein Investor zu zahlen bereit sein, um ein Buffett-Unternehmen zu kaufen? Oder besser: Was soll man im Gegenzug für den Kauf des Geschäfts bekommen? Wir wissen, dass ein Investor, der eine Firma kauft, das Eigentum an der Ertragslage des Unternehmens erhält. Wenn er einen Pauschalbetrag von X bezahlt, erhält er von diesem Zeitpunkt an im Gegenzug die Ertragslage des Unternehmens – jedes Jahr. Doch wie groß sollte dieser Pauschalbetrag X sein, verglichen mit den Einnahmen aus einem Jahr?

Das wiederum hängt von der Qualität des Unternehmens ab. Ist das Unternehmen in einer stagnierenden Branche tätig, so neigen Anleger dazu, nicht mehr als das Neunfache des durchschnittlichen Gewinns zu bezahlen. Für zyklische Unternehmen sind Anleger in der Regel bereit, das 8- bis 15-Fache des durchschnittlichen Gewinns zu bezahlen. Für wirklich einzigartige Unternehmen, die nachhaltige Wettbewerbsvorteile aufweisen, werden die Investoren bis zu 20-mal das Jahresergebnis bezahlen – manchmal sogar noch mehr.

Diese Vielfachen der durchschnittlichen Jahresverdienste oder Multiplikatoren, die Anleger zahlen, um Unternehmen zu kaufen, sind aus der Beziehung von Kosten und Wachstum abgeleitet, also den Kapitalkosten des Unternehmens (r) und dem Gewinnwachstum (g). Die umgekehrte Differenz der beiden Faktoren, also 1 / (r – g), ist der Multiplikator.

Nehmen wir als Beispiel ein Unternehmen, das 14,5 % des eingesetzten Kapitals an jährlichen Kapitalkosten zahlen muss, um seine Kapitalgeber zufriedenzustellen. Ein solch hoher Kapitalkostensatz kann dann anfallen, wenn das Geschäft des Unternehmens relativ riskant ist und die Eigenkapitalgeber hohe Renditen fordern. Dagegen steigt der jährliche Gewinn, also das Einkommen, um 2 % pro Jahr. Der Unterschied zwischen diesen beiden Faktoren liegt bei 12,5 %. In die Formel eingesetzt, bedeutet das: 1 / (14,5 % – 2 %) = 8. Der Investor sollte also nicht mehr als achtmal den durchschnittlichen Jahresverdienst bezahlen, um das Unternehmen zu kaufen.

Auf der anderen Seite steht die Qualität. Das heißt, ein Investor würde bereit sein, einen hohen Multiplikator zu zahlen, um ein Buffett-Unternehmen zu besitzen. Dazu noch einmal ein einfaches Beispiel: Die Kapitalkosten pro Jahr betragen 9,5 % und die Wachstumsrate 4,5 %. Der Multiplikator für ein Buffett-Unternehmen mit diesen Kennzahlen wäre also: 1 / (9,5 % – 4,5 %) = 20. Um die Einnahmen einiger Buffett-Unternehmen zu besitzen, zahlen Value-Investoren sogar bis zum 24-Fachen des durchschnittlichen Jahresverdienstes.

Die Erfahrung hat gelehrt, dass bei Buffett-Unternehmen, die keinem Wettbewerb ausgesetzt sind, sondern in einer geschützten Marktnische stabile oder steigende Umsätze und Gewinne erzielen, ein Multiplikator zwischen 15 und 20 angemessen ist. Was bedeutet das? Nehmen Sie an, ein Unternehmen muss für das Kapital, das es benötigt, um den laufenden Geschäftsbetrieb aufrechtzuerhalten, im Jahr nur 5 % Zinsen zahlen. Eingesetzt in die Formel für die „ewige Rente" $M = 1 / r$ ergibt sich also: $M = 1 / 5\% = 20$.

Anders als bei normalen Unternehmen, um deren fairen Wert es im nächsten Kapitel gehen wird, müssen Sie bei Buffett-Unternehmen nicht auf das Wachstum der Gesamtwirtschaft oder einer Branche achten. Denn – und genau das zeichnet die Buffett-Unternehmen ja aus – sie wachsen und gedeihen in der Regel unabhängig von gesamtwirtschaftlichen Einflüssen, weil sie konkurrenzlos sind und meist auch konjunkturunabhängige Produkte oder Dienstleistungen anbieten.

So viel zu den theoretischen Überlegungen zum Multiplikator. Wie es in der Praxis aussieht, zeigen die folgenden Berechnungen des fairen Werts anhand von Buffett-Unternehmen. Schauen wir uns als erstes Beispiel erneut Nestlé an.

Nestlé – Schweizer Lebensmittel für die Welt

Das Unternehmen ist der größte Lebensmittelhersteller der Welt. Zu den Produkten des Konzerns zählen löslicher Kaffee, Säuglings- und Kleinkindnahrung, Molkereiprodukte, Frühstücksflocken, Eiscreme, Schokolade und Konfekt, Fertiggerichte, Mineralwasser, kulinarische Produkte und Tiernahrung. Nestlé ist weltweit in Europa, Amerika, Asien, Ozeanien und Afrika tätig. Die Geschäftsbereiche teilen sich auf in Getränke in flüssiger und Pulverform, Nestlé Waters, Milchprodukte und Speiseeis, Nestlé Nutrition, Fertiggerichte und Produkte für die Küche, Süßwaren, Produkte für Heimtiere und pharmazeutische Produkte.

Falls wir nur in ein einziges Unternehmen der Welt investieren könnten, würden wir wahrscheinlich Nestlé-Aktien kaufen. Das Unternehmen ist weltweit präsent – auch in den Wachstumsmärkten – und produziert eine breite Palette von Produkten, die wir täglich nutzen.

Das Unternehmen wurde bereits 1866 im schweizerischen Vevey von Henri Nestlé gegründet. Noch heute befindet sich hier der Stammsitz des Unternehmens. Schon im Folgejahr gelang Nestlé ein erster Erfolg mit der Herstellung von Milchpulver, welches als Muttermilchersatz für Säuglinge diente. Das Konzernlogo – ein Vogelnest – spielt nicht nur auf den Namen des Gründers an, sondern mit der sich um ihren Nachwuchs kümmernden Vogelmutter auch auf die „Kindermehl" geheißene Säuglingsnahrung. Die erfolgreiche Vermarktung löslichen Kaffees ab dem Jahr 1938 brachte dem Unternehmen große Gewinne. Im Jahr 1947 fusionierte das Unternehmen mit der Maggi AG und firmierte nun als Nestlé Alimentana AG. Durch weitere Übernahmen vergrößerte sich der Konzern nach und nach, und Anfang der 1970er Jahre wurde der Unternehmensname in Nestlé S.A. geändert.

Nestlés Geschäftstätigkeiten blieben in der Folgezeit aber nicht auf den Lebensmittelsektor beschränkt. Erstmals erwarb der Konzern 1974 Anteile im Non-Food-Bereich, nämlich 49 % an der Holdinggesellschaft Gesparal, die wiederum 53,7 % der Aktien des französischen Kosmetikunternehmens L'Oréal hielt. Seit der Fusion von Gesparal mit L'Oréal (2004) hält Nestlé 26,4 % an dem renommierten Kosmetikkonzern. Weitere Erwerbungen folgten, auf die hier nicht ausführlich eingegangen werden soll, weil es uns zu weit von unserem eigentlichen Thema wegführen würde. Ein paar Namen sollen genügen: Bübchen (Körperpflegeprodukte für Kleinkinder), Buitoni (Teigwaren), Perrier, Sanpellegrino (beide Mineralwasser), Ralston Purina (Tiernahrung), Schöller (Schöller- und Mövenpick-Eiscreme), Wagner (Tiefkühlpizza).

Sie sehen, Nestlé hat seit seiner Gründung daran gearbeitet, in verschiedenen Branchenbereichen an Größe und Gewicht zu gewinnen und damit seine Wettbewerbsfähigkeit weiter auszubauen. Werfen Sie doch einmal einen Blick in Ihren Kühlschrank – Sie werden erstaunt sein, wie viele Nestlé-Produkte Sie darin finden, ohne dass Sie es vorher wussten. Trotz dieses Expansionsdrangs hat Nestlé immer darauf geachtet, sich finanziell nicht zu überheben. Das ist ausgezeichnet gelungen, denn die Finanzbasis ist bestens. Bei den qualitativen Faktoren sticht vor allem das leicht verständliche Geschäft mit den Gütern des täglichen Bedarfs hervor. Hohe Wettbewerbsvorteile besitzt das Unternehmen durch die vielen Markenprodukte, von denen eine ganze Reihe mehr als eine Milliarde Euro wert sind. Aber auch die Geschäftszahlen sind sehr gut. Nestlé verfügt mit 56,1 % Eigenkapitalquote über eine sehr solide Bilanz, die Erträge wachsen sehr stabil, die Nettomarge beträgt im Durchschnitt der vergangenen Jahre 11,6 %. Nestlé ist klar ein Qualitätsinvestment – sofern die Bewertung stimmt. Das untersuchen wir jetzt.

Der faire Wert von Nestlé

Der Aktienkurs von Nestlé ist seit 2004 um mehr als 100 % gestiegen. Lediglich die Banken- und Wirtschaftskrise ließ die Notierungen 2009 absacken, ansonsten ging es geradewegs nach oben. Aber Sie wissen ja: An der Börse wird lediglich der subjektive Eindruck der Anleger gehandelt und nicht der wahre Wert eines Unternehmens. Nach der Formel $V = G \times M$ wollen wir nun den fairen Wert von Nestlé berechnen. Dafür müssen wir zuerst den nachhaltig erzielbaren Gewinn ermitteln. Im Schnitt der zurückliegenden zehn Jahre erzielte Nestlé eine Netto-Gewinnmarge von 10,1 %. Das bedeutet, aus jedem Franken Umsatz, den der Konzern gemacht hat, wurden durchschnittlich 0,101 Franken Gewinn. Um zu diesem Wert zu kommen, müssen Sie zunächst den nachhaltigen Gewinn errechnen. Dazu bilden Sie den Durchschnitt der Gewinnmargen der letzten Jahre. (Gewinnmarge = Bilanzgewinn / Umsatz). Je mehr

Jahre Sie dabei in die Vergangenheit zurückgehen, umso robuster wird der Durchschnitt, weil logischerweise einige Spitzenwerte und manch magere Jahre nicht mehr so stark ins Gewicht fallen.

Diese durchschnittliche Gewinnmarge – ich verwende bei der Berechnung den Schnitt aus den vergangenen zehn Jahren – müssen Sie nun mit dem zuletzt veröffentlichten Umsatz multiplizieren. Dann wissen Sie, welchen „nachhaltigen Gewinn" Nestlé im abgelaufenen Geschäftsjahr erzielt hat. Der Schweizer Konzern meldete für 2010 einen Umsatz von rund 83,8 Milliarden Franken. Auf Basis der oben ermittelten, langjährigen durchschnittlichen Gewinnmarge von 10,1 % errechnet sich ein nachhaltiger Gewinn von 8,46 Milliarden Franken. Nun kommt der Multiplikator ins Spiel.

Sie erinnern sich: $M = 1 / (r\text{-}g)$, wobei „r" die Kapitalkosten – also die Zinsen – sind, die ein Unternehmen zahlen muss, um den Betrieb am Laufen zu halten. Ein Investor, der für ein Unternehmen den Betrag X zahlen muss, will aber nicht nur, dass die Kapitalkosten erwirtschaftet werden, sondern auch noch die Rendite, die er normalerweise für sein Geld erhält, wenn er in ein anderes Unternehmen investieren würde. Um das zu berücksichtigen, sollten Sie die durchschnittliche Wachstumsrate der Gesamtwirtschaft oder der Branche – hier „g" genannt – von den Kapitalkosten „r" abziehen. Dadurch erhöht sich der Multiplikator M.

Warren Buffett nimmt einfach die Zinsen auf zehnjährige US-Staatsanleihen, um die durchschnittlichen Kapitalkosten zu ermitteln. Sind diese Zinsen historisch sehr niedrig, passt er die Kosten um einige Prozent nach oben an, um einen späteren Anstieg der Zinsen einzuberechnen. Die Zinsen auf zehnjährige US-Bonds betrugen 2011 im Schnitt 2,79 %. Dies ist viel zu wenig. Nach der Formel $M = 1 / r$ würde es alleine schon einen Multiplikator von 36 ergeben. Wenn ich von den Kapitalkosten noch die Wachstumsrate abziehen würde, dann würde der Multiplikator explodieren. Multiplikatoren jenseits der 20 sind allerdings zunehmend unrealistisch bzw. setzen ein sehr großes Vertrauen in das Wachstum des Unternehmens voraus.

Deswegen habe ich, egal was die Berechnungen ergeben, eine obere Grenze des Multiplikators von 20 auch bei sehr guten Unternehmen zur Berechnung des fairen Wertes gesetzt. Dies mag willkürlich erscheinen, aber ich irre mich lieber auf der konservativen und sicheren Seite, als dass ich zu optimistische Zahlen einsetze. Im Falle von Nestlé ist das Unternehmen so gut, dass ich mit dem maximalen Multiplikator von 20 arbeite.

Gemäß der Formel $V = G \times M$ ergibt sich $8{,}46 \times 20 = 169$ Milliarden Franken. Hinzu kommt jetzt der Cash-Bestand in Höhe von gut 8 Milliarden Franken. Der faire Wert des Nestlé-Konzern liegt somit bei 177 Milliarden Franken. Wir wollen aber wissen, wie hoch der faire Nestlé-Wert je Aktie ist, deshalb müssen wir die 177 Milliarden Franken durch die Anzahl der in Umlauf befindlichen Aktien in Höhe von 3,205 Milliarden Stück dividieren. Das Ergebnis: Der faire Wert je Nestlé-Aktie belief sich Ende 2011 auf 55,23 Franken.

Diese Berechnungen können Sie natürlich für jedes Jahr in der Vergangenheit durchführen und erhalten somit den Verlauf des fairen Aktienkurses des Schweizer Lebensmittelkonzerns. Ein Vergleich dieses Werts mit den jeweils aktuellen Aktienkursen an der Börse zeigt letztlich, wie die Nestlé-Aktie im Zeitverlauf von den Anlegern und damit von der Börse bewertet wird. Ich habe Ihnen einmal in Abbildung 5.3 diesen Vergleich über die vergangenen Jahre als Chart errechnet.

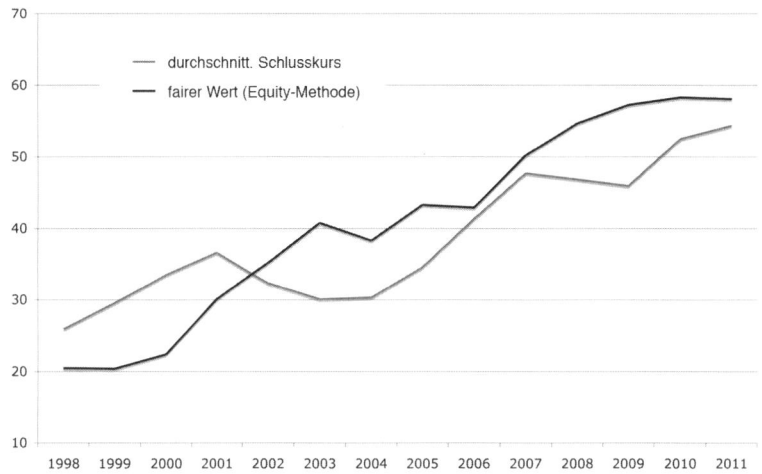

Abbildung 5.3: Nestlé - fairer Wert versus Aktienkurs seit 1998 (Quelle: Reuters, eigene Berechnungen).

Wie Sie sehen ist die Nestle-Aktie seit Anfang 2002 unterbewertet, denn die durchschnittlichen Schlusskurse lagen stets unterhalb des aktuell geltenden fairen Werts der Aktie. Allerdings ist die Differenz zwischen fairem Wert und durchschnittlichem Schlusskurs meistens nicht sehr hoch. Dies ist auch logisch, denn Nestlé ist sicherlich eines der am meisten beobachteten und analysierten Unternehmen der Welt. Hier ist der Markt effizient. 2006 bis 2007 lag der Börsenkurs der Aktie nur noch knapp unterhalb des fairen Werts, doch danach weitete sich der Abstand wieder aus. 2009 betrug die durchschnittliche Unterbewertung sogar fast 20 %. 2011 verringerte sich die Unterbewertung auf „nur" noch 7 %. Für Value-Unternehmen wäre diese Bewertung aber immer noch interessant gewesen. Denn erinnern Sie sich: Weiter oben haben wir die Dividendenpolitik des Nestlé-Konzerns unter die Lupe genommen. Ende 2011 notierte die Aktie mit einer Dividendenrendite von 3,6 %. Das bedeutet rechnerisch, wenn Sie damals für 1.000 Euro Aktien besaßen, erhielten Sie 36 Euro an

Dividende – eine Rendite auf Ihr eingesetztes Kapital von 3,6 %. Wenn die Nestlé-Aktie die Unterbewertung von 7 % aufholt und Sie die Dividenden-rendite von 3,6 % mitberücksichtigen, kommen Sie auf eine Gesamtrendite von 10,6 %. Nicht schlecht für einen „langweiligen" Lebensmittelkonzern, aber genau so sehen die wahren Buffett-Unternehmen aus. Bleiben wir in der Branche und betrachten wir ein weiteres Franchise- oder Buffett-Unternehmen.

Coca-Cola – Brausewasser für alle

Die Geschichte des Konzerns geht bis in das Jahr 1886 zurück. In diesem Jahr erfand der Apotheker John Pemberton ein Getränk, das gegen Müdigkeit und Kopfschmerzen helfen sollte. Kurz vor Pembertons Tod erwarb der Drogist Asa Candler für gerade einmal 2.300 Dollar das Rezept und die Rechte daran. Es war das Geschäft seines Lebens. 1892 gründete Candler „The Coca-Cola Company", ein Jahr später ließ er Coca-Cola als Marke schützen. Schon bald vermarktete er sein Produkt in den gesamten Vereinigten Staaten und seit 1896 auch im Ausland. 1904 baute Candler den nach ihm benannten Turm als Firmensitz in Atlanta. Im Turmfundament liegt bis heute eine Kupferkassette mit seinem Bildnis und einer Flasche Coke.

Heute verkauft Coca-Cola seine Produkte in über 200 Ländern an mehr als 1,7 Milliarden Konsumenten. Das Unternehmen vertreibt – neben der Ursprungsmarke – auch andere nicht alkoholische Getränke (Sport-Drinks, Wasser, Energydrinks, Fruchtsäfte, Tee und Kaffee), darunter bekannte Marken wie Fanta, Sprite oder Apollinaris. Weltweit führt der Konzern über 500 Marken. Im Gegensatz zu PepsiCo verkauft Coca-Cola den Sirup an Abfüller („Bottling Companies") und andere Getränke-firmen, welche dann das eigentliche Getränk produzieren und ausliefern. Deshalb hat Coca-Cola auch höhere Margen als die Konkurrenz. Das Unternehmen stellt aber auch selbst fertige Getränke her und ist der größte Produzent nicht alkoholischer Getränke weltweit.

Coca-Cola ist zwar durchaus starkem Wettbewerb ausgesetzt. Dem Unternehmen gelingt es jedoch durch ein ausgefeiltes Distributionsnetzwerk, seinem extrem hohen Bekanntheitsgrad und gutem Marketing, die Konkurrenz in Schach zu halten. Um sein Hauptprodukt herzustellen, benötigt Coca-Cola nur Wasser und sein Konzentrat, dessen Zusammensetzung wohl das bestgehütete Geheimnis in der Wirtschaft ist. Höhere Produktionskosten können einfach an den Endkunden weitergegeben werden, da die braune Brause mittlerweile Kultstatus hat und ihre Fans wohl fast jeden Preis akzeptieren.

The Coca-Cola Company ist aber nicht nur aufgrund des Bekanntheitsgrades ihres Hauptprodukts ein Buffett-Unternehmen, sondern weist auch eine ausgezeichnete Entwicklung auf. Seit der Jahrtausendwende wuchs der Konzern sehr kontinuierlich, und der Gewinn stieg um durchschnittlich fast 18 % pro Jahr. Auch hinsichtlich seines Geschäftsmodells passt Coca-Cola ausgezeichnet in das Raster von Buffett-Unternehmen, denn es stellt ein einfaches Produkt her, welches von rund einem Viertel der Weltbevölkerung konsumiert wird.

Ein Unternehmen dieser Güte sollte vermeintlich auch einen ausgezeichneten Aktienkursverlauf aufweisen. Und tatsächlich, wenn wir zurück in die Vergangenheit schauen und einmal die Wechselkursentwicklung außen vor lassen: Ein Amerikaner, der vor 30 Jahren – im Frühjahr 1982 – für 10.000 Dollar Aktien von Coca-Cola gekauft hat, bekam rund 715 Aktien zu einem Preis von je 14 Dollar. Im Frühjahr 2012 notierte Coca-Cola in den USA bei 70 Dollar, und die Position unseres Käufers, wenn er denn die Aktien noch im Depot hat, ist gut 50.000 Dollar wert – eine Verfünffachung des eingesetzten Kapitals in 30 Jahren oder 5,5 % Verzinsung im Jahr – seit 1982. Da stellt sich die Frage: Ist Coca-Cola unterbewertet?

Der faire Wert von Coca-Cola

Um diese Frage zu beantworten, müssen Sie bei der Berechnung erneut so vorgehen wie oben anhand von Nestlé demonstriert. Wir brauchen also wieder die durchschnittliche Netto-Gewinnmarge der vergangenen zehn Jahre, die Ende 2011 bei stolzen 21,4 % lag. Der 2011er-Umsatz betrug 46,5 Milliarden Dollar, so dass sich nach der Formel „Gewinnmarge, multipliziert mit dem letzten Umsatz" ein nachhaltiger Gewinn von 9,95 Milliarden Dollar errechnet. Bei einem Multiplikator von 17, der erneut nach dem gleichen Prinzip wie im Fall von Nestlé berechnet wird, ergibt sich nach der Formel V = G × M ein fairer Eigenkapitalwert von rund 169,2 Milliarden Dollar. Jetzt müssen wieder die liquiden Mittel in Höhe von etwas über 14 Milliarden Dollar addiert werden, so dass sich fairer Unternehmenswert von 183,3 Milliarden Dollar errechnet. Geteilt durch rund 2,3 Milliarden Aktien, die von Coca-Cola Ende 2011 in Umlauf waren, ergibt sich dadurch ein fairer Wert je Aktie von rund 80 Dollar.

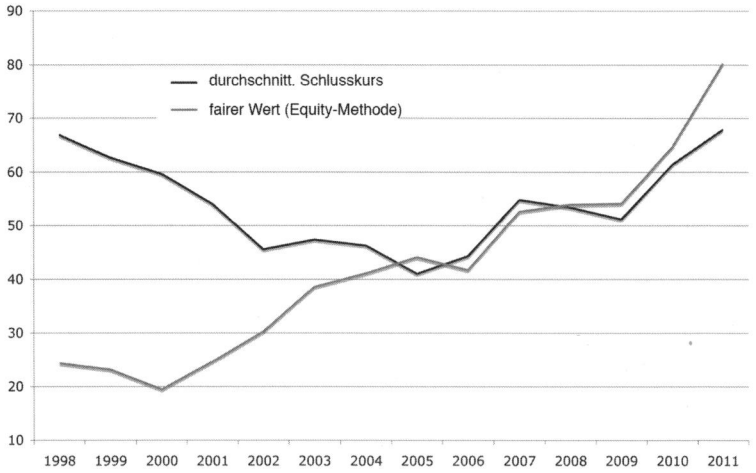

Abbildung 5.4: Coca-Cola – fairer Wert versus Aktienkurs seit 1998 (Quelle: Reuters, eigene Berechnungen).

Ende 2011 kostete die Coca-Cola-Aktie an der US-Börse 68 Dollar, was einen Abschlag von 15 % auf den fairen Aktienwert in Höhe von 80 Dollar bedeutete. Auch wenn man berücksichtigt, dass Coca-Cola bis zum Frühjahr 2012 auf über 73 Dollar gestiegen ist, erkennen Sie unschwer, dass das Buffett-Unternehmen so stark unterbewertet ist wie seit Jahren nicht mehr.

Bleiben wir in den Vereinigten Staaten, doch wechseln wir die Branche. Nicht nur im Lebensmittelsektor, auch in anderen Wirtschaftsbereichen lassen sich ausgezeichnete Buffett-Unternehmen finden, deren Unterbewertung geradezu nach einem langfristigen Value-Investment schreit. Und bei der Suche danach müssen Sie noch nicht einmal in die Tiefen des US-amerikanischen Aktienmarktes einsteigen. Es reicht eigentlich schon, wenn Sie einen PC haben. Richtig – es geht um Microsoft.

Microsoft – das Fenster zur Welt

Der US-Computerhersteller kann logischerweise keine so lange Unternehmensgeschichte wie Coca-Cola aufweisen, ist aber aufgrund der Verbreitung seines Computerprogramms Windows weltweit mindestens genauso bekannt. Gegründet wurde Microsoft im Jahr 1975 von Bill Gates und Paul Allen. Die Idee der beiden Tüftler war ebenso einfach wie visionär: ein Computer auf jedem Schreibtisch und in jedem Zuhause. Damit revolutionierte Microsoft die Branche, die bisher nur teure und lediglich von geschulten Experten bedienbare Spezialsoftware auf den Markt gebracht hatte. Dem Konzept „Computer für alle" standen die meisten seiner damaligen Kollegen skeptisch gegenüber. Von Ken Olsen, dem Präsidenten eines der seinerzeitigen Branchenführer, ist das Urteil überliefert: „Es gibt keinen Grund dafür, dass man zu Hause einen Computer haben sollte." Die Kunden hingegen erkannten schnell den Nutzen eines Personal Computers. Durch Millionen von PC-Nutzern entwickelte sich Microsoft zu einem weltbekannten und weltweit tätigen Unternehmen und gehört heute zu den teuersten Marken der Welt.

Als Buffett-Unternehmen qualifiziert sich Microsoft aber nicht nur aufgrund seines Bekanntheitsgrades, sondern auch wegen seines im Grunde simplen Geschäftsmodells: Es werden Programme entwickelt, die die Nutzung von Computern vereinfachen und für jedermann ermöglichen. Je mehr Windows- oder Office-Pakete im Einsatz sind, desto größer sind die Anreize für den nächsten Kunden, auch ein solches Paket zu kaufen. Denn wenn der nächste Kunde die bereits weit verfügbare Software kauft, werden die Kompatibilitätsprobleme mit bestehenden Programmen am geringsten sein. Somit sind die Hersteller von Computern fast schon gezwungen, ihre Geräte mit Microsoft-Programmen auszustatten. Diese Marktdurchdringung hat dazu geführt, dass das Unternehmen aus Redmond, einem Vorort von Seattle im Bundesstaat Washington, Jahr für Jahr exzellente Umsatz- und Gewinnzahlen vorlegen kann (Abbildung 5.5).

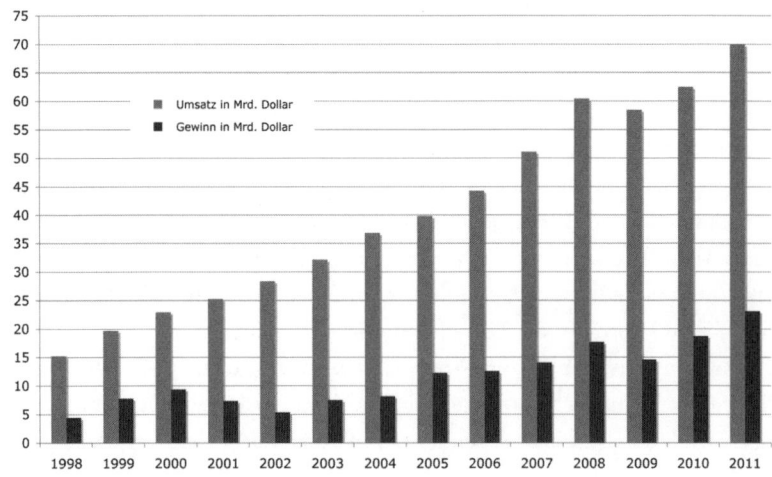

Abbildung 5.5: Umsatz- und Gewinnentwicklung von Microsoft seit 1989 (Quelle: Reuters).

Während der Umsatz (linke Balken) in jedem Jahr kontinuierlich zulegen konnte und sich seit 1998 um durchschnittlich 12,6 % pro Jahr erhöhte, konnte das Unternehmen den Gewinn im Schnitt sogar um fast 17 % pro Jahr steigern. Beides sagt zwar viel über die wirtschaftliche Qualität des Konzerns aus, aber noch nichts darüber, ob es sich lohnt, in dieses Buffett-Unternehmen zu investieren. Dafür ist der Vergleich von Aktienkurs und fairem Unternehmenswert je Aktie nötig.

Der faire Wert von Microsoft

Microsoft weist eine langfristige durchschnittliche Netto-Gewinnmarge von exzellenten 26,9 % auf. Das bedeutet, mehr als ein Viertel des erzielten Umsatzes blieb auf Sicht von zehn Jahren durchschnittlich als Gewinn im Unternehmen hängen. Das zeigt: Microsoft verkauft nicht nur viel, sondern verdient daran auch ordentlich. Wie hoch der „normalisierte", also der langfristig erzielbare Gewinn ist, errechnet sich erneut, indem Sie die Netto-Gewinnmarge auf den zuletzt ausgewiesenen Umsatz anwenden. Danach ergibt sich ein normalisierter Gewinn von 18,7 Milliarden Dollar. Als Multiplikator nehmen wir für Microsoft den Wert 19. Das Unternehmen ist sehr gut, vielleicht aber nicht ganz so gut wie Nestlé, weil langfristig auch die Gefahr von Wettbewerb etwas höher ist. Daraus lässt sich ein normalisierter oder fairer Eigenkapitalwert von rund 356 Milliarden Dollar errechnen. Unter Hinzunahme der 52,7 Milliarden Dollar Cash-Bestand ergibt sich ein fairer Unternehmenswert von rund 409 Milliarden Dollar. Auf die Einzelaktie heruntergerechnet, beträgt der faire Wert von Microsoft je Aktie damit 48 Dollar (Abbildung 5.6).

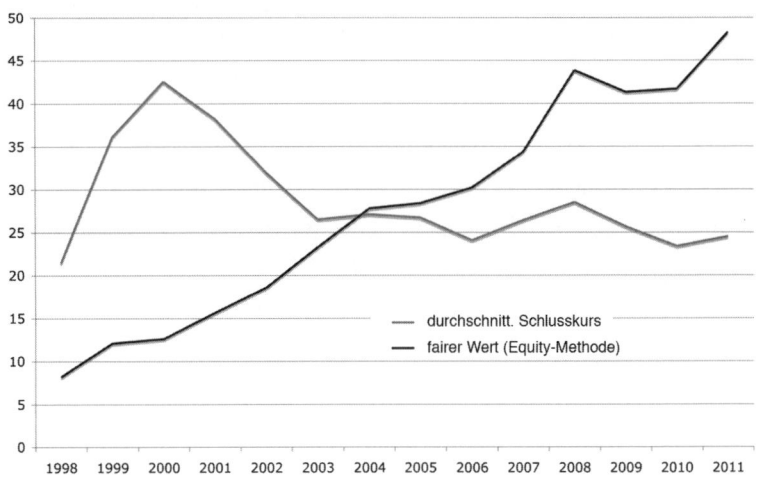

Abbildung 5.6: Microsoft – fairer Wert versus Aktienkurs seit 1998 (Quelle: Reuters, eigene Berechnungen).

Ende 2011 notierte die Microsoft-Aktie an der Börse in New York bei 26 Dollar. Das bedeutet, die Software-Aktie hatte damals – nur um den fairen Wert zu erreichen – fast Verdoppelungspotenzial. Das hat Anfang 2012 auch die Börse gemerkt. Wie der obige Chart auch zeigt, ging es mit dem Kurs seit 2003 mehr oder weniger seitwärts, doch ab Jahresbeginn 2012 legte die Microsoft-Aktie einen Kursspurt hin, so dass sich die Unterbewertung bis Frühjahr 2012 auf „nur" noch 33 % abgebaut hat. Für Value-Investoren bieten sich auf jeden Fall noch sehr gute Einstiegsmöglichkeiten.

Sie wundern sich vielleicht, dass ich Ihnen bisher nur ausländische Aktien als Buffett-Unternehmen vorgestellt habe. Das liegt daran, dass es hierzulande schlicht zu wenige davon gibt. Viele heimische Unternehmen sind zwar international tätig und weisen auch ausgezeichnete Bilanzen auf, aber die wenigsten agieren unter Ausschluss der Konkurrenz. Eines der wenigen klassischen Buffett-Unternehmen aus Deutschland will ich Ihnen aber nicht vorenthalten.

Fuchs Petrolub – läuft wie geschmiert

Fuchs Petrolub ist ein Franchise-Unternehmen im reinsten Sinne. Es hat nachhaltige Wettbewerbsvorteile und weist steigende Margen und Gewinnwachstum auf. Und noch etwas gefällt mir an Fuchs Petrolub: Es ist ein Familienunternehmen, denn die Mehrheit der Aktien gehört der Familie Fuchs. Fuchs Petrolub wurde 1931 unter dem Namen Rudolf Fuchs in Mannheim gegründet, mit über 50 % der Stammaktien hält die Familie Fuchs nach wie vor die Stimmenmehrheit, und Gründernachfahre Stefan Fuchs bekleidet das Amt des Vorstandsvorsitzenden.

Fuchs Petrolub ist in der Entwicklung, Produktion und dem Vertrieb von Schmiermitteln tätig. Das Produktportfolio umfasst mehr als 10.000 Schmiermittel für Auto- und Motorradfahrer, den Gütertransport, Personenverkehr, die Stahlindustrie, den Bergbau, Fahrzeug- und Maschinenbau sowie die Bauwirtschaft und den Agrarbereich. Das breite Produktspektrum deckt mehr als 100.000 Kunden ab. Der Konzern besitzt 52 Tochtergesellschaften und 34 Produktionsstätten in Europa, Nord- und Südamerika, Afrika und Asien. Weltweit gehört Fuchs Petrolub unter den unabhängigen Unternehmen zu den größten Anbietern von Schmierstoffen. Zudem hält es in Europa die Marktführerschaft im Bereich Poliertechnik.

Die auf Kontinuität und Wachstum ausgerichtete Unternehmensstrategie macht sich auch in den Geschäftszahlen bemerkbar. Fuchs ist ein besonderes Investment: Es besitzt zur gleichen Zeit steigendes Umsatzwachstum *und* expandierende Gewinnmargen (Abbildung 5.7).

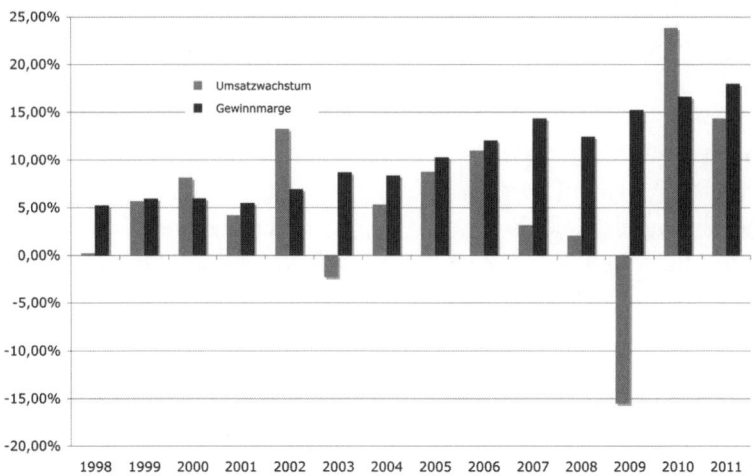

Abbildung 5.7: Entwicklung von Umsatzwachstum und Gewinnmargen bei Fuchs Petrolub seit 1998 (Quelle: Reuters).

Bis auf 2003 und in der Weltwirtschaftskrise 2009 weist Fuchs Petrolub seit Jahren steigende Umsätze auf. Das durchschnittliche Umsatzwachstum seit 1998 liegt bei 5,5 %, aber das Gewinnwachstum betrug im gleichen Zeitraum durchschnittlich 40 %. Die Netto-Gewinnmarge, also der Teil des Umsatzes, der als Gewinn verbucht werden kann, betrug im Jahr 1998 nur 5,3 %, doch bis Ende 2011 kletterte diese Kennzahl auf 18 %. Die Erklärung für diese explodierenden Margen und das Gewinnwachstum sind die sogenannten „Economies of Scale". Das bedeutet, dass die Herstellungskosten je Produktionseinheit immer weiter abnehmen, je mehr produziert wird. Damit ist die Rendite aus dem Wachstum viel höher als die Kapitalkosten, um dieses Wachstum zu finanzieren.

Bevor Sie sich aber Hals über Kopf auf diese Aktie stürzen, sollten Sie – bei allen Vorzügen des Unternehmens und der tollen Geschäftsentwicklung – immer auf die ihre aktuelle Bewertung achten. Denn was nützt Ihnen ein

Investment in ein großartiges Unternehmen, wenn schon viele vor Ihnen dessen Vorzüge erkannt haben und der Aktienkurs entsprechend kräftig gestiegen ist?

Der faire Wert von Fuchs Petrolub

Gehen Sie für die Ermittlung des fairen Werts dabei genauso vor wie bei den bisher analysierten Unternehmen Nestlé, Coca-Cola und Microsoft. Sie benötigen also wieder die langfristige durchschnittliche Netto-Gewinnmarge, um damit – bezogen auf den letzten Umsatz – den normalisierten Gewinn zu berechnen. Bei 1,66 Milliarden Euro Umsatz im Jahr 2011 und einer langfristigen, durchschnittlichen Netto-Gewinnmarge von knapp 7 % errechnet sich ein normalisierter Gewinn von 116 Millionen Euro. Bei einem Multiplikator von 20 ergibt sich damit ein normalisierter Eigenkapitalwert von 2,32 Milliarden Euro. Hierzu addieren Sie erneut den Cash-Betrag, hier in Höhe von 87 Millionen Euro, woraus sich ein fairer Unternehmenswert von etwas über 2,4 Milliarden Euro errechnet. Bei rund 71 Millionen ausstehenden Aktien beläuft sich der faire Unternehmenswert je Aktie von Fuchs Petrolub damit auf 34 Euro. Jetzt wird es spannend, denn es steht der Vergleich mit dem tatsächlichen Aktienkurs an (Abbildung 5.8).

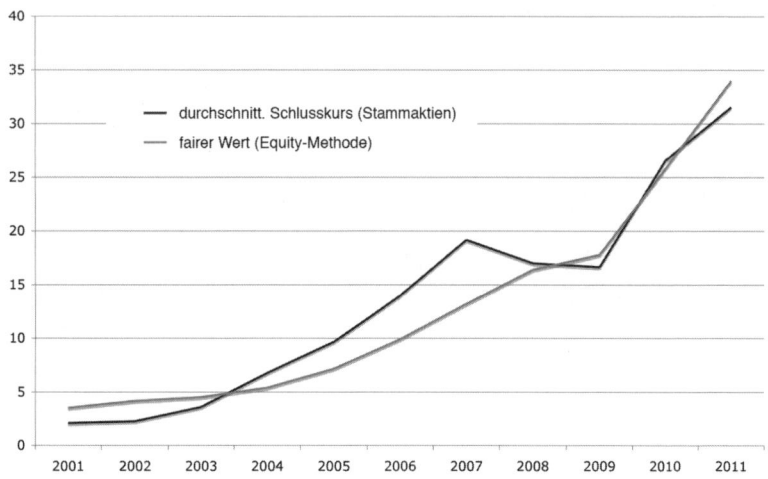

Abbildung 5.8: Fuchs Petrolub – fairer Wert versus Aktienkurs seit 1998 (Quelle: Reuters, eigene Berechnungen).

Wie Sie sehen, verlaufen der tatsächliche Kurs und der faire Wert der Fuchs-Petrolub-Aktie seit Jahren erstaunlich parallel. Seit 2011 weist der Schmierstoffwert jedoch eine leichte Unterbewertung auf, die sich Ende des Jahres bis auf 7 % ausgeweitet hat. In den ersten Wochen 2012 konnte die Aktie jedoch weiter zulegen, so dass Fuchs Petrolub im Frühjahr mit einem Kurs für die Stammaktien von fast 39 Euro um rund 15 % über ihrem fairen Wert notiert. Wer den Wert in seinem Depot hat, sollte ihn auf jeden Fall halten. Für Neueinsteiger empfiehlt es sich, noch ein wenig zu warten, bis die Aktie mindestens auf den fairen Wert von rund 34 Euro zurückgekommen ist.

Zusammenfassung: Über- oder Unterbewertung?

Es gäbe noch wesentlich mehr Buffett-Unternehmen, die ich Ihnen hier vorstellen könnte und bei denen sich der Einstieg aufgrund ihrer Unterbewertung lohnt. Doch zur Veranschaulichung, wie Sie den fairen Wert berechnen, sollen die obigen vier Beispiele genügen. Sie sehen, es ist nicht so furchtbar schwer – Sie müssen nur einige Kriterien bei der Berechnung beachten. Doch wenn Sie sich streng an die vorgestellten Formeln halten, bleiben Sie auf dem richtigen Weg. Zusammenfassend finden Sie in der untenstehenden Tabelle noch einmal die Ergebnisse der vier vorgestellten Buffett-Unternehmen im Überblick.

Unternehmen	akt. Kurs	fairer Wert (Equity-Methode)	Über- oder Unterbewertung
Nestlé	54 CHF	55 CHF	– 7 %
Coca-Cola	68 US-$	80 US-$	– 15 %
Microsoft	32 US-$	48 US-$	– 33 %
Fuchs Petrolub	39 €	34 €	+ 15 %

Tabelle 5.1: Bewertung nach Equitiy-Methode (Quelle: eigene Berechnungen).

Während Microsoft noch einen erheblichen Abstand zum tatsächlichen Aktienkurs und damit eine klare Unterbewertung aufweist, notieren die übrigen Aktien nahe beim fairen Wert oder sogar darüber. Nach der Panik der Aktienmärkte im Jahr 2008 haben diese 2009 erkannt, dass Superqualitätsunternehmen auch in großen Wirtschaftskrisen ein gutes Investment sind. Die Bewertungslücke ist also weitgehend geschlossen. Dennoch können Sie diese Unternehmen zum fairen Wert behalten, da sie normalerweise langfristig und kontinuierlich eine deutliche Wertsteigerung versprechen.

Zum Abschluss dieses Kapitels noch ein Tipp: Um die für die Analysen nötigen historischen Bilanzzahlen zu erhalten, gibt es mehrere Wege. Entweder begeben Sie sich im Internet auf die Suche nach historischen Zeitreihen. Hier bieten sich Portale wie OnVista (www.onvista.de), finanztreff. de (www.finanztreff.de) oder Börsennews.de (www.boersennews.de) an. Der Nachteil an diesen Informationen ist aber, dass sie meist nur fünf oder sechs Jahre in die Vergangenheit zurückreichen. Sie können sich aber auch direkt auf die Webseiten der von Ihnen ausgewählten vermeintlichen Buffett-Unternehmen begeben. Oftmals beinhalten diese Seiten unter dem Stichpunkt „Investor Relations" neben den üblichen aktuellen Bilanzen historische Rückblicke. Falls Sie dort ebenfalls nicht fündig werden, können Sie die Unternehmen auch anschreiben oder per E-Mail kontaktieren. In der Regel werden Ihnen die dortigen Investor-Relations-Abteilungen die gewünschten Informationen zur Verfügung stellen.

Diese Vorgehensweise der Informationsbeschaffung über Primärquellen, also direkt bei den Unternehmen, oder über das Internet führt auch bei interessanten „normalen" Value-Unternehmen, die ich Ihnen im nun folgenden Kapitel vorstellen möchte, zum Erfolg. Im Prinzip funktioniert die Berechnung des fairen Werts bei diesen Aktien auf die gleiche Weise wie bei den Buffett-Unternehmen. Aber lesen Sie selbst.

Stichwörter zu Kapitel 5

- Franchise- oder Buffett-Unternehmen

- Qualitative Auswahlkriterien (Familienunternehmen, Geschäftsmodell, Wachstumsperspektiven, Management, Dividendenhöhe)

- Quantitative Auswahlkriterien (Ergebnismargen, Gewinnwachstum, Gewinnthesaurierung, Cashflow-Marge, Sachinvestitionen, Eigenkapital/-rendite)

- Berechnung des fairen Unternehmenswerts

- Gewinnmarge

- Multiplikator

- Informationsbeschaffung

---

6. Normale Unternehmen – suchen und bewerten

Um was es geht

Buffett-Unternehmen, wie wir sie im vorigen Kapitel analysiert haben, gibt es nicht sehr viele. Daher sollten Sie als erfolgreicher Value-Investor auch andere – normale – Unternehmen in Ihr Investmentkalkül mit einbeziehen. Allerdings ist dies deutlich schwieriger, als in großartige Unternehmen zu investieren. Auf den folgenden Seiten werde ich Ihnen zeigen, wie Sie solche Unternehmen finden und richtig bewerten. Denn ein entscheidender Unterschied besteht im Vergleich zu den Buffett-Unternehmen: Normale Unternehmen stehen im Wettbewerb. Das bedeutet, der nachhaltige Vorteil der Alleinstellung entfällt. Umso wichtiger sind andere Qualitätskriterien bei der Suche. Auf was Sie dabei achten müssen, lesen Sie in diesem Kapitel genauso wie die richtige Bewertung dieser Unternehmen. Denn auch normale Unternehmen bieten Value-Investoren enorme Kurschancen, sofern man bei einer Unterbewertung investiert und dann die Zeit für sich arbeiten lässt.

Bevor wir ans Eingemachte gehen, will ich Sie gedanklich auf eine Anlegermesse mitnehmen. Waren Sie schon einmal auf so einer Veranstaltung? Oder einem Börsentag, wie ihn die Regionalbörsen in München, Düsseldorf oder Hamburg jedes Jahr veranstalten? Falls nicht, möchte ich Ihnen den Besuch eines solchen Anlegertreffens unbedingt ans Herz legen. Nicht nur wegen der mehr oder weniger interessanten Vorträge von Experten aus Banken, Fondsgesellschaften oder Analysehäusern, die verschiedene Investmentstrategien vertreten. Nein, man trifft auch immer wieder auf die unterschiedlichsten Anlegertypen. Und die Gespräche mit ihnen sind mitunter sehr aufschlussreich.

Ich erinnere mich an eine dieser Veranstaltungen, auf der ich als Referent eingeladen war. Nach meinem Vortrag kam ich mit einigen Besuchern ins Gespräch, wobei mir zwei ganz unterschiedliche Anlegertypen im Gedächtnis haften blieben.

Der erste Messebesucher, mit dem ich mich unterhielt, war ein Mann mittleren Alters, der beruflich überhaupt nichts mit Finanzen oder Börse zu tun hatte. Aber seit seiner Jugend betreibt er aktiv und leidenschaftlich private Börsengeschäfte. Wann immer es seine Zeit zulässt, studiert er die neuesten Analystenmeinungen in der Zeitung, im Fernsehen oder im Internet. Außerdem hat er gleich zwei Anlagemagazine abonniert, um so stets auf dem Laufenden zu sein, was die Entwicklung an den wichtigsten Aktienmärkten sowie der Weltkonjunktur angeht. Genauso ambitioniert, wie er sich auf dem aktuellen Wissensstand hält, betreibt dieser Privatanleger seine Börsengeschäfte. Immer auf der Suche nach „unterbewerteten Schätzchen", studiert er jede Unternehmensmeldung und macht sich Gedanken darüber, ob die neuesten Nachrichten nun positiv oder negativ zu interpretieren sind. Erfährt er von einer positiven Geschäftsentwicklung eines Unternehmens, steigt er rasch ein in der Hoffnung, als einer der ersten auf einen bald schnell fahrenden Börsenzug aufzuspringen.

Nach seinen Ausführungen fragte ich ihn, ob das nicht zu viel Stress für ihn bedeute, aber er winkte sofort ab. „Klar ist das zeitaufwendig und manchmal anstrengend, aber wenn ich am Ende mit schönen Kursgewinnen belohnt werde, nehme ich das gerne in Kauf", wischte er meinen Einwand beiseite. Ich fragte ihn dann, wie lange er seine Aktien halte und wie hoch seine Gewinne im Schnitt ausfallen würden. Da wurde mein Gegenüber ein wenig kleinlaut und gab zu, dass sich in den vergangenen Monaten Gewinne und Verluste in etwa die Waage gehalten hätten und er letztlich durch die Gebühren Geld verloren habe, denn er ordere im Schnitt zwei- bis dreimal pro Woche.

Für mich war schnell klar: Dieser Anleger betreibt Börseninvestments als reines Hobby, aber reich wird er damit wohl nicht werden. Ganz anders mein zweiter Gesprächspartner. Vom Alter her war er meinem ersten Aktionär vergleichbar, aber er besaß offensichtlich eine ganz andere Herangehensweise. Allein schon beruflich bedingt, denn der Herr erzählte mir, er sei für seine Firma weltweit sehr viel unterwegs und könne sich daher nicht laufend um seine Investments kümmern. Umso erstaunter war ich darüber, mit welchen Aktien er seit Jahren seine Börsengeschäfte betreibt. Zwar nannte er mir eine bunte Mischung aus Aktien aus den Bereichen Technologie, Pharma, Versorger, Konsum und Industrie, doch ich stellte fest, dass sich diese Wertpapiere auch in unserem PI Global Value befanden und damit ausgesprochene Value-Aktien waren.

Auf meine Frage, wie er denn ausgerechnet auf diese Investments gekommen sei, sprach er mir aus dem Herzen: „Wissen Sie", sagte er sehr gelassen, „ich kümmere mich eigentlich nicht um das aktuelle und oftmals ziemlich aufgeregte Grundrauschen an den Aktienmärkten. Wenn ich zufällig auf eine interessante Aktie aufmerksam geworden bin, etwa weil ich die Produkte kenne oder mir das Unternehmen mit ständigen positiven Nachrichten im Gedächtnis bleibt, besorge ich mir die nötigen Infos und studiere bei meinen beruflichen Reisen im Flugzeug die Bilanzen. Und wenn ich dann merke, dass die Aktie günstiger bewertet ist, als ich dem Unternehmen zubilligen würde, kaufe ich."

Dann wollte ich von meinem Gegenüber noch wissen, was ihn denn als in meinen Augen sehr intelligenten Anleger zu meinem Vortrag geführt habe, in dem es um Value-Investing ging. Er wollte einfach nur einmal eine Bestätigung, dass seine Strategie auch von anderen empfohlen und angewandt werde, lautete seine verblüffende Antwort. Das Gespräch mit diesem Anleger fasst eigentlich alles zusammen, was für einen erfolgreichen Value-Investor wichtig ist: richtig suchen, richtig bewerten und dann konsequent handeln.

Was sind „normale" Unternehmen?

Nachdem das vorige Kapitel den Buffett-Unternehmen gewidmet war, wollen wir uns nun mit den „normalen" Unternehmen befassen, also mit Konzernen, die in einer wirtschaftlich lebensfähigen Branche tätig sind in der der Markteintritt jedoch vollkommen frei ist. Das bedeutet, jede Firma, die eine gute Idee und ein funktionierendes Geschäftsmodell mitbringt, kann sich als neuer Anbieter etablieren. Entsprechend hoch ist in solchen Branchen natürlich der Wettbewerb. Rund 70 % der Unternehmen, deren Aktien an der Börse notieren, gehören dieser Kategorie an.

So finden Sie „normale" Value-Aktien

Eine der wichtigsten Regeln beim Value-Investing haben Sie bereits kennengelernt: den „circle of competence". Auf Deutsch heißt das schlicht: Befassen Sie sich mit Branchen oder Unternehmen, die Sie wirklich kennen. Oder anders ausgedrückt, deren Produkte Sie im Alltag selbst benutzen oder deren Eigenheiten Sie aus beruflichen Gründen kennen. Wenn Sie diesen Grundsatz beherzigen, werden Sie überrascht sein, wie groß Ihr Kompetenzbereich ist. Wir alle fahren Autos, gehen shoppen, haben ein Handy, müssen essen und trinken, und manchmal brauchen wir auch Medikamente. Das bedeutet: Wir besitzen also von vornherein bestimmte Kenntnisse in den Branchen Automobile, Konsum, Telekommunikation, Nahrungsmittel und Pharma. Damit lässt sich schon ein sehr umfangreiches Universum potenzieller Value-Unternehmen zusammenstellen.

Aber natürlich sind das nicht alles Aktien, in die es sich zu investieren lohnt. Jetzt muss die Spreu vom Weizen getrennt werden. Dafür stehen Ihnen einige genauso hilfreiche wie einfache Kriterien zur Verfügung. Im Gegensatz zu Buffett-Unternehmen weisen normale Unternehmen keinen nachhaltigen Wettbewerbsvorteil auf. Im Folgenden stelle ich Ihnen einige Beispiele für normale Unternehmen vor.

Celesio – zyklisches Unternehmen in schwierigem Umfeld

Die Celesio AG mit Hauptsitz in Stuttgart ist ein europäischer Marktführer und weltweit tätiger Konzern in den Bereichen Pharmagroßhandel, Apotheken und Dienstleistungen. Das Unternehmen geht auf die Gehe & Comp. zurück, die von Franz Ludwig Gehe 1835 in Dresden gegründet wurde. Heute ist Celesio eines der führenden Dienstleistungsunternehmen in den Pharma- und Gesundheitsmärkten, das in 27 Ländern aktiv ist und rund 47.000 Mitarbeiter beschäftigt. Celesio betreibt knapp 2.300 eigene Präsenzapotheken, überwiegend in Frankreich und Großbritannien, die täglich rund eine halbe Million Kunden bedienen. Über 130 Niederlassungen beliefert Celesio als Großhändler Tag für Tag rund 65.000 Apotheken. Im Bereich Manufacturer Solutions bietet das Unternehmen Pharmaherstellern Logistik-, Marketing- und Vertriebslösungen.

Celesio war in den 1980er Jahren über fast ein Jahrzehnt das deutsche Unternehmen mit der höchsten Wertsteigerung. Dann stagnierte der Kurs, ebenfalls fast ein Jahrzehnt lang, um 2007 auf ein neues Hoch von 55,05 Euro zu steigen. Vier Jahre später war der Kurs auf 9,28 Euro gefallen – ein Kursverfall um 83 %. Der Kurs bewegt sich Anfang 2012 auf dem Niveau des Jahres 1994. Was war geschehen?

Celesio und seine Entwicklung lässt sich kurz und prägnant so umschreiben: Der Pharmahändler ist ein stark unterbewertetes zyklisches Unternehmen in einem schwierigen Umfeld. Keine Frage – Celesio bewegt sich in einem sehr harten Markt. Die Margen sind hauchdünn und schwanken um 1 %. Aber das Unternehmen ist ein europäischer Marktführer und kann auf eine bald 200-jährige Geschichte zurückblicken. Zudem übt die Haniel-Familie als Hauptaktionär einen stabilisierenden Einfluss aus. In den letzten Jahren gab es eine Reihe von Problemen und Rückschlägen am Markt. Die geplante Gründung einer Internetapotheke und von Apothekenketten in Deutschland scheiterte, weil das Mehrbesitzverbot für Apotheken aufrechterhalten wurde. Zudem wirkte sich die Regulierung im

Gesundheitswesen in mehreren Ländern nachteilig aus. Die Entwicklung des Dienstleistungsbereichs erfolgte nicht so, wie es das Unternehmen sich erwartete.

Celesio hat der Familie Haniel also in jüngster Zeit nicht viel Freude bereitet, ist jedoch kein Sanierungsfall. In fast allen Jahren außer 2008 schloss Celesio mit Gewinn ab. Mit dem Pharmagroßhandel und den Apotheken betreibt das Unternehmen ein legitimes Geschäft, für das auch noch in zehn Jahren Bedarf da sein wird. Es lohnt sich also, dass wir uns die Bewertung von Celesio einmal genauer ansehen, denn hier könnte es ein gutes Unternehmen zum Schnäppchenpreis geben.

Der faire Wert von Celesio

Aktuell notiert Celesio bei einem Kurs-Buchwert-Verhältnis von 0,8. Dies deutet auf eine starke Unterbewertung hin. Sie entsteht durch die Belastungen, die das Unternehmen derzeit ertragen muss. Gelingt es, den Gewinn wieder auf alte Höhen zu steigern, werden auch die Bewertung und der Kurs wieder steigen. Wann und ob dies eintritt, kann niemand sagen. Warren Buffett meint jedoch: „Die Zukunft ist immer unsicher. Kaufe, wenn eine Unterbewertung vorliegt." Das niedrige Kurs-Buchwert-Verhältnis lässt das vermuten, doch sehen wir uns die Bewertung genauer an.

Nach der Lektüre von Kapitel 5 dürfte Ihnen die Bewertungsformel für den fairen Unternehmenswert $V = G \times M$ bereits in Fleisch und Blut übergegangen sein. Daher verzichte ich hier auf eine erneute theoretische Erläuterung dieser Gleichung, sondern wir steigen sofort in die Praxis ein.

Generell lassen sich bei normalen Unternehmen immer zwei Bewertungen anwenden: die Entity-Methode und die Equity-Methode. Kurz gesagt, bedeutet die Entity-Methode, dass der Unternehmenswert berechnet wird, wie er für alle Kapitalgeber gilt, das heißt für die Eigenkapitalgeber, also die Aktionäre, und für die Fremdkapitalgeber wie etwa Banken. Denn Sie müssen bedenken, dass das Unternehmen mit seinem Vermögen (Aktivseite der Bilanz) nicht nur Gewinne produziert, sondern auch Zinszahlungen an seine Gläubiger oder Steuerzahlungen an den Staat bedient. Die Eigentümer des Eigenkapitals oder die Kreditgeber (Passivseite der Bilanz) oder der Staat haben also Ansprüche an die Ertragskraft des Unternehmens. Also ist die gesamte Ertragskraft höher als der ausgewiesene Gewinn. Daher nimmt man bei der Berechnung der Ertragskraft und damit zur Unternehmensbewertung den Gewinn vor Abzug der Steuern und Zinsen (Ebit).

Wenn man nun diese Größe Ebit, die in etwa einem erweiterten Gewinn entspricht, mit einem Multiplikator multipliziert, kommt man auf den Wert des Gesamtunternehmens. Der Multiplikator orientiert sich nicht wie bei der Equity-Methode an den Kapitalkosten für Eigenkapital, sondern an einem gewichteten Durchschnitt für das Gesamtkapital, da Eigenkapital und Fremdkapital unterschiedliche Kapitalkosten haben. Es gilt also die Formel:

$$V_{Entity} = Ebit \times M$$

Wenn man auf diese Art und Weise den Wert des gesamten Unternehmens ermittelt hat, muss man letztlich den Wert der Verbindlichkeiten abziehen und den Wert der liquiden Mittel addieren, um auf den Wert des Eigenkapitals zu kommen. Hieraus lässt sich dann der Wert einer einzelnen Aktie berechnen.

Die Entity-Methode wird in erster Linie von Profis bei der Ermittlung des Unternehmenswertes verwendet, etwa von den Anlagemanagern von Private-Equity-Firmen. Sie eignet sich zudem für Unternehmen, die einen hohen Grad an Fremdkapital haben.

Bei der Equity-Methode wird der Unternehmenswert indes nur für die Eigenkapitalgeber, also die Aktionäre, ermittelt. Deshalb wird bei der Berechnung der Gewinnmarge derjenige Gewinnanteil verwendet, der auf die Aktionäre entfällt – die sogenannte Nettomarge. Hier wurden also Zinszahlungen und Steuerabgaben bereits abgezogen und damit ertragsmindernd berücksichtigt. Die Equity-Methode ist definitiv die einfachere Methode und eignet sich vor allem für Unternehmen, die nicht zu stark verschuldet sind.

Doch genug der Theorie, kommen wir zurück zu Celesio und zur Berechnung des fairen Werts des Pharmakonzerns. Zur besseren Veranschaulichung werden wir den Unternehmenswert nach beiden soeben vorgestellten Methoden berechnen. Bei den dann folgenden Praxisbeispielen konzentrieren wir uns allerdings auf den Unternehmenswert nach der Equity-Methode; die Wertermittlung nach der Entity-Methode wird zwar Erwähnung finden, jedoch weniger ausführlich vorgenommen werden.

Die Bewertung von Celesio nach der Entity-Methode …

Um den Ertragswert zu berechnen, benötigen Sie den normalisierten Gewinn – und zwar vor Zinszahlungen und Steuern. Im Fachjargon wird dieser Gewinn als EBIT bzw. Ebit bezeichnet, was abgekürzt für *E*arnings *B*efore *I*nterest and *T*axes steht. Vergleicht man diesen Gewinn mit dem jeweils erzielten Umsatz, ergibt sich die operative Gewinnmarge, die bei Celesio im Schnitt seit 2002 bei jährlich 2,68 % liegt. Bei einem Umsatz von 22 Milliarden Euro 2011 ergibt sich damit ein normalisierter Gewinn von rund 590 Millionen Euro. Damit haben wir das „G" aus der Formel $V = G \times M$.

Für das „M" müssen wir jetzt die Kapitalkosten „r" und das Wachstum der Wirtschaft bzw. der Branche berücksichtigen. Bei Celesio lagen die Kapitalkosten im Jahr 2011 bei 6,3 %, die allgemeine Wachstumsrate legen wir mit 2 % fest. Daraus folgt: $r = 6,3\% - 2\% = 4,3\%$ und daher $M = 1 / 4,3 = 23,3$. Nun lässt sich der normalisierte Ertragswert nach obiger Formel berechnen: V = 590 Millionen Euro × 23,3 = 13,7 Milliarden Euro. Davon sind jetzt noch die Nettoschulden in Höhe von rund 1,7 Milliarden Euro abzuziehen. So erhalten Sie den Eigenkapitalwert des Gesamtunternehmens Celesio nach der Entity-Methode: Er liegt bei rund 12 Milliarden Euro. Da Anfang des Jahres 2012 ca. 170 Millionen Aktien von Celesio in Umlauf waren, ergibt sich ein Ertragswert je Aktie von rund 70 Euro. Behalten Sie diesen Wert bitte einmal im Hinterkopf, denn jetzt wollen wir noch den fairen Unternehmenswert nach der Equity-Methode berechnen.

… und nach der Equity-Methode

Erster Unterschied zu der Entity-Methode ist, dass Sie nicht das operative Ergebnis zur Berechnung der durchschnittlichen Gewinnmargen verwenden dürfen, sondern den auf die Aktionäre entfallenden Gewinn nach Abzug von Zinsen und Steuern. Verglichen mit dem Umsatz aus den vergangenen Jahren, errechnet sich die durchschnittliche Nettomarge bei Celesio seit 2002 mit 1,3 % und damit um die Hälfte geringer als bei der gerade vorgestellten Methode. Kein Wunder, denn bei der Berechnung wird ja nur der Teil des Gewinns berücksichtigt, welcher auf die Aktionäre entfällt, und nicht das gesamte operative Ergebnis.

Die weiteren Schritte sind ähnlich wie bei der Entity-Methode. Um den fairen Unternehmenswert zu erhalten, müssen Sie zuerst wieder den normalisierten Gewinn berechnen. Bei einem Umsatz von zuletzt 22 Milliarden Euro und einer Netto-Gewinnmarge von 1,3 % ergibt sich ein normalisierter Gewinn von rund 286 Millionen Euro. Als Multiplikator setzen wir jetzt 12,5 an (M = 1 / r), das heißt, „r" beträgt 8 %, denn wir gehen von durchschnittlichen Kapitalkosten von 10 % aus und unterstellen wieder eine allgemeine Wachstumsrate von 2 %. Daraus errechnet sich dann ein normalisierter Eigenkapitalwert von 3,58 Milliarden Euro, zu dem noch ein Kassenbestand von 267 Millionen Ende 2011 hinzuaddiert werden muss. Somit erhalten wir einen fairen Unternehmenswert von rund

3,85 Milliarden Euro. Bei 170 Millionen ausstehenden Aktien ergibt sich ein fairer Unternehmenswert je Aktie von rund 22 Euro.

Sie sehen, die beiden Berechnungsmethoden ergeben zwei stark voneinander abweichende faire Preise je Aktie: 70 Euro bei der Entity-Methode und 22 Euro bei der Equity-Methode. Aber in beiden Fällen ergibt sich bei Celesio eine starke Unterbewertung. Im April 2012 notierte die Aktie bei 13,60 Euro. Nach der Equity-Methode ist der Pharmahändler um rund 40 % unterbewertet, nach der Entity-Methode sogar um rund 80 %.

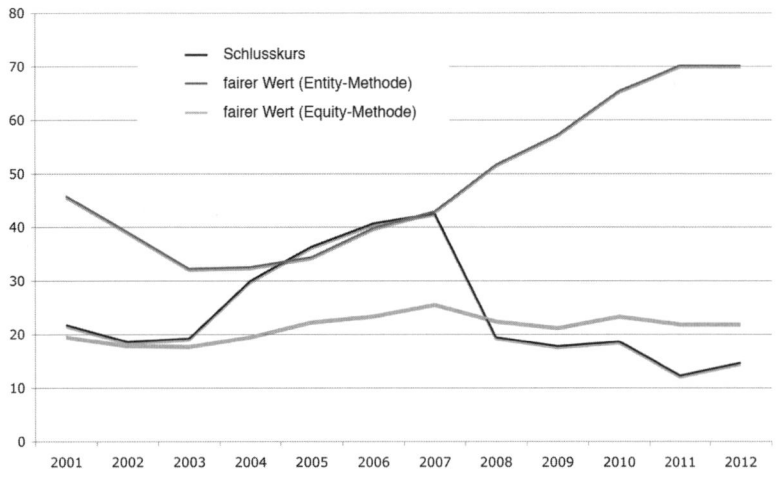

Abbildung 6.1: Celesio – fairer Wert versus Aktienkurs seit 2001 (Quelle: Reuters, eigene Berechnungen).

Mitte 2007 rutschte die Aktie unter ihren fairen Wert nach der Entity-Methode. Der Kursverfall ging weiter, und rund ein Jahr später wurde auch der faire Wert nach der Equity-Methode unterboten. Seitdem hat Celesio die Unterbewertung sogar noch ausgebaut. Die Aktie des Pharmahändlers ist also eindeutig ein interessantes Value-Unternehmen.

RWE – Power für Deutschland und fürs Depot

Kommen wir nun zu einem der größten und bekanntesten Energieversorger in Deutschland. Die heutige RWE AG wurde im Jahr 1898 als „Rheinisch-Westfälisches Elektrizitätswerk" in Essen gegründet. Mittlerweile zählt das Unternehmen zu den fünf führenden Energieversorgern in Europa. Seine Aktivitäten umfassen Erzeugung, Handel, Transport und Vertrieb von Strom und Gas. Ebenfalls ist der Konzern in Kontinentaleuropa im Wassergeschäft tätig. Das operative Geschäft teilt sich in sechs Bereiche auf: RWE Power, RWE Innogy, RWE Dea, RWE Supply & Trading, RWE Energy und RWE npower, wobei sich hinter diesen wichtig klingenden Namen „nur" die fachlich bzw. regional aufgeteilten Aktivitäten des RWE-Konzerns verbergen.

RWE Power ist der größte deutsche Stromproduzent und zählt zu den größten Stromerzeugern in Kontinentaleuropa. Das Unternehmen baut Braunkohle ab und erzeugt Elektrizität aus Kohle, Kernenergie und Gas. RWE Innogy bündelt die Konzernaktivitäten im Bereich von regenerativen Energien. Dazu zählen On- und Offshore-Windanlagen in Europa, Wasserkraftwerke und Biomasseobjekte. RWE Dea fördert Erdgas und Erdöl mit Schwerpunkten in Europa und Nordafrika. RWE Supply & Trading betreibt den europäischen Energiehandel und optimiert kommerziell alle nicht regulierten Gasaktivitäten. RWE Energy ist verantwortlich für die Vertriebs- und Netzwerkunternehmen in zwölf Regionen innerhalb und außerhalb Deutschlands; der Bereich vertreibt Elektrizität, Gas, Wasser und ähnliche Dienstleistungen aus einer Hand. Und RWE npower schließlich erzeugt Strom aus Kohle, Erdgas und Erdöl und verkauft diese Elektrizität sowie Gas an Endverbraucher in Großbritannien.

Trotz dieser auf den ersten Blick verwirrenden Verschachtelung der einzelnen Aktivitäten von RWE lohnt es sich doch, sich mit RWE als Investment zu beschäftigen. Denn letztlich befasst sich RWE mit nichts anderem als der Gewinnung und Verteilung von Strom – woraus, wie und wo auch immer. Aber natürlich müssen auch andere Kriterien wie zum Beispiel das Umsatzwachstum oder die Gewinnmargen stimmen, um in den erlauchten Kreis der Value-Aktien aufgenommen zu werden. Aber auch hierbei schlägt sich RWE langfristig ausgezeichnet – wenngleich sich vor allem wegen der Atomkatastrophe im japanischen Fukushima im März 2011 die Rahmenbedingungen entscheidend verändert haben (Abbildung 6.2):

Abbildung 6.2: Umsatz- und Gewinnentwicklung von RWE seit 2000 (Quelle: RWE).

RWE traf die Konsequenzen aus der Fukushima-Katastrophe ähnlich wie andere Energieversorger, die im Geschäft mit der Kernkraft tätig sind. Im ersten Halbjahr 2011 sank der Aktienkurs um 22,2 Prozent (01.01.2011: ca. 50 Euro; 01.06.2011: ca. 39 Euro), der Rückgang fiel aber nicht so stark aus wie etwa beim heimischen Konkurrenten E.ON. Der Stromabsatz sank um 0,8 Prozent, der Gasabsatz um 17,7 Prozent. Die zusätzlichen Belastungen betrugen 900 Millionen Euro. Für acht Kernkraftwerke bedeutete die politische Energiewende das sofortige Aus. Die übrigen neun Anlagen müssen bis Ende 2022 zeitlich gestaffelt vom Netz.

Zugleich hält die Bundesregierung an der neuen Steuer auf Kernbrennstoffe fest, wodurch eine weitere Belastung bleibt. RWE antwortet darauf, indem der Konzern eine Verbesserung der Effizienz und der Kohlendioxidbilanz des Erzeugungsportfolios anstrebt. Zwei neue Großkraftwerke hat RWE bereits in Betrieb genommen; bis 2014 kommen jedes Jahr weitere hinzu. Die Kraftwerksflotte wird dann zu den modernsten Europas gehören. Diese Projekte binden viel Kapital, daher will RWE natürlich seine Finanzkraft behalten, um sein A-Rating nicht zu verlieren. Geplante Maßnahmen sind deshalb ein Desinvestitionsprogramm im Umfang von 11 Milliarden Euro bis Ende 2013, Kürzung der Investitionen bis 2014 um 4 Milliarden Euro pro Jahr und die Hebung der Effizienz durch Kostensenkungen. Außerdem soll das Eigenkapital durch Aktienverkäufe erhöht werden, wodurch man sich Einnahmen in Höhe von 2,5 Milliarden Euro erhofft.

Zwar muss RWE im Jahr 2012 voraussichtlich einen Ergebnisrückgang hinnehmen, für 2013 soll aber wieder ein Ergebnis von 2,5 Milliarden Euro erreicht werden. Trotz der schwierigen Phase möchte der Konzern mindestens die Hälfte seines Gewinns als Dividende an seine Aktionäre ausschütten. Doch über die Dividendenstärke von RWE habe ich weiter oben ja schon berichtet. Wie sieht es nun mit der Bewertung der Aktie an der Börse aus?

Der faire Wert von RWE

Zunächst müssen Sie für die Ermittlung des fairen Unternehmenswerts auch hier den nachhaltig erzielbaren Gewinn berechnen. Am Beispiel RWE lässt sich sehr schön verdeutlichen, wie wenig Sinn es ergibt, einfach auf den letzten Gewinn aus der Bilanz zurückzugreifen. Denn wegen der japanischen AKW-Katastrophe und der folgenden politisch erzwungenen Veränderungen im Geschäftsmodell ist der 2011er-Gewinn nicht aussagekräftig. Sinnvoller ist es daher, sich auf robuste Zahlen aus der längerfristigen Gewinnentwicklung zu stützen.

Wir berechnen also den „normalisierten" Gewinn, indem wir zuerst die langfristig erzielte durchschnittliche Netto-Gewinnmarge ermitteln und diese dann auf den zuletzt ausgewiesenen Umsatz anlegen. Langfristig, also in den zurückliegenden zehn Jahren, schaffte RWE eine Gewinnmarge von 5,5 %. Auf Basis des Umsatzes von 2011 in Höhe von 46,3 Milliarden Euro ergibt das einen normalisierten Gewinn von rund 2,5 Milliarden Euro. Für die Kapitalkosten setzen wir 10 % an, für das durchschnittliche Wachstum 2 %. Damit ergibt sich für den Nenner des Multiplikators eine Gesamtbelastung von 8 %. Nun ist die Berechnung des Unternehmenswertes relativ einfach.

$V = 1 / 0{,}08 \times 2{,}5 = 31{,}6$ Milliarden Euro. Jetzt müssen Sie noch die liquiden Mittel in Höhe von 1,3 Milliarden Euro hinzuaddieren, die RWE auf dem Bankkonto hält, denn sie gehören ja auch zum Unternehmenswert. Der daraus resultierende faire Unternehmenswert V beträgt rund 32,9 Milliarden Euro. Von RWE waren Anfang 2012 rund 535 Millionen Aktien in Umlauf, so dass sich nach Division des Unternehmenswerts durch die Anzahl der Aktien ein fairer Unternehmenswert je Aktie von rund 62 Euro ergibt. So weit das Ergebnis nach der Equity-Methode.

Wie eingangs erwähnt, ist es sinnvoll, bei Unternehmen, deren Geschäftsmodell einen hohen Kapitalbedarf erfordert, die Entity-Mehode zur Berechnung des fairen Aktienwerts anzuwenden. Energieversorger wie RWE gehören zu solchen Unternehmen, denn Bau, Unterhalt und Betrieb von Kraftwerken – egal, ob zur Erzeugung von Strom aus nuklearen, fossilen oder erneuerbaren Energieträgern – sind extrem kapitalintensiv.

Wenn Sie bei RWE also nach der Entity-Methode vorgehen, stellt die Basis der Berechnungen nicht der sogenannte ausschüttungsfähige Gewinn dar, sondern der operative Gewinn. Beide Daten werden in jeder Bilanz extra ausgewiesen, sind also leicht zu finden. Ich erspare Ihnen nun die einzelnen Berechnungsschritte und komme gleich zum Ergebnis. Nach der Entity-Methode liegt der faire Wert je RWE-Aktie zum Zeitpunkt der Analyse Anfang 2012 sogar bei 173 Euro und damit fast dreimal so hoch wie bei der Equity-Methode.

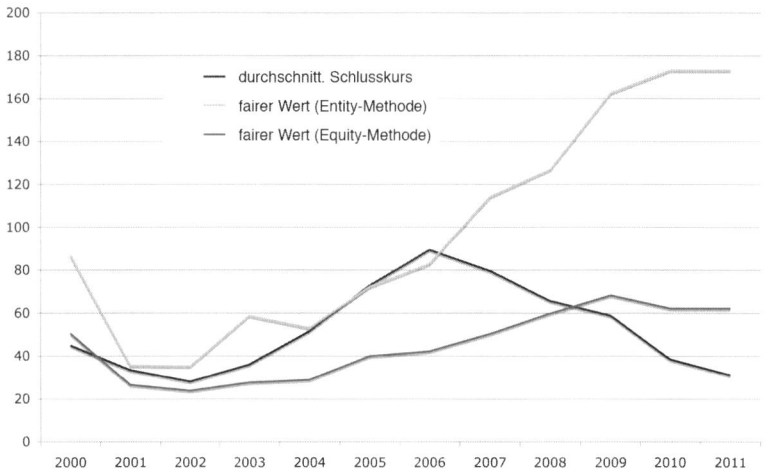

Abbildung 6.3: RWE – fairer Wert versus Aktienkurs seit 2000 (Quelle: Reuters, eigene Berechnungen).

Wie Abbildung 6.3 zeigt, weist die RWE-Aktie seit Herbst 2008 eine Unterbewertung auf, die sich bis Anfang 2012 noch ausgeweitet hat. Bei einem Aktienkurs von etwa 35 Euro im Frühjahr 2012 beträgt die Unterbewertung nach der Equity-Methode 56 % und nach der Entity-Methode sogar stolze 80 %. Egal also, nach welcher Methode Sie den fairen Wert von RWE ausrechnen, die Versorgeraktie ist ein enorm unterbewerteter Value-Wert.

Salzgitter – Tradition und Stetigkeit

Der zweitgrößte deutsche Stahlkonzern Salzgitter zählt zu den traditionsreichsten deutschen Unternehmen. Durch nachhaltiges internes und externes Wachstum hat sich das Unternehmen zu einem der führenden Stahl- und Technologiekonzerne Europas entwickelt – mit einem Umsatz von über 9,8 Milliarden Euro, einer Kapazität von rund 8 Millionen Tonnen Rohstahl und rund 23.000 Mitarbeitern im Jahr 2011. Das oberste Ziel des Unternehmens bleibt auch zukünftig, die Eigenständigkeit durch Profitabilität und Wachstum zu wahren. Der Konzern umfasst nahezu 200 nationale und internationale Tochter- und Beteiligungsgesellschaften und gliedert sich in die Unternehmensbereiche Stahl, Handel, Röhren, Dienstleistungen und Technologie.

Der betriebswirtschaftliche Aufwärtstrend der Salzgitter AG hat sich im dritten Quartal 2011 verlangsamt. Angesichts der sich eintrübenden Stahlkonjunktur, des Preisdrucks und der üblichen saisonalen Abschwächung lagen die Ergebnisse unter denen des Vorquartals. Die Unternehmensbereiche Stahl und Handel haben trotz gestiegener Kosten jedoch deutlich besser abgeschnitten als gedacht. Die Schuldenkrise in der Eurozone hat den Konzern nicht daran gehindert, den operativen Gewinn wieder deutlich auf rund 320 Millionen Euro zu steigern.

Die Salzgitter AG ist ein solides Unternehmen, dessen Produkte auch zukünftig gefragt sein werden. Das Geschäft ist einfach zu verstehen, was eine Bewertung erheblich erleichtert. Trotz der guten qualitativen Kriterien ist das Geschäft von Salzgitter sehr konjunkturabhängig und kapitalintensiv, dennoch sollten Sie sich den Stahlkonzern unter Value-Gesichtspunkten genauer ansehen. Schon allein wegen der schieren Größe und seiner Weltmarktstellung gehört Salzgitter zu den solidesten und beständigsten Unternehmen in Deutschland.

Unübersehbar ist jedoch, dass Umsatz und Gewinn stark schwanken. Umso wichtiger ist eine nachhaltige und faire Unternehmensbewertung. Hier mit den üblichen Kennzahlen wie etwa dem Kurs-Gewinn-Verhältnis zu arbeiten, führt in die Irre. Beispielsweise brach im Jahr 2009 der Gewinn stark ein – was allerdings nicht verwunderlich war, denn die Stahlbranche ist direkt von der Nachfrage anderer Industrien abhängig (Auto, Bau usw.). Gleichzeitig schwankte der Stahlpreis sehr stark. Das genaue Gegenteil konnte in Boomjahren beobachtet werden: So verbuchte Salzgitter etwa im Jahr 2006 mit fast 1,9 Milliarden Euro einen Rekordgewinn.

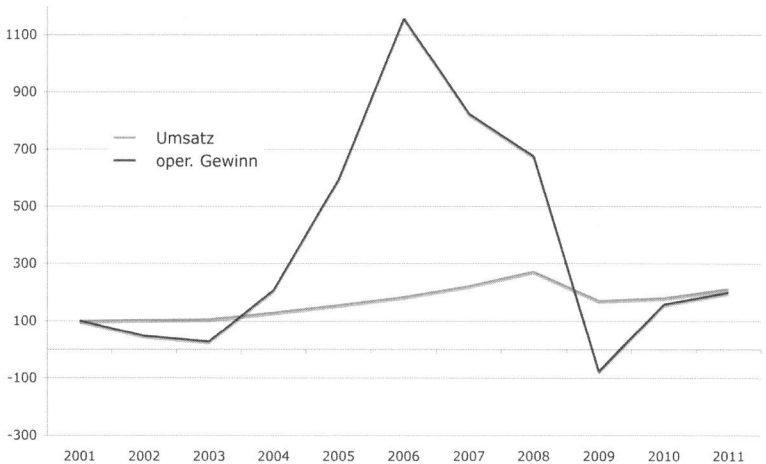

Abbildung 6.4: Umsatz- und Gewinnentwicklung von Salzgitter seit 2001 (indexiert, 2001 = 100 Punkte, Quelle: Salzgitter).

Seit ihrem Höchststand im Juli 2007 bei über 150 Euro sackte die im Nebenwerteindex MDAX notierte Aktie immer weiter ab und fiel im Herbst 2011 sogar unter die 40-Euro-Marke. Da stellt sich die Frage, wie stark der Riesenkonzern unterbewertet ist.

Der faire Wert von Salzgitter

Wie versprochen will ich Ihnen den fairen Wert von Salzgitter nur mit der Equity-Methode berechnen. Die Ergebnisse nach der Entity-Methode füge ich am Ende lediglich zur Illustration bei, Sie finden sie auch in Abbildung 6.5.

Um gemäß der Formel V = G × M den „normalisierten" Gewinn, also das G, zu berechnen, muss zuerst die langfristige Gewinnmarge berechnet werden. Dazu vergleichen wir den ausschüttungsfähigen Gewinn („net attributable profit") mit den jeweils erzielten Umsätzen, um so die durchschnittliche Netto-Gewinnmarge der zurückliegenden zehn Jahre zu erhalten. Bei Salzgitter lag dieser Wert Ende 2011 bei 4,7 %. Das bedeutet, seit 2001 fielen im Schnitt 4,7 % des Umsatzes als Gewinn ab. Bei einem Umsatz von rund 9,8 Milliarden Euro Ende 2011 beträgt der normalisierte Gewinn demnach rund 460 Millionen Euro. Das ist das „G" in der obigen Formel.

Für den Multiplikator „M" nehmen wir an, dass die durchschnittlichen Kapitalkosten 10 % betragen und die Wirtschaft allgemein mit 2 % im Jahr wächst, das heißt, der Multiplikator beträgt 12,5. Damit errechnet sich ein normalisierter Unternehmenswert von rund 5,75 Milliarden Euro. Hier müssen wir jetzt noch die liquiden Mittel von Salzgitter hinzurechnen, um den fairen Unternehmenswert zu erhalten. Salzgitter verfügte Ende 2011 über Cash in Höhe von 933 Millionen Euro, womit sich ein fairer Unternehmenswert von rund 6,68 Milliarden Euro errechnet. Bei gut 54 Millionen Aktien, die in Umlauf sind, beträgt der faire Wert von Salzgitter 124 Euro je Aktie.

Anfang April 2012 kostete die Salzgitter-Aktie rund 41 Euro. Das bedeutet, dass der Stahlkonzern um mehr als 65 % unter seinem fairen Wert notiert und damit für Value-Investoren ein wahres Schnäppchen ist. Noch eklatanter ist die Unterbewertung, wenn Sie den fairen Wert nach der Entity-Methode berechnen. Danach müsste die Aktie fast 246 Euro kosten, damit der wahre Wert des Stahlkonzerns an der Börse fair abgebildet wird.

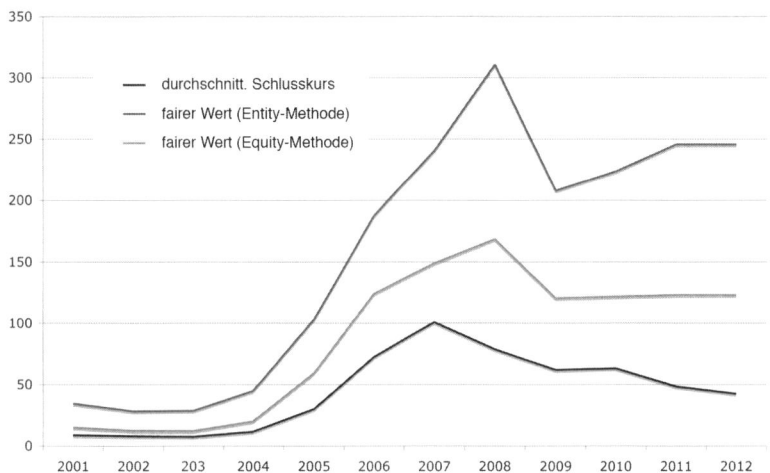

Abbildung 6.5: Salzgitter – fairer Wert versus Aktienkurs seit 2001 (Quelle: Reuters, eigene Berechnungen).

voestalpine

Die jetzige voestalpine AG ist 1995 entstanden, als der verstaatlichte Stahlkonzern VÖEST privatisiert wurde. Sitz des weltweit tätigen Unternehmens ist Linz, die drittgrößte österreichische Stadt und Hauptstadt des Bundeslandes Oberösterreich. In über 60 Ländern vertreten und aus rund 360 Produktions- und Vertriebsgesellschaften bestehend, beschäftigt voestalpine rund 40.000 Mitarbeiter, die in fünf Unternehmensbereichen tätig sind.

Das Kerngeschäft und gleichzeitig die größte Einheit des voestalpine-Konzerns bildet die Division Stahl mit den Schwerpunkten Erzeugung und

Verarbeitung von Flachstahlprodukten für die Automobil-, Hausgeräte- und Bauindustrie. Zu den Produkten der Division Edelstahl zählen unter anderem Werkzeugstahl und Sonderlegierungen für Öl- und Dampfturbinen. Beliefert werden vor allem der Werkzeugbau der Automobilindustrie sowie die Konsumgüterindustrie. Der Unternehmensbereich Bahnsysteme stellt neben anderen Erzeugnissen hochwertige Schienen- und Weichenprodukte, Walzdraht, Nahtlosrohre sowie Schweißzusatzstoffe her. Die Division Profilform erzeugt geschweißte Formrohre und Hohlprofile, Standardprofile ebenso wie kundenspezifisch angefertigte Sonderrohre und -profile. Abnehmer dieses Sektors finden sich etwa in der Automobil-, der Bau- und der Möbelindustrie. Wie der Name vermuten lässt, produziert die Division Automotive Komponenten für die Automobilindustrie, vor allem im Bereich Karosserie, Präzisionsteile und Sicherheitstechnik. Der überwiegende Teil der europäischen Automobilhersteller mit Modellen im Premiumsektor gehört zu ihrer Kundschaft.

Dieses Produkt- und Kundenspektrum allein zeigt schon, dass voestalpine vielfältig und stabil aufgestellt ist. Auch wenn die speziellen Produkte auf den Laien ziemlich kompliziert wirken mögen, ist das Geschäftsmodell des österreichischen Unternehmens einfach: voestalpine produziert und verkauft alles, was mit Stahl zu tun hat und die Industrie zur Weiterverarbeitung benötigt. Und das Modell funktioniert langfristig, wie Abbildung 6.6 eindrucksvoll illustriert.

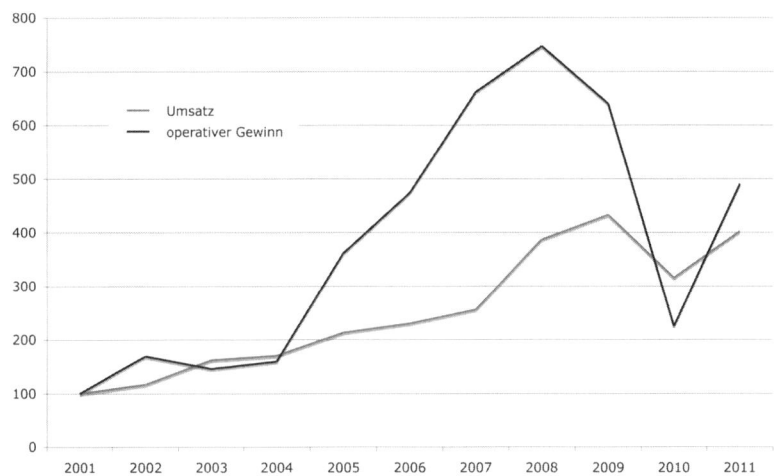

Abbildung 6.6: Umsatz- und Gewinnentwicklung von voestalpine seit 2001 (indexiert, 2001 = 100 Punkte, Quelle: voestalpine).

Wäre die Welt nicht von der Banken- und schließlich Wirtschaftskrise erschüttert worden, hätte voestalpine wohl auch 2008 und 2009 Umsatz und Gewinn weiter steigern können. So aber ging die Nachfrage nach den Produkten der Österreicher in dieser Zeit empfindlich zurück. Doch immerhin schaffte es voestalpine, auch in dieser schweren Zeit Gewinne zu erwirtschaften. Wir erinnern uns: Die Salzgitter AG, die ja in der gleichen Branche tätig ist, verbuchte im Jahr 2009 sogar einen Verlust, während voestalpine erst ein Jahr später, also 2010, den Tiefpunkt erreicht hatte – aber immer noch im Gewinnbereich lag. Doch wie sieht es mit der Aktienkursentwicklung von voestalpine aus?

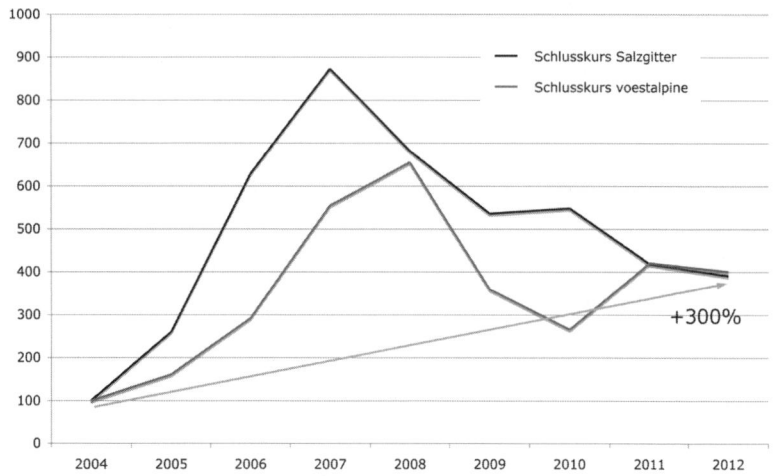

Abbildung 6.7: Die Kursentwicklung von Salzgitter und voestalpine seit 2004 (indexiert, 2004 = 100 Punkte, Quellen: Yahoo Finance, eigene Berechnungen).

Anleger, die 2004 in die Salzgitter-Aktie investiert haben, lagen Anfang 2012 mit stolzen 300 % im Gewinn. Das gleiche Resultat erzielten Investoren mit der voestalpine-Aktie. Das ist kein schlechtes Ergebnis, wenn man bedenkt, dass der MDAX, in dem Salzgitter notiert, im gleichen Zeitraum auf eine Wertsteigerung von „nur" 95 % kommt. Und der österreichische Hauptindex ATX, hier notiert voestalpine, ging im gleichen Zeitraum sogar um rund 9 % zurück.

Für Value-Investoren sind mittelfristige Schwankungen allerdings uninteressant. Sie kaufen, weil sie von einem Unternehmen überzeugt sind – und wenn die Aktien unterbewertet sind. Und sie verkaufen, wenn die Unterbewertung aufgeholt wurde oder sogar in eine Überbewertung umgeschlagen ist und die Aktien dann ordentlich im Gewinn liegen.

Der faire Wert von voestalpine

Nach der Equity-Methode müssen Sie wieder den Umsatz und den aus-schüttungsfähigen Gewinn vergleichen und damit die langfristige durch-schnittliche Netto-Gewinnmarge berechnen. Ende 2011 lag diese Marke im Schnitt der zurückliegenden zehn Jahre bei 5,2 %. Rund ein Zwanzigs-tel des Umsatzes blieb also im Schnitt als Gewinn im Unternehmen. Ver-wenden wir nun diese durchschnittliche Marge und beziehen sie auf den zuletzt gemeldeten Umsatz von 10,9 Milliarden Euro, kommen wir auf ei-nen normalisierten Gewinn von knapp 567 Millionen Euro.

Um den normalisierten Ertragswert zu berechnen, müssen Sie diesen Ge-winn mit dem Multiplikator „M" multiplizieren. Für „M" bieten sich die gleichen Annahmen an wie bei Salzgitter, denn beide Unternehmen sind vergleichbar und arbeiten zudem in derselben Branche. Gemäß der For-mel M = 1 / (r – g), können Sie also für das „r" (Kapitalkosten) 10 % ansetzen und für das „g" (Branchenwachstum) 2 %. Damit kommen wir wie-derum auf einen Multiplikator von 12,5. Der normalisierte Ertragswert beträgt demnach rund 7,1 Milliarden Euro. Dazu addieren wir wieder den Cash-Bestand in Höhe von rund 1,2 Milliarden Euro, den voestalpine En-de 2011 in der Bilanz auswies. Daraus ergibt sich der faire Unternehmens-wert von gut 8,3 Milliarden Euro. Bei 168,5 Millionen Aktien, die Ende 2011 in Umlauf waren, errechnet sich so ein fairer Wert für die voestalpi-ne-Aktie in Höhe von rund 49 Euro. Nach der Entity-Methode errechnet sich für die Stahlaktie aus Österreich sogar ein fairer Wert von 75 Euro.

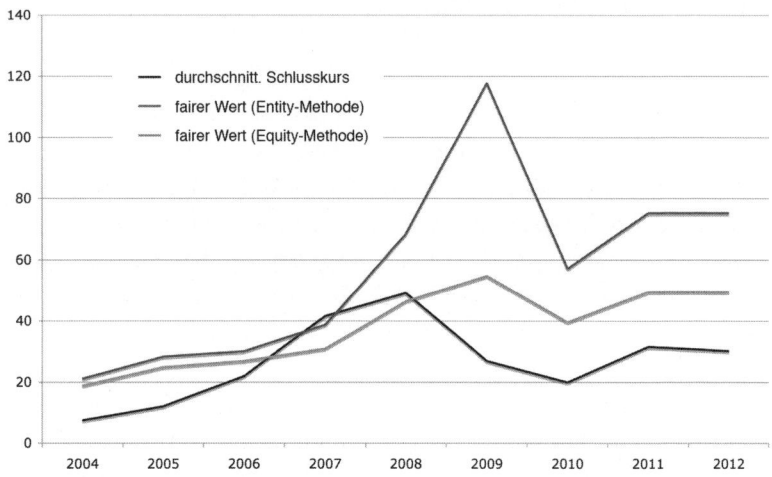

Abbildung 6.8: voestalpine – fairer Wert versus Aktienkurs seit 2004 (Quelle: Reuters, eigene Berechnungen).

Ähnlich wie Salzgitter wies Anfang April 2012 auch voestalpine eine Unterbewertung auf. Sie betrug nach der – für den normalen Value-Aktionär maßgeblichen – Equity-Methode 49 %, nach der Entity-Methode sogar 68 %. Nach beiden Berechnungsmethoden ist daher voestalpine als Value-Unternehmen günstig zu haben.

Nachdem wir jetzt zwei Value-Unternehmen aus dem Stahlsektor analysiert haben, wenden wir uns einem Konzern zu, von und mit dem wir alle unmittelbar im Alltag zu tun haben. Zumindest diejenigen, die einen nicht zu alten PC besitzen.

Intel – ohne Chips läuft nichts

Das 1968 gegründete Unternehmen aus Santa Clara in den USA ist insbesondere durch seine Mikroprozessoren (Intel Core, Intel Atom etc.) weltweit bekannt. Diese werden vor allem in PCs, Notebooks, Workstations, Smartphones und Servern eingesetzt. Intel ist Weltmarktführer in diesem Bereich; größter Konkurrent ist das ebenfalls in den USA ansässige Unternehmen AMD. Darüber hinaus entwickelt Intel Microcontroller, Netzwerk-, Konferenz- und Kommunikationsprodukte, Systemmanagement-Software sowie Produkte zur digitalen Bildverarbeitung.

Im Jahr 1968 gründeten die beiden Computerwissenschaftler Robert Noyce und Gordon Moore „*Int*egrated *El*ectronics". Der Durchbruch für das junge Unternehmen kam im November 1971, als es mit dem Intel 4004 den ersten Mikroprozessor der Welt vorstellte. Mit dieser Pioniertat schrieb das Unternehmen Geschichte und legte zugleich den Grundstein für seinen Erfolg. Längst ist der Alltag ohne den Einsatz von Mikroprozessoren nicht mehr denkbar. Man findet sie in PCs und Notebooks, aber auch in Autos, Mobiltelefonen, Haushaltsgeräten oder Weckern. Somit gehört der Mikroprozessor zu den Erfindungen, die auch das Alltagsleben der Menschheit entscheidend prägen.

Seit seiner Gründung gilt Intel als Vorreiter in Sachen technologischer Fortschritt. Das Rezept für diesen dauerhaften Erfolg sind ständige Innovationen. Den rasanten Fortschritt der Halbleitertechnologie spiegelt die kontinuierlich steigende Anzahl der verwendeten Transistoren wider, das Kernelement der Mikroprozessoren. Aus den 2.300 Transistoren von Intels erstem Mikroprozessor 4004 im Jahr 1971 sind mittlerweile 731 Millionen Transistoren bei dem neuesten Prozessor geworden. Heute beschäftigt Intel weltweit über 80.000 Mitarbeiter.

Trotz seines enormen Bekanntheitsgrades und der innovativen Produktentwicklungen konnte Intel in den Jahren 2000 bis 2009 seine Erträge kaum noch steigern. Erst in den vergangenen beiden Jahren erfolgte ein wahrer Sprung nach vorne. 2011 stiegen der Umsatz um 23,8 und der Gewinn um 12,9 % – ein Rekordjahr für den Konzern. 2011 stellte Intel eine neue Computergeneration vor, das Ultrabook. Zudem wurden zwei große Übernahmen abgeschlossen, die den Umsatz von Intel auf einen Schlag um 3,6 Milliarden Dollar oder knapp 10 % steigerten.

Für Intel zahlen sich die Investitionen in neue Technologie und Firmenübernahmen jetzt wieder aus, denn nicht nur die Verbreitung von PCs nimmt laufend zu. Anwender wollen auch immer schnellere und leistungsfähigere Produkte. Zudem wächst das Internet rasant, und die immens steigende Datenflut benötigt Server und Speicher. Intel profitiert davon über seine Data Center Group, die zum Management dieser Daten (Server) beiträgt. Allein hier betrug der Umsatzzuwachs 17 %. Der Unternehmensbereich Storage (Datenspeicherung) erhöhte den Umsatz um 42 %; der Sektor Embedded Communications Infrastructure konnte den Umsatz um 18 % auf ein neues Rekordhoch steigern. Auch im Geschäft mit Prozessoren für PCs verzeichnete Intel 2011 Rekordverkäufe; der Umsatz wuchs um 17 %.

Ohne in die genaue Value-Analyse einsteigen zu müssen, kann ich Ihnen jetzt schon sagen, dass Intel an der Börse zum Jahreswechsel 2011/2012 günstig zu haben war. Stärkstes Indiz für diese Annahme ist Warren Buffett. Der Großinvestor kaufte im November 2011 Intel-Aktien im Wert von 220 Millionen Dollar. Es könnte natürlich sein, dass einer der neuen Investmentmanager der Buffett-Holding Berkshire Hathaway die Order aufgegeben hat und nicht Buffett selbst. Er hat Tech-Aktien ja stets gemieden. Also lassen Sie uns überprüfen, ob die Kaufentscheidung richtig war. Berechnen wir den fairen Wert von Intel und vergleichen ihn mit dem Aktienkurs.

Der faire Wert von Intel

Auch bei Intel gehen wir nach der Equity-Methode vor und müssen zunächst den nachhaltig erzielbaren Gewinn errechnen. Dazu benötigen wir erneut die durchschnittlich erzielte Netto-Gewinnmarge von Intel in den zurückliegenden zehn Jahren. Sie belief sich Ende 2011 auf 24 % und war damit rund fünfmal so hoch wie bei voestalpine und Salzgitter. Intel verwandelt also im Schnitt rund ein Viertel des Umsatzes in Gewinn. Das zeugt von strikter Kostenkontrolle und einer sehr effizienten Produktion. Für den nachhaltig erzielbaren Gewinn muss nun die durchschnittliche Gewinnmarge von 24 % auf den zuletzt erzielten Umsatz bezogen werden. Dieser betrug im Geschäftsjahr 2011 rund 54 Milliarden Dollar. Damit errechnet sich ein nachhaltig erzielbarer oder „normalisierter" Gewinn von rund 13 Milliarden Dollar.

Wir gehen zur Berechnung des fairen Unternehmenswerts wieder nach der Formel $V = G \times M$ vor, wobei G, wie gerade gezeigt, 13 Milliarden Dollar ist. Nun kommt es darauf an, wie hoch der Multiplikator „M" angesetzt werden kann. Dafür benötigen Sie die durchschnittlichen Kapitalkosten, also die Zinsen, die Intel zur Finanzierung seines Unternehmens laufend zahlen muss, sowie das durchschnittliche Wachstum der Branche bzw. der Weltwirtschaft. Der Multiplikator M errechnet sich, wie Sie wissen, mit der Formel $M = 1 / (r - g)$. Wenn Sie für r, also die Kapitalkosten, 10 % ansetzen und für das Wachstum g 2 %, erhalten Sie wieder einen Multiplikator von 12,5. Nun müssen Sie nur noch die entsprechenden Beträge einsetzen: $V = G \times M = 13$ Mrd. Dollar $\times 12,5 = 162,5$ Mrd. Dollar. Zu diesem Betrag müssen jetzt noch die liquiden Mittel hinzuaddiert werden, um den fairen Wert von Intel zu erhalten. Der Konzern hatte Ende 2011 rund 5 Milliarden Dollar auf der hohen Kante, so dass sich ein fairer Wert von 167,5 Milliarden Dollar ergibt.

Bei 5,2 Milliarden Aktien, die Ende 2011 von Intel in Umlauf waren, können Sie nun den fairen Wert je Aktie errechnen, indem Sie einfach den fairen Unternehmenswert in Höhe von 167,5 Milliarden Dollar durch die Aktienanzahl von 5,2 Milliarden teilen. Der faire Wert je Intel-Aktie beträgt nach der Equity-Methode rund 32 Dollar. Zum Zeitpunkt dieser Analyse notierte die Intel-Aktie an der Wall Street bei 28 Dollar, so dass sich für Intel eine Unterbewertung von rund 12 % ergibt. Nach der Entity-Methode, die ja bei der Analyse den – in der Regel höheren – operativen Gewinn vor Steuern und Zinszahlungen heranzieht, betrug der faire Wert je Intel-Aktie allerdings 32,40 Dollar. Danach wäre Intel also um fast 14 % zu niedrig bewertet gewesen (Abbildung 6.9).

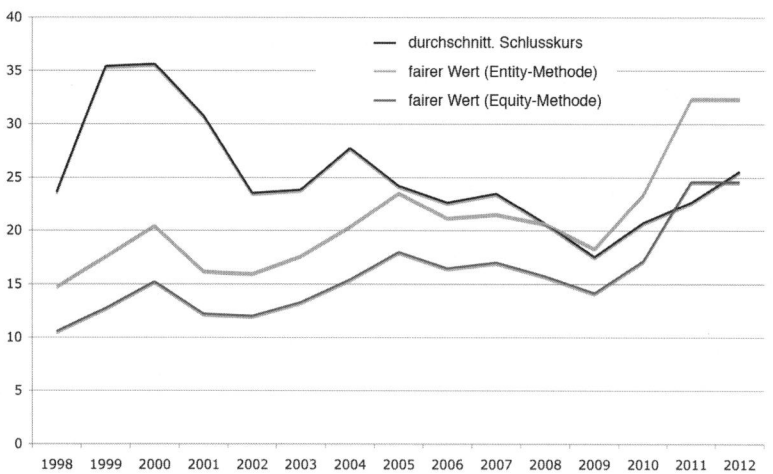

Abbildung 6.9: Intel – fairer Wert versus Aktienkurs seit 1998 (Quelle: Reuters, eigene Berechnungen).

Insofern ist davon auszugehen, dass Buffett oder einer seiner Anlagemanager bei der Analyse der Intel-Aktie im Herbst 2011 nach der Entity-Methode vorgegangen ist. Denn danach war Intel trotz der Erholung des Aktienkurses seit Mitte 2009 nach wie vor kräftig unterbewertet.

Zusammenfassung: Über- oder Unterbewertung?

Mit Celesio, RWE, Salzgitter, voestalpine und Intel haben ich Ihnen anhand von fünf Value-Unternehmen gezeigt, wie Sie die faire Bewertung der Aktien berechnen. Zur Verdeutlichung sehen Sie in Tabelle 6.1 noch einmal die Ergebnisse übersichtlich zusammengefasst.

Unternehmen	fairer Wert (Equity-Methode)	Über- oder Unterbewertung
Celesio	22 €	– 40 %
RWE	62 €	– 56 %
Salzgitter	124 €	– 65 %
voestalpine	49 €	– 49 %
Intel	32 US-$	– 12 %

Tabelle 6.1: Bewertung nach der Equity-Methode (Stand: Frühjahr 2012, Quelle: eigene Berechnungen).

Bitte beachten Sie: Die Analysen wurden im Frühjahr 2012 erstellt, also auf Basis der 2011er-Bilanzen und der damals aktuellen Aktienkurse. An den Bilanzdaten wird sich bis Anfang 2013, wenn die 2012er-Daten veröffentlicht werden, nichts ändern, wohl aber an den Kursen. Doch bei allen fünf Unternehmen ist die Unterbewertung teilweise so deutlich, dass es voraussichtlich noch einige Zeit dauern wird, bis die Börsenkurse das Niveau der fairen Bewertung erreicht haben. Hier winken somit attraktive Gewinne.

In den Kapiteln 5 und 6 habe ich Ihnen gezeigt, wie Sie Value-Investments – seien es nun Buffett-Unternehmen oder normale Unternehmen – richtig suchen und bewerten. Das war aber nur die halbe Miete. Denn um langfristig wirklich erfolgreich zu sein, genügt es nicht, unterbewertete Value-Aktien ausfindig zu machen. So banal es klingt: Es kommt darauf an, richtig zu kaufen und wieder zu verkaufen. Auf Fachchinesisch nennt man das Portfolio-Management, und es hat einen großen Anteil daran, ob Sie am Ende wirklich ein erfolgreicher Value-Investor sind. Denn wer nur in unterbewertete Aktien investiert, ohne sich Gedanken darüber zu machen, ob und wann er sich wieder von dem Investment trennt, verliert in seinem Depot schnell den Überblick. Wenn eine Value-Aktie überbewertet ist, bedeutet das: „nicht kaufen". Gut und schön, aber heißt es auch „verkaufen", wenn man eine solche Aktie im Depot hat? Erfahren Sie also im folgenden Kapitel, wie Sie richtig kaufen und verkaufen. Behalten Sie den Überblick über Ihr Depot und werden Sie ein erfolgreicher Value-Investor.

Stichwörter zu Kapitel 6

- Eigener Kompetenzbereich

- Berechnung des fairen Unternehmenswerts

- Ertragswertberechnung nach der Entity-Methode

- Eigenkapitalwertberechnung nach der Equity-Methode

- Ebit

7. PORTFOLIO-MANAGEMENT: RICHTIG KAUFEN
UND RICHTIG VERKAUFEN

Um was es geht

Sie haben einige interessante Unternehmen gefunden, die sich längerfristig als Value-Investments eignen. Und Sie haben festgestellt, dass die Aktien dieser Firmen mindestens fair oder sogar unterbewertet sind. Ausgezeichnet – einem Investment steht dann nichts mehr im Weg. Doch um auf Dauer wirklich erfolgreich an den Aktienmärkten agieren zu können, fehlt jetzt noch der letzte Schritt: Auf Neudeutsch heißt das Portfoliomanagement. Dabei geht es darum, richtig zu kaufen und zu verkaufen, die Positionsgrößen und die Risiken im Depot angemessen zu managen. Um reich zu werden, genügt es in der Regel nicht, Value-Aktien einfach zu einem günstigen Kurs zu kaufen. Meistens müssen solche Papiere irgendwann auch wieder verkauft werden, um aus dem bis dahin hoffentlich aufgelaufenen Buchgewinn echte Gewinne zu machen. Genau darum geht es in diesem Kapitel. Wann ist der richtige Zeitpunkt, um zu kaufen? Welche Gefahren können entstehen, während man Value-Aktien im Depot hat? Wann soll man sich von Aktien trennen? Zu guter Letzt werde ich Ihnen anhand einiger Beispiele zeigen, wie sich die graue Theorie in die Praxis umsetzen lässt. Dazu stelle ich Ihnen aus dem PI Global Value Fund einige Käufe und Verkäufe vor, anhand derer Sie erkennen, worauf es beim erfolgreichen Value-Investieren ankommt.

Zum Jahreswechsel 2011/2012 lagen die Nerven der meisten Börsianer mindestens genauso blank wie die vieler europäischer Politiker. Die EU-Schuldenkrise nahm immer bedrohlichere Züge an, und niemand wusste, ob Griechenland oder der Euro überhaupt noch zu retten waren. Keine guten Vorzeichen also für den Start in ein neues Börsenjahr. Doch wie sagte schon Warren Buffett: Die Zukunft ist unsicher, und so konnte niemand damit rechnen, dass der heimische Leitindex DAX in den ersten Monaten

2012 um rund 20% nach oben schoss und den besten Jahresstart seiner Geschichte erzielte. Die Börsen in den USA standen dem DAX in nichts nach, denn bereits im März überschritten der Welt-Leitindex Dow Jones und der US-Technologie-Index NASDAQ wichtige psychologische Marken, die sie schon lange nicht mehr genommen hatten. Prompt mäkelten einige Finanzmagazine bereits wieder, „die Märkte steigen, nur die deutschen Anleger sind nicht dabei".

So schrieb das Anlegermagazin *Börse Online* im Februar: „Trotz der jüngsten Börsengewinne betrachten Privatinvestoren Aktien mit großer Skepsis. Die deutschen Kleinanleger haben daher wohl die Rallye Anfang 2012 verpasst." Das Magazin verwies dabei auf Daten der DZ Bank. Nach deren Stimmungsindikator waren Investoren äußerst pessimistisch. Der Indikatorwert, der aus dem Verhältnis von Optimisten zu Pessimisten hervorgeht, sei auf 76 und damit auf den tiefsten Stand seit Herbst 2008 gefallen. Die Angaben beruhen auf einer Umfrage von TNS Infratest unter mehr als 1.000 Privatanlegern. „Kurzfristig dürften sich die Präferenzen kaum verändern", urteilte *Börse Online* weiter: „Lediglich 27 Prozent der Befragten meinen, dass der deutsche Leitindex DAX in den kommenden sechs Monaten steigt. Zum ersten Mal seit drei Jahren rechnen mehr Investoren mit fallenden als mit steigenden Aktienkursen." Und die Finanzzeitung *Euro am Sonntag* schob im März nach: „Das Bündel an Problemen sowie die Berg- und Talfahrt an den Börsen haben dafür gesorgt, dass nur wenige Privatanleger bisher auf den Hausse-Zug aufgesprungen sind. Aber auch institutionelle Investoren wie Pensionsfonds und Versicherungen zeigen sich bisher äußerst zurückhaltend."

Diese Zurückhaltung spiegelt sich auch in den Zahlen des Bundesverbandes Investment und Asset Management (BVI), also dem Verband der Investmentfondsanbieter, wider. Danach sammelten Aktienfonds generell im Januar 2012 zwar rund 1,2 Milliarden Euro neue Anlagegelder ein. Doch das ist nur die halbe Wahrheit, denn aus Fonds, die sich auf deutsche Aktien konzentrieren, flossen im Januar gut 300 Millionen Euro ab. Trotz der ausgezeichneten Entwicklung von DAX und Co. in den ersten Wochen 2012 haben sich Anleger also von ihren Investments getrennt. Von „Gewinnmitnahmen" dürfte dabei allerdings nur bei den wenigsten Investoren die Rede sein, denn deutsche Aktien sind seit Sommer 2011 kräftig unter die Räder gekommen und produzierten daher eher Verluste als Gewinne. Insofern dürften die meisten, die im Frühjahr ihre Aktienfonds verkauft haben, die gute Kursentwicklung dazu genutzt haben, ihre Verluste zu reduzieren. Wieder einmal handelten damit viele Anleger typisch zyklisch: Sie kaufen, wenn die Kurse hoch sind, und verkaufen im oder kurz nach dem Kurstal. Dieses Verhaltensmuster, das ich Ihnen bereits in Kapitel 2, als es um die größten Investmentfallen ging, beschrieben habe, dürfte den deutschen Privatanlegern auch in den Jahren 2010 und 2011 hohe Verluste eingebracht haben.

Bleiben Sie emotionslos

Als langfristig erfolgreicher Value-Investor gilt es daher, nicht nur Top-Value-Unternehmen zu finden, sondern beim Anlegen auch seine eigene Psyche im Griff zu haben. Denn nur dann steigen Sie zum richtigen Zeitpunkt ein und – noch wichtiger – verkaufen Sie auch zum richtigen Zeitpunkt. Eine alte Börsenweisheit besagt: Verkaufen ist schwieriger als Kaufen. Wer sich hier von Emotionen leiten lässt, wird über kurz oder lang Schiffbruch erleiden. Daher noch einmal der dringende Rat: Legen Sie sich bereits vor dem ersten Investment als Value-Investor eine systematische Kauf- und Verkaufsstrategie zurecht – und handeln Sie diszipliniert, ich möchte fast sagen: stur, danach.

Viele Leser werden jetzt einwenden: „Für den Fall der Fälle habe ich ja immer noch meine Stoppkurse." Ich kann mich nur wiederholen: In der Regel sind Stoppkurse die reinsten Kapitalvernichter – zumindest dann, wenn Sie längerfristig erfolgreich an den Börsen anlegen wollen. Und für echte Value-Investoren verbieten sich Stoppkurse ohnehin, denn sie haben sich ja eigentlich für ein Investment in ein Top-Unternehmen entschieden, das unterbewertet ist. Das bedeutet: Als Value-Investor achten Sie eben gerade nicht auf die Marktmeinung und auf die aktuelle Bewertung von Aktien, sondern machen sich ein eigenes Bild des potenziellen Investments – will sagen: Sie berechnen den fairen Aktienwert und vergleichen diesen dann mit dem aktuellen Kurs. Ist die Aktie unterbewertet, ist das ein Kaufsignal. Hier achten Value-Investoren also gerade nicht auf die Meinung des Gesamtmarktes. Warum dann also beim Verkaufen? Wenn Sie mit Stoppkursen agieren und letztlich ausgestoppt werden, sind Sie genauso „schlau" wie der Gesamtmarkt. Sie verkaufen, weil die Kurse sinken – und das ganz mechanisch, weil Ihr Stoppkurs erreicht wurde.

Aber haben Sie sich vor dem Verkauf Gedanken gemacht, *warum* die Kurse sinken? Ein Rückgang von Dow Jones, DAX und Co. kann natürlich kurzfristig völlig gerechtfertigt sein – etwa bei einer allgemeinen Konjunkturflaute oder bei politischen Krisen, die die Börsen insgesamt belasten. Aber diese kurzfristigen Reaktionen nach unten haben oftmals nichts mit der Entwicklung eines einzelnen Unternehmens zu tun. Im Gegenteil: In solchen Phasen sollten Sie als Value-Investor eine Chance sehen. Denn wenn Sie unterbewertete Aktien gefunden haben und die Kurse sinken, wird die Aktie dadurch nicht schlechter, sondern vielmehr günstiger. Die Unterbewertung erhöht sich also.

Angenommen, Sie arbeiten mit Stoppkursen und verkaufen, wenn diese erreicht sind. Wissen Sie denn, wie weit es mit den Notierungen noch bergab geht? Schon morgen oder in einer Woche könnten die Börsen wieder nachhaltig nach oben drehen, und dann „müssten" Sie eigentlich wieder in die zuvor verkaufte Aktie einsteigen, denn die Unterbewertung gilt ja immer noch. Aber glauben Sie mir: Der Wiedereinstieg wird Ihnen sehr schwerfallen, denn damit müssten Sie eigentlich zugeben, dass Ihr vorangegangener Verkauf die falsche Entscheidung war. Und wer gibt schon gern Fehler zu? Vielmehr neigen die meisten Privatanleger dazu, erst einmal nichts zu machen und abzuwarten, ob sich eine Aktie tatsächlich wieder erholt. Doch wie lange soll man warten? Was bedeutet nachhaltige Erholung? 10 %? 20 %? Oder noch mehr? Wenn Sie so lange warten, kann die Unterbewertung eines potenziellen Value-Investments bereits aufgeholt sein, und Sie kaufen dann zu teuer.

Um nicht in solche Investmentfallen zu tappen und weil die Börse viel mit Psychologie zu tun hat, empfehle ich Ihnen, sich strikt an einen vorher festgelegten Kauf- und Verkaufsprozess zu halten.

So kaufen Sie richtig

Eine Regel für erfolgreiches Value-Investing haben Sie bereits kennengelernt: Gute Unternehmen werden dann zu Value-Unternehmen, wenn sie die in den beiden vorherigen Kapiteln skizzierten quantitativen und qualitativen Kriterien erfüllen und dazu auch noch eine Unterbewertung aufweisen. Dennoch kann es kurzfristig der Fall sein, dass sich die Aktien von Top-Value-Unternehmen nicht so erfolgreich entwickeln wie erhofft. Andererseits zeigt sich an den Börsen immer wieder, dass Aktien rasant an Wert zulegen, *obwohl* sie unter Value-Gesichtspunkten eigentlich uninteressant sind. Ich habe Ihnen in der Value-Matrix einmal vier mögliche Entwicklungen aufgezeichnet (Abbildung 7.1).

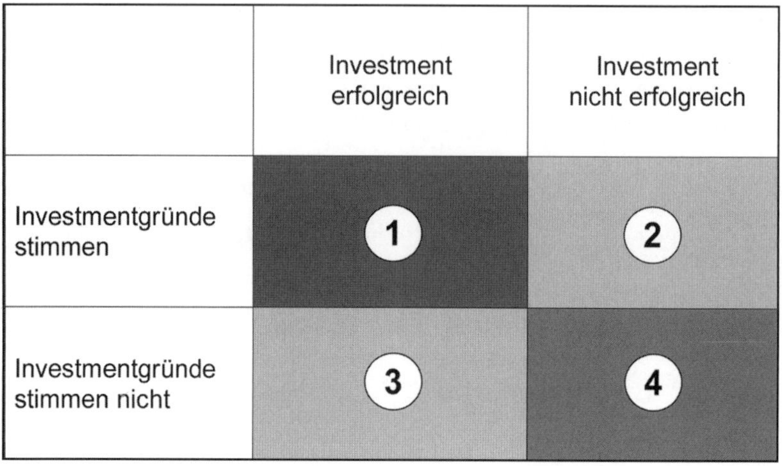

	Investment erfolgreich	Investment nicht erfolgreich
Investmentgründe stimmen	1	2
Investmentgründe stimmen nicht	3	4

Abbildung 7.1: Value-Matrix (Quelle: Otte).

Möglichkeit 1: Alle Investmentgründe stimmen, das Investment ist erfolgreich

Das ist der Idealfall und die Welt, in der Sie sich als erfolgreicher Value-Investor bewegen sollten. Sie haben Unternehmen gefunden, bei denen alle Investmentgründe stimmen, und die Aktie bringt den erwünschten Erfolg.

Möglichkeit 2: Alle Investmentgründe stimmen, das Investment ist nicht erfolgreich

Die Gründe dafür können vielschichtig sein. Entweder drückt eine Krise – wie seit geraumer Zeit die Euro-Schuldenkrise – oder eine Konjunkturschwäche die Börsen im Allgemeinen nach unten. Sind Käuferstreik oder gar Panik an der Tagesordnung, werden darunter auch die besten Unternehmen leiden. Sie werden quasi in Sippenhaft genommen. Davon sollten Sie sich nicht irritieren lassen, denn als Value-Investor sind Sie langfristig orientiert und lassen sich von kurz- bis mittelfristigen Schwächephasen nicht irritieren. Im Gegenteil: Nutzen Sie die gedrückten Kurse zum Einstieg.

Möglichkeit 3: Die Investmentgründe stimmen nicht, aber das Investment ist erfolgreich

Als Value-Investor sind Sie bei dieser Entwicklung nicht dabei. Aber das sollte Sie nicht grämen, denn der Erfolg wird vermutlich nur von kurzer Dauer sein – sei es, weil eine Analystenprognose die Kurse befeuert oder ein Börsengerücht die Runde gemacht hat. Solchermaßen zustande kommende Kursgewinne haben meist aber nur eine geringe Lebensdauer. Langfristig steigen an den Börsen nur die Top-Unternehmen im Kurs.

Möglichkeit 4: Die Investmentgründe stimmen nicht, das Investment ist nicht erfolgreich

Hier bewegt sich die Masse der Anleger. Als Value-Investor sind Sie auch bei dieser Entwicklung nicht dabei, und das zu Recht. Oftmals landen leider gerade Privatanleger in dieser Kategorie, weil sie zum Beispiel einer Mode folgen oder auf einen fahrenden Zug aufgesprungen sind.

Feld Nummer 1 ist also der Idealfall, in dem Sie sich als Value-Investor bewegen sollten. Feld Nummer 3 und 4 sollten Sie getrost den anderen Anlegern überlassen, denn dort ist die Wahrscheinlichkeit am geringsten, langfristig erfolgreich zu investieren. Investment-Feld Nummer 2 stellt allerdings *die* große Herausforderung für Investoren dar. Es ist schon sehr schwer, an einem Investment festzuhalten, wenn es sich partout nicht bewegen will oder sogar dauerhaft an Wert verliert. Aber ebenso bedeutet Volatilität eine Chance: Denn wenn bestimmte Aktien kurzfristig massiv im Wert einbrechen, bieten sich hier natürlich sehr große, zum Teil gigantische Chancen. Die BMW-Aktie fiel zum Beispiel im Herbst 2008 kurzfristig auf 18 Euro, doch dann bewegte sie sich wieder aufwärts und erreichte im Frühjahr 2012 sogar die 70-Euro-Marke. Wir waren im Herbst

2008 – als viele Anleger panisch aus Aktien flohen – bei der BMW-Aktie dabei, weil wir sowohl Wert als auch Qualität des Investments erkannten.

Gehen Sie bei normalen Unternehmen auf Nummer sicher

Wie Sie in den vorhergehenden Praxisbeispielen gesehen haben, weichen der aktuelle Kurs einer Aktie und der faire Aktienwert im Zeitverlauf unterschiedlich stark voneinander ab. Niemand kann daher vorhersagen, wann der richtige Zeitpunkt für ein Investment ist, also wie stark die Unterbewertung sein soll, um zu kaufen. Warren Buffett hat es einmal auf den Punkt gebracht: „Kaufe einen Dollar, aber bezahle nicht mehr als 50 Cent dafür."

Beim Risikomanagement eines Portfolios haben Value-Investoren möglichst *alle* Risiken im Griff. Es gibt nicht ein einziges Risiko, wie es uns die Finanztheorie mit den Begriffen der Volatilität oder des Beta glaubhaft machen will. Aktien und Sachwerte sind immer verschiedenen Risiken ausgesetzt. Denken Sie daran, dass sich Value-Investoren bei Ausfall und der Bewertung von Unternehmen nie auf Prognosen, sondern stets auf die gesicherte Entwicklung aus der Vergangenheit beziehen. Wenn sich allerdings grundlegende Dinge innerhalb eines Unternehmens oder der Gesamtwirtschaft ändern, kann sich das unter Umständen negativ oder positiv auf ein Unternehmen auswirken.

Value-Investoren gehen daher doppelt auf Nummer sicher. Einerseits investieren sie ohnehin nur in unterbewertete Unternehmen, und andererseits sollte diese Unterbewertung eine gewisse Höhe aufweisen. Wie hoch sie sein soll, hängt von der Güte des Unternehmens ab. In Kapitel 6 habe ich Ihnen sogenannte „normale" Unternehmen vorgestellt. Hier sollten Sie mit dem Kauf warten, bis der faire Wert um 40 bis 50 % unter dem aktuellen Kurs liegt. In Abbildung 7.2 sehen Sie modellhaft den richtigen Kaufzeitpunkt.

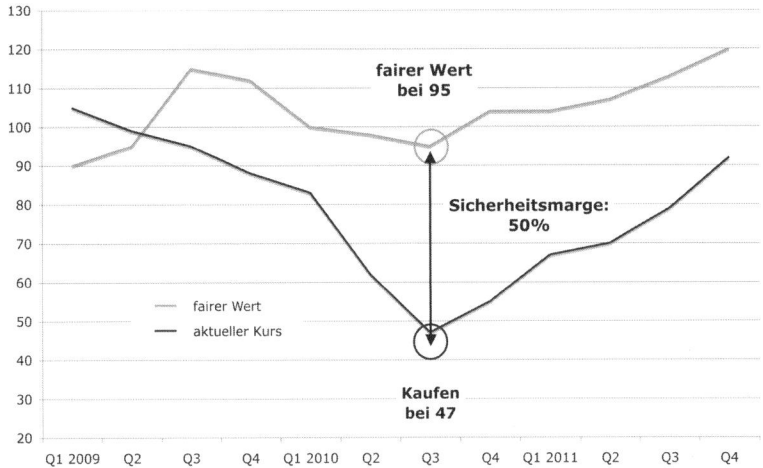

Abbildung 7.2: Kaufzeitpunkt bei normalen Unternehmen (Quelle: Reuters, eigene Berechnungen).

Nehmen wir als Beispiel die Aktie A, die im ersten Quartal 2009 bei durchschnittlich 105 Euro notiert. Ihr fairer Wert beträgt im gleichen Zeitraum 90 Euro, Aktie A ist also noch überbewertet. Dann werden neue – ausgezeichnete – Bilanzzahlen veröffentlicht, und der faire Wert steigt in den Folgemonaten kontinuierlich an. An der Börse jedoch reagiert man nicht auf die guten Zahlen – im Gegenteil: Der Aktienkurs gibt kontinuierlich nach, und bereits im dritten Quartal 2009 ist die Aktie A klar unterbewertet. Nehmen Sie als Maßstab für den richtigen Kaufzeitpunkt eine Unterbewertung von 50 %, sollten Sie aber noch ein Jahr mit einem Investment warten. Im dritten Quartal 2010 notiert die Aktie A an der Börse bei nur noch 47 Euro, und der faire Wert liegt bei 95 Euro. In dem Modellbeispiel steigt der Kurs der Aktie A bis Ende 2011 auf 92 Euro. Seit dem Kaufzeitpunkt ist das ein Kursgewinn von 95 %.

Zugegeben, das Beispiel ist so gewählt, dass Sie gleich erkennen können, wie vorteilhaft es ist, auf eine gewisse „Sicherheitsmarge" des fairen Werts zum aktuellen Kurs zu warten. Doch eine Performance von fast 100 % innerhalb von eineinhalb Jahren vom Kaufzeitpunkt im dritten Quartal 2010 bis Ende 2011 ist durchaus realistisch.

Bei Buffett-Unternehmen nicht zu lange zögern

Bei Buffett-Unternehmen, das heißt Top-Unternehmen, deren richtige Bewertung wir in Kapitel 5 beispielhaft durchgeführt haben, ist der richtige Kaufzeitpunkt nicht so exakt anhand des Abstands zwischen fairem Wert und tatsächlichem Aktienkurs zu definieren. Hier kommt es darauf an, wie sich Aktienkurs und fairer Wert in der Vergangenheit zueinander entwickelt haben. Wenn Sie erkennen, dass fairer Wert und tatsächlicher Aktienkurs in der Vergangenheit selten weit voneinander entfernt lagen, ist nicht davon auszugehen, dass sich das künftig groß ändern wird. Wenn Sie also in solchen Fällen auf eine bestimmte Sicherheitsmarge warten, kann es Ihnen passieren, dass Sie nie einsteigen können.

Als Beispiel dafür komme ich noch einmal auf die Nestlé-Aktie zurück, die wir in Kapitel 5 ausführlich untersucht und bewertet haben. Wie Sie in Abbildung 7.3 sehen, verlaufen bei Nestlé der faire Wert je Aktie und der Börsenkurs seit Jahren relativ parallel nach oben.

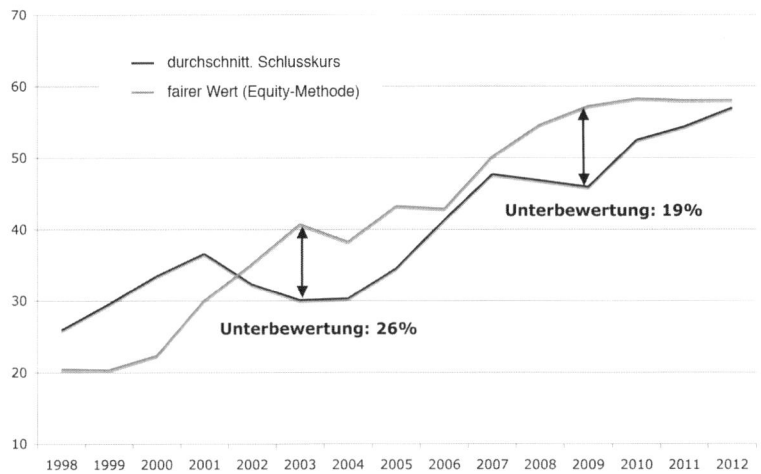

Abbildung 7.3: Kaufzeitpunkt bei Buffett-Unternehmen am Beispiel Nestlé (Quelle: Reuters, eigene Berechnungen).

Den Chart kennen Sie bereits aus Kapitel 5. Sie sehen, dass Nestlé den größten Abstand zwischen aktuellem Aktienkurs und fairem Wert je Aktie im Jahr 2003 aufwies. Damals war die Aktie im Jahresdurchschnitt um 26% unterbewertet. In den Jahren bis 2007 näherten sich Börsenkurs und fairer Wert wieder stärker an, weil die Aktie an der Börse kräftig anzog. 2009 notierte dann die Nestlé-Aktie erneut kräftiger unter ihrem fairen Wert – um 19%.

In beiden Fällen hätte sich für Value-Investoren der Einstieg gelohnt, obwohl die Sicherheitsmarge, wie ich sie Ihnen für „normale" Unternehmen genannt habe, nicht erreicht worden ist. Anleger, die im Jahr 2003 zu einem Kurs von 30 Franken und einer Unterbewertung von „nur" 26% gekauft haben, verbuchten bis Frühjahr 2012 einen Kursgewinn von 90%. Und selbst der Einstieg im Jahr 2009 – Nestlé notierte rund 19% unter dem fairen Wert – hätte sich gelohnt. Seitdem hat die Aktie bis Frühjahr 2012 um fast 25% zugelegt.

Insofern kaufe ich Buffett-Unternehmen gern mit einer Unterbewertung von bis zu 30 %. Doch selbst, wenn Sie solche Unternehmen zum fairen Wert bekommen, sollten Sie zugreifen. Auf lange Sicht können Sie immer noch mit Jahresrenditen von durchschnittlich 8 bis 10 % rechnen, denn Sie können davon ausgehen, dass sich Aktien von Buffett-Unternehmen langfristig mindestens so gut entwickeln wie der Gesamtmarkt. In Kapitel 1 habe ich Ihnen einige Langfrist-Studien genannt, die eine durchschnittliche Jahresrendite von Aktien in Höhe von bis zu 10 % ermittelt haben.

Das Risikomanagement nicht vergessen

Untersuchungen zeigen immer wieder, dass sich die meisten Anleger viele Gedanken darüber machen, welche Aktien sie kaufen sollen. Wenn sie jedoch erst einmal investiert haben, erlahmt die Motivation, sich um ihr Investment und ihr angelegtes Kapital zu kümmern. Viele Investoren rutschen mit ihren Depots deshalb ins Minus, weil es an dem nötigen Risikomanagement fehlt. Im alltäglichen Leben ist das ganz anders. Jeder, der sich ein Auto kauft, ob neu oder gebraucht, achtet doch in regelmäßigen Abständen darauf, ob mit dem Wagen noch alles in Ordnung ist. Und wer das Fahrzeug nicht regelmäßig zur Inspektion bringt, muss beim Verkauf unter Umständen Preisabschläge hinnehmen. Warum diese Sorgfalt also nicht auch in Sachen Geldanlage?

Hier möchte ich gleich Missverständnissen vorbeugen: Wir als Value-Investoren verstehen unter Risiko nicht die Volatilität – also die Schwankungen von Aktienkursen. Das kurzfristige Auf und Ab von Aktienkursen stellt kein Risiko dar, sondern ist Normalität an den Börsen. Für uns bedeutet Risiko die Gefahr, dass trotz einer sorgfältigen Fundamentalanalyse die gekaufte Aktie doch dauerhaft an Wert verliert. Das kann immer wieder einmal passieren. Deshalb rate ich Ihnen, dass Sie für solche Fälle vorsorgen und Ihr Depot risikofest absichern.

Sie werden sich jetzt vielleicht fragen, wie Value-Aktien dauerhaft an Wert verlieren können, wenn sie doch vorher sorgfältig ausgewählt und bewertet wurden? Doch bedenken Sie, dass sich Value-Investoren bei der Auswahl und der Bewertung solcher Unternehmen nie auf Prognosen verlassen, sondern stets die – gesicherte – Entwicklung aus der Vergangenheit heranziehen. Wenn sich dann allerdings in der Zukunft grundlegende Dinge innerhalb eines Unternehmens oder in der Gesamtwirtschaft ändern, kann sich das unter Umständen negativ auf ein Top-Unternehmen auswirken.

Dazu ein Beispiel: Stellen Sie sich vor, Sie investieren in eine Firma, die seit Jahren von den Eigentümern geführt wird – und das mit viel Bedacht, Weitsicht und immer zum Wohl des Unternehmens. Nun stirbt der Firmenlenker und hat seine Nachfolge nicht geregelt. Es wird nicht lange dauern, bis die exzellent geführte und sehr erfolgreiche Firma zum Objekt der Begierde von anderen Unternehmen wird. Im schlimmsten Fall fällt eine „Heuschrecke", also ein Hedgefonds, über die Firma her, zerlegt sie in ihre Einzelteile, um diese dann meistbietend zu verkaufen. In der Regel geht es in der Folge mit den Aktienkursen des ehemaligen Value-Unternehmens Schritt für Schritt bergab. Doch auch gesetzgeberische Änderungen oder geopolitische Konflikte können ein Unternehmen, das bisher extrem erfolgreich war, in eine schwere Krise stürzen, wovon sich der Aktienkurs nur langsam oder überhaupt nicht mehr erholt.

Mit einem systematischen Risikomanagement können Sie Ihr investiertes Kapitel vor solchen unvorhersehbaren Entwicklungen zumindest teilweise schützen beziehungsweise die Verluste in Grenzen halten. Dazu ist es nötig, dass Sie mögliche Risiken so gut es geht einzuschätzen und im Zusammenhang mit der Unterbewertung der Value-Aktien, die Sie kaufen wollen, die Positionsgröße zu berechnen vermögen. Die dahinterstehende Überlegung ist simpel: Ist das Risiko eines dauerhaften Wertverlusts gering und gleichzeitig die Unterbewertung hoch, sollten Sie mehr Aktien des Unternehmens kaufen. Können Sie die Aktie dagegen gerade einmal zum fairen

Wert kaufen – also ohne Sicherheitsmarge –, dann sollten Sie weniger Aktien kaufen, die Positionsgröße also kleiner halten.

Das Chance-Risiko-Profil bestimmt die Positionsgröße

Chance und Risiko stehen bei jedem Börseninvestment in einem bestimmten Verhältnis; daraus können Sie die Positionsgröße ableiten. Ein einfaches Rechenbeispiel erläutert diesen Zusammenhang. Angenommen, Sie finden ein Unternehmen, das an der Börse mit einer Unterbewertung von 50 % notiert. Das bedeutet, Sie haben bis zum Erreichen des fairen Werts die Chance auf einen Kursgewinn von 100 %. Die Wahrscheinlichkeit, dass Sie mit der Aktie einen Wertverlust in Höhe von 50 % erleiden, schätzen Sie auf 10 %.

Mit diesen drei Komponenten können Sie nun das Chance-Risiko-Profil berechnen. Formal sieht die Chance-Risiko-Berechnung folgendermaßen aus:

$$\frac{\textit{möglicher Gewinn} \times \textit{Wahrscheinlichkeit des Gewinns}}{\textit{möglicher Wertverlust} \times \textit{Wahrscheinlichkeit des Verlusts}}$$

Nun setzen Sie einfach die Daten ein: (100 × 0,9) / (50 × 0,1) = 18. Das Chance-Risiko-Profil beträgt also 18:1 oder mit anderen Worten: Die Chance auf den 100-%-Gewinn ist 18-mal so hoch wie die Gefahr eines 50-prozentigen Verlusts. Je geringer die Unterbewertung bei gleich hohem Risiko ist, desto ungünstiger wird das Chance-Risiko-Verhältnis.

Entsprechend sollte Ihr Depot zwischen zehn und 20 Einzelpositionen umfassen. Bei mehr Positionen leidet die Übersichtlichkeit, als Folge wird das Depotmanagement zu aufwendig; bei weniger Positionen lässt der Diversifikationseffekt nach. Beherzigen Sie den Rat von Investorenlegende Warren Buffett zum Thema Depotgröße: „Konzentrieren Sie Ihre Investments. Wer über einen Harem von 40 Frauen verfügt, lernt keine richtig kennen."

Viele Leser meines Newsletters *Privatinvestor* fragen mich immer wieder, wie hoch der Anteil jeder einzelnen Aktie im Verhältnis zum Gesamtdepot sein soll. Als Faustregel und aus Erfahrung rate ich Ihnen, bei normalen Unternehmen nur maximal 10 % Ihres gesamten Börsenkapitals zu investieren. Bei Buffett-Unternehmen können es durchaus auch 20 % sein. Doch bedenken Sie: Wenn Sie in jedes Buffett-Unternehmen, dass Ihnen interessant erscheint, 20 % Ihres zur Verfügung stehenden Kapitals investieren, können Sie nur Aktien von fünf verschiedenen Unternehmen kaufen. Daher rate ich Ihnen, lieber viele Buffett-Unternehmen mit guten Geschäftsmodellen mit einem geringeren Depotanteil zu kaufen, auch wenn sie nur leicht unterbewertet sind. Denn auf Dauer werden Sie damit kein Geld verlieren.

Das Risiko verteilen – aber richtig

Legen Sie nicht alle Eier in einen Korb, denn wenn er herunterfällt, sind alle Eier kaputt. Diese Binsenweisheit gilt natürlich und vor allem auch an der Börse. Klar ist, dass Sie mit einigen wenigen Aktien, die alle aus einer Branche stammen, Schiffbruch erleiden, wenn – aus welchen Gründen auch immer – diese Branche mit Problemen zu kämpfen hat und daher die Kurse der entsprechenden Aktien fallen. Bestes Beispiel dafür ist die Chipbranche mit ihrem typischen Schweinezyklus. Fragen Sie sich jetzt, was Halbleiterhersteller mit Landwirtschaft zu tun haben? Ein kurzer Abstecher in die Geschichte dient der Klärung.

Der deutsche Agrarwissenschaftler Arthur Hanau verfasste 1927 seine Doktorarbeit über die Prognose der Schweinepreise und prägte damit den Begriff „Schweinezyklus". Hanau stellte fest, dass die Bauern immer dann Ferkel züchteten, wenn Schweinefleisch knapp und die Preise dafür hoch waren. Waren die Ferkel dann schlachtreif, kam in kurzer Zeit so viel Schweinefleisch auf den Markt, dass das Angebot die Nachfrage überstieg, der Markt zusammenbrach und die Preise für Schweinefleisch extrem fielen. Dann lohnte es sich für die Bauern nicht mehr, so viele Ferkel zu züchten, was in einigen Jahren dazu führte, dass Schweinefleisch erneut knapp wurde und die Preise wieder stiegen. Damit begann der Zyklus aufs Neue.

In der sehr zyklischen Chipbranche verhält es sich ähnlich. Wenn die Halbleiterhersteller die Nachfrage nicht mehr befriedigen können, erhöhen sie die Preise und bauen gleichzeitig ihre Produktionskapazitäten aus. Aus Furcht, dass die Chippreise weiterhin steigen, kaufen viele Kunden immer mehr Chips und füllen damit ihre Lager. Doch die platzen irgendwann einmal aus allen Nähten, so dass die Kunden ihren Bedarf zuerst aus den eigenen Beständen decken. Damit geht die Nachfrage am Markt zurück, während die Chiphersteller gerade mit dem Bau neuer Produktionsanlagen fertig geworden sind und mehr Chips anbieten können. Dem höheren Angebot steht aber jetzt eine geringere Nachfrage gegenüber, so dass die Preise sinken. Die Chiphersteller können ihre Kosten nicht mehr decken und beginnen, die Produktion zu drosseln. Damit ist der Grundstein für einen erneuten Chipengpass in einigen Jahren gelegt, und der Zyklus beginnt – wie bei den Schweinen – von vorn.

Um nicht unter diesen zyklischen Schwankungen zu leiden, sollten Sie darauf achten, dass mindestens 50 % ihres Depots aus Topunternehmen aus stabilen Branchen wie etwa der Konsumgüterbranche, aus der Pharmabranche oder konjunkturstabilen Dienstleistungsunternehmen kommen. Sie müssen auch nicht in allen Branchen vertreten sein. Als langfristig orientierter Value-Investor sollten Sie vor allem „Modethemen" wie derzeit die Emerging Markets, also die aufstrebenden Länder in Asien, Lateinamerika oder Afrika, meiden. Auch vermeintlich sehr dynamische Branchen bringen auf lange Sicht selten den gewünschten Anlageerfolg. Erinnern Sie sich nur an den Boom in der Solarbranche, der die entsprechenden Aktien seit Mitte des vorigen Jahrzehnts regelrecht nach oben katapultierte. Doch Ende 2010 war es vorbei mit der Herrlichkeit, und die Aktien brachen zum Teil heftig ein. So verbilligte sich der vor einigen Jahren aufgelegte Photovoltaik-Index von Anfang 2010 bis Frühjahr 2012 um 70 %.

Die weit verbreitete Meinung, dass ein gut aufgeteiltes Aktiendepot Unternehmen aus vielen verschiedenen Ländern beinhalten soll, teile ich nicht. Die regionale Aufteilung ist nicht mehr so wichtig wie früher, denn mittlerweile sind die meisten Topunternehmen global aufgestellt. Daher macht es keinen Unterschied mehr, ob eine Aktie in New York, Frankfurt, London oder Tokio gehandelt wird, denn die Unternehmen finden ihr Geld weltweit.

Kontrollieren Sie Ihre Depotstruktur

Zu einem sorgfältigen Risikomanagement gehört neben einer guten Risikoverteilung und der Wahl der richtigen Depotgröße auch, dass Sie ab und zu die Struktur Ihres Depots genauer unter die Lupe nehmen und gegebenenfalls „nachjustieren". Denn je nachdem, wie sich die Einzelaktien im Kurs entwickeln, verschieben sich damit automatisch die Anteile der einzelnen Branchen in Ihrem Depot. Und das kann unter Umständen dazu führen, dass Sie mit Ihren Positionen die eine oder andere Branche plötzlich über- oder untergewichten, obwohl Sie das eigentlich gar nicht wollten. Das modellhafte Aktiendepot (Tabelle 7.1) verdeutlicht die Auswirkungen von Kursentwicklungen auf den jeweiligen Depotanteil.

Aktie (Branche)	Anzahl	Depotwert am 31.12.2010	Depotanteil am 31.12.2010	Depotwert am 31.12.2011	Wertver- änderung	Depotanteil am 31.12.2011
1 (Konsum)	100 Stück	5.000 Euro	38%	7.250 Euro	+45%	↑ 44%
2 (Versorger)	80 Stück	4.000 Euro	31%	5.000 Euro	+25%	→ 31%
3 (Pharma)	50 Stück	1.000 Euro	8%	1.350 Euro	+35%	→ 8%
4 (Handel)	100 Stück	3.000 Euro	23%	2.700 Euro	–10%	↓ 17%
Gesamt- depot		13.000 Euro	100%	16.300 Euro	+25,4%	100%

Tabelle 7.1: Geänderte Depotgewichtung im Zeitverlauf (Quelle: eigene Berechnungen).

Das Modelldepot ist zu Anfang relativ ausgeglichen strukturiert. Ende 2010 weist die Konsumbranche einen Depotanteil von 38% auf, die Versorger haben ein Gewicht von 31%, und der Handel ist mit 23% gewichtet. Die Pharmaaktien weisen lediglich einen Depotanteil von 8% auf. Das Gesamtdepot besitzt einen Anfangswert von 13.000 Euro. Innerhalb der folgenden zwölf Monate entwickeln sich die einzelnen Aktien ganz unterschiedlich. Am besten schlagen sich die Konsumaktien, die um 45% zulegen. Die Pharmaaktien verteuern sich um 35% und die Versorger um 25%. Verlierer sind die Einzelhandelsaktien mit minus 10%.

Achten Sie jetzt auf die Gewichtung: Zu erwarten war, dass mit dem starken Kursanstieg der Konsumaktien auch der Depotanteil von 38% auf 44% Ende 2011 gestiegen ist. Die Versorgerwerte sind mit plus 25% ebenfalls stark gestiegen, doch ihr Depotanteil ist mit 31% gleich geblieben. Das gilt auch für die ausgezeichnet gelaufenen Pharmaaktien, die bei 8%

Gewichtung geblieben sind. Dagegen verringerte sich der Depotanteil der Handelsaktien von 23 auf nur noch 17 % Ende 2011. Das bedeutet, ihre Gewichtung im Depot ist um fast ein Viertel zurückgegangen, obwohl die Kurse nur um 10 % gefallen sind.

Jetzt sollte das Modelldepot eigentlich wieder an die ursprüngliche Struktur angepasst werden. Im Fachjargon nennt man diese Maßnahme „rebalancing". Denn hält die Entwicklung an, könnte der Anteil der Konsum-Aktien schon bald mehr als 50 des Gesamtdepots betragen und damit ein ungesundes Übergewicht aufweisen. Zumal davon auszugehen ist, dass nach den kräftigen Kurssteigerungen bereits ein erheblicher Teil der Unterbewertung der Aktie aufgeholt wurde oder die Konsumaktien mittlerweile weit über ihrem fairen Wert notieren. In obigem Modelldepot würde ich dazu raten, einen Teil der Konsumaktien zu verkaufen und die Gewinne einzustreichen. Mit dem Geld sollten dann Pharmaaktien nachgekauft werden, die aufgrund der Kursrückgänge vermutlich weit unter ihrem fairen Wert notieren.

Sie sehen, auch als langfristig orientierter Value-Investor müssen Sie sich dann und wann auch von Qualitätsaktien trennen, wenn Sie den Erfolg Ihres Gesamtdepots nicht gefährden wollen. Deswegen sollten Sie sich von Anfang an auch Gedanken machen, wann Sie verkaufen. Denn der Verkauf ist – wie eingangs erwähnt – oftmals schwieriger als der Kauf einer Aktie.

Selbst im PI Global Value Fund haben wir damit ab und zu einige Schwierigkeiten, wie ich Ihnen mit den folgenden Beispielen zeige. Allerdings – und das möchte ich dem folgenden Abschnitt voranschicken – macht es einen großen Unterschied, ob man als Privatanleger mit der durchdachten Value-Strategie und mit viel Disziplin langfristig ein erfolgreiches Wertpapierdepot aufbaut oder ob man als Fondsmanager mit dem Kapital von Anlegern an der Börse aktiv ist. Im Gegensatz zu einem Privatanleger, der in der Regel mit einer bestimmten Kapitalsumme sein Depot aufbaut und „verwaltet", müssen Fondsprofis mit den Kapitalzu- und -abflüssen in einem Fonds zurechtkommen. Das bedeutet, wenn der Fonds erfolgreich ist und Privatinvestoren mehr Anteile kaufen, muss dieses Geld auch angelegt werden. Um dann die Anzahl der Positionen im Fonds nicht ins Unendliche wachsen zu lassen, sind Verkäufe unumgänglich – auch wenn die Position gut im Gewinn liegt und die entsprechenden Aktien aus Value-Gesichtspunkten durchaus noch Potenzial nach oben haben.

Beispiele aus der Praxis

Im Folgenden werde ich Ihnen anhand einiger „Trades" im PI Global Value Fund zeigen, warum wann gekauft und warum nach einiger Zeit wieder verkauft wurde. Eines haben diese Beispiele alle gemein: Die Unternehmen waren zum Kaufzeitpunkt zum Teil erheblich unterbewertet. Die Grundannahmen eines Value-Investors stimmten also. Beim Lesen dieser Beispiele werden Sie sich vielleicht denken: „Mensch, der Otte! Zuerst schreibt er ganz viel Theorielastiges über Value-Investing und Disziplin und langen Atem beim Anlegen, und dann hält er sich selbst nicht immer daran." Aber wie gesagt, die Trades kommen aus der Praxis des professionellen Fondsgeschäfts, bei dem wir immer auch an das Geld der Anleger denken müssen. Im Zweifelsfall ist es besser, nicht zu handeln als einem Impuls nachzugeben. Käufe und Verkäufe sollten sehr rational erfolgen. Nun also Beispiele für diverse Investments. Und Sie werden daran auch erkennen, dass selbst professionelle Investoren ab und zu Fehler machen. Doch Fehler haben auch etwas Positives – nämlich dann, wenn man aus ihnen lernt.

Gute Aktien, aber zu früh verkauft

Cisco Systems

Als wir Cisco Systems am 16. Dezember 2010 für 14,76 Euro kauften und sich die Aktie dann nachher noch leicht verbilligte, investierten wir in einen sicheren Blue Chip aus der Technologiebranche, der damals fast 40 % unter seinem fairen Wert notierte. Technologiewerte liefen lange Zeit dem Index hinterher, und Cisco wies ein KGV von ungefähr 12 auf. Wir glaubten daher, mit diesem Kauf wenig Fehler machen zu können. Die Aktie fiel allerdings in der Folge noch bis auf 10 Euro im August 2011. Da uns gerade bei Cisco – im Gegensatz zu Microsoft – doch Restzweifel blieben, ob das Geschäftsmodell hundertprozentig sicher war, verkauften wir die Position mit einem deutlichen Verlust am 22. März 2011. Damals stand die Aktie bei 12,35 Euro.

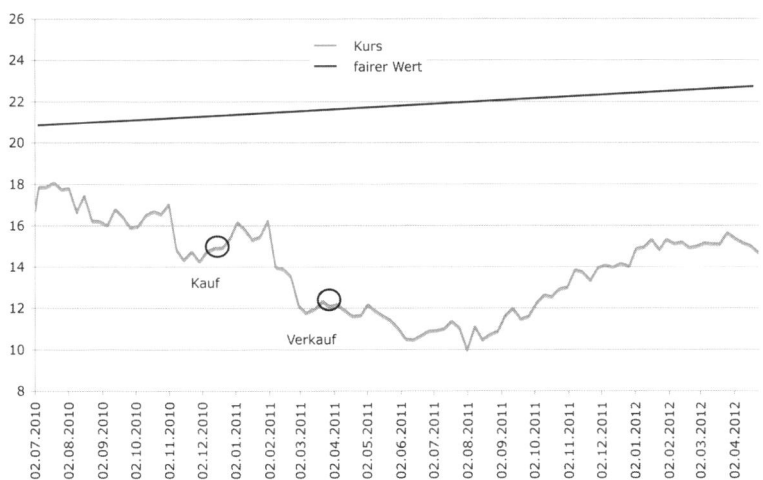

Abbildung 7.4: Cisco Systems von Juli 2010 bis Dezember 2011 (in Euro, fairer Wert in Euro umgerechnet, Quelle: Reuters, eigene Berechnungen).

Der Verlust betrug immerhin schmerzhafte 20 %. Hätten wir die Aktie bis heute (April 2012) gehalten, so hätten wir zumindest 7 % Rendite erzielt. Über gut 15 Monate hätten wir mit dieser Position allerdings keine Rendite erzielt. So haben wir den Erlös vor einem Jahr genutzt, um in andere Titel zu investieren. Die Frage, ob ein Verkauf richtig war, hängt also auch damit zusammen, ob wir mit anderen Titeln im letzten Jahr 20 % Rendite erzielen konnten. Dies ist nicht der Fall gewesen, wir hätten also Cisco behalten sollen.

Microsoft

Im Jahre 2011 war Microsoft zeitweilig unsere größte Position. Der US-Konzern verfügt über ein stabiles Monopol im Bereich Bürosoftware und Betriebssysteme und notierte zum Zeitpunkt unserer ersten Käufe ab März 2011 nahe seinen tiefsten Kursen von rund 18 Euro. Das war eine der tiefsten Notierungen seit 1997, nur in der Panik 2009 sackte der Kurs einmal noch weiter ab. Wir investierten in Microsoft aufgrund des sehr stabilen Geschäftsmodells – aus unserer Sicht viel berechenbarer und stabiler als zum Beispiel bei Cisco. Zudem notierte die Aktie zu diesem Zeitpunkt mit einem KGV von weit unter 10, wenn man den Bargeldbestand mit einbezog. Und noch wichtiger war, dass Microsoft damals eine so starke Unterbewertung aufwies wie seit 2003 nicht mehr. Gleichzeitig wuchs Microsoft aber weiter. Wir errechneten also ein Potenzial von mindestens 50, wahrscheinlich 80 % für die Aktie.

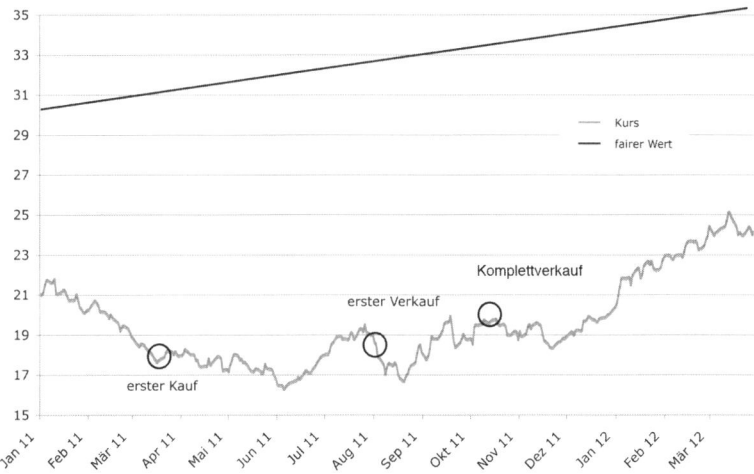

Abbildung 7.5: Microsoft von Januar 2011 bis März 2012 (in Euro, fairer Wert in Euro umgerechnet, Quelle: Reuters, eigene Berechnungen).

Aufgrund des hohen Gewichts, das Microsoft im Fondsdepot hatte, und weil die Börsen ab Mitte des Jahres regelrecht verrücktspielten, begannen wir bereits ein halbes Jahr später mit sukzessiven Teilverkäufen und hatten den Komplettverkauf am 10. Oktober 2011 abgeschlossen. Unser Gewinn betrug insgesamt 224.000 Euro – bei einem Einsatz von in der Spitze fast 4 Millionen Euro. Dies war eine Rendite von knapp über 5 % in einem halben Jahr, was einer Jahresrendite von 10 % entsprach.

2011 war ein schwieriges Börsenjahr, insofern half uns diese Position, diese Schwächephase zu überstehen. Wenn wir aber Microsoft nicht im Oktober 2011 verkauft hätten, so hätte sich ab dem letzten Quartal 2011 und im ersten Quartal 2012 eine Kurssteigerung von 20 % ergeben. Da Microsoft zum Zeitpunkt des Verkaufes noch deutlich unter seinem fairen Wert notierte, hatten wir hier im Rückblick eindeutig zu früh verkauft.

Henkel

Eine weitere Position, bei der wir vielleicht zu früh verkauft haben, ist die Henkel-Aktie. Im Zusammenhang mit Henkel wurden wir Anfang 2009 im Anlegermagazin *Börse Online* zitiert, wo wir diese Aktie als absolut sicher und unterbewertet analysierten. Tatsächlich lag der Börsenkurs weiter unter dem fairen Wert. Ich sagte damals, dass ich mich „wie ein Junge im Süßwarenladen fühlen würde, wenn Eltern und Verkäuferin nicht da sind". Henkel war eine der sichersten Aktien, die ich empfahl. Wir hatten die Aktie seit Beginn im PI Global Value Fund und haben ab Februar 2009 – die Unterbewertung lag zu diesem Zeitpunkt bereits bei gut 41 % – noch einmal nachgekauft. Der durchschnittliche Kaufpreis für unsere Einzelkäufe betrug insgesamt rund 24 Euro. Wir verkauften die Aktien bereits von September bis November 2009 komplett, wobei wir einen durchschnittlichen Verkaufspreis von 31 Euro erzielten.

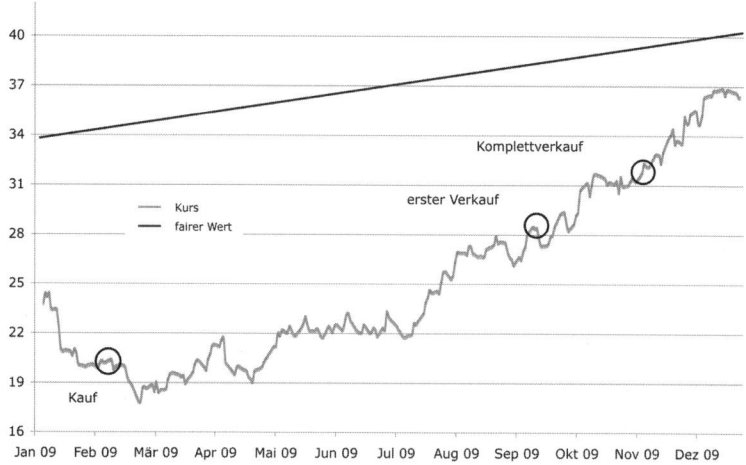

Abbildung 7.6: Henkel von Januar 2009 bis Dezember 2009 (in Euro, Quelle: Reuters, eigene Berechnungen).

Die gesamte Henkel-Position brachte damit einen Gewinn von gut 20 %. Damit lagen wir etwas über unserer Zielrendite von 20 % p.a., obwohl wir der Aktie noch 50 % Potenzial zubilligten, denn damals lag der von uns errechnete faire Wert bei 38 Euro. Die bei Henkel erlösten Mittel setzten wir allerdings bei zyklischen Aktien ein, die in der Folge schneller stiegen. Insofern war es zwar ein zu früher Verkauf, die Mittel konnten wir aber anderweitig gut verwenden.

Henkel ist ein gutes Beispiel dafür, dass Sie als Value-Investor stets „das große Ganze" im Auge behalten sollten. Bei Ihren Verkaufsentscheidungen müssen Sie immer auch abwägen, wie rentabel Sie das frei werdende Kapital wieder anlegen können. Haben Sie ein Investment „entdeckt", dass unter Umständen noch mehr Potenzial aufweist, ist der Verkauf von im Gewinn liegenden Positionen durchaus sinnvoll, um frisches Geld für die neue Chancen zur Verfügung zu haben. Eine dieser neuen Chancen war für mich im Herbst 2009 Fresenius.

Fresenius

Im Oktober 2009 begannen wir, Aktien von Fresenius zu kaufen. Fresenius ist Weltmarktführer in Dialyseprodukten und hat ein sehr stabiles Geschäftsmodell. Allerdings wurde die Wachstumsstrategie teilweise auch mit hohen Schulden erkauft. Bislang hatte sich das für Anleger aber immer ausgezahlt, denn das Management war und ist sehr aktionärsorientiert. Als erste Position von Fresenius kauften wir am 13. Oktober 2009 5.000 Aktien zu 34,40 Euro. Die Unterbewertung betrug damals stolze 44 %. Zwei Tage später legten wir noch einmal nach und erwarben erneut 5.000 Stück, diesmal zu 34 Euro. Insgesamt waren wir also mit 342.000 Euro in der Medizintechnikaktie investiert. Ende Januar 2010 verkauften wir dann 3.000 Aktien zu einem Kurs von 43,67 Euro, denn der Aktienkurs näherte sich mit großen Schritten seinem fairen Wert. Rund drei Monate später – die Fresenius-Aktie kostete mittlerweile 54,71 Euro – trennten wir uns von den restlichen 7.000 Aktien der Gesamtposition. Die Unterbewertung betrug „nur" noch knapp 17 %. Insgesamt erlösten wir mit der Position einen Verkaufswert von 514.000 Euro.

Abbildung 7.7: Fresenius von Juli 2009 bis April 2012 (in Euro, Quelle: Reuters, eigene Berechnungen).

Mit dem kompletten Investment in Fresenius erzielten wir – bezogen auf den Kapitaleinsatz – einen Gewinn von rund 50 % in nur sechs Monaten.

Allerdings stieg die Aktie munter weiter und steht mittlerweile statt bei 54 Euro bei 75 Euro, was noch einmal einem Gewinn von 40 % entspricht. Jetzt ist Fresenius fair bewertet, aber immer noch ein vernünftiges Langfristinvestment. In Anbetracht der Börsenentwicklung hätten wir die Aktie bei 54 Euro sicher behalten sollen, aber im Nachhinein ist man immer klüger. Das gilt auch für das folgende Beispiel.

American Express

Auch die Aktie von American Express hatten wir von Beginn an im PI Global Value Fund. American Express ist ein Finanzdienstleister mit hoher Krisensicherheit, in dem auch Warren Buffett investiert ist. Eine erste Position bauten wir bereits Anfang Mai 2008 bei 32 Euro auf, denn die Aktie notierte fast 10 % unter dem fairen Wert. Ein paar Monate später wurden allerdings durch die Finanzkrise alle Finanzdienstleister in Mitleidenschaft gezogen. In solchen Phasen zeigt sich, ob Sie die Nerven zum Value-Investor haben. Wir kauften nach – bei 30,50 Euro, 29,70 Euro, 26 Euro und bei 25 Euro. Und dann ging die Aktie von American Express in den Sinkflug über. Wir kauften noch einmal bei 15 Euro nach, obwohl wir voll investiert waren. Das letzte Mal kauften wir bei 13 Euro nach – die Unterbewertung erhöhte sich bis dahin auf stolze 65 %. Zwischenzeitlich fiel die Aktie im März 2009 auf unter 10 Euro. Unsere Position befand sich also massiv im Minus. Ab Mai 2009 begannen wir zu verkaufen, Anfang November trennten wir uns bei einem Kurs von 24,50 Euro komplett von American Express. Dabei erzielten wir insgesamt einen durchschnittlichen Verkaufserlös von rund 20 Euro je Aktie.

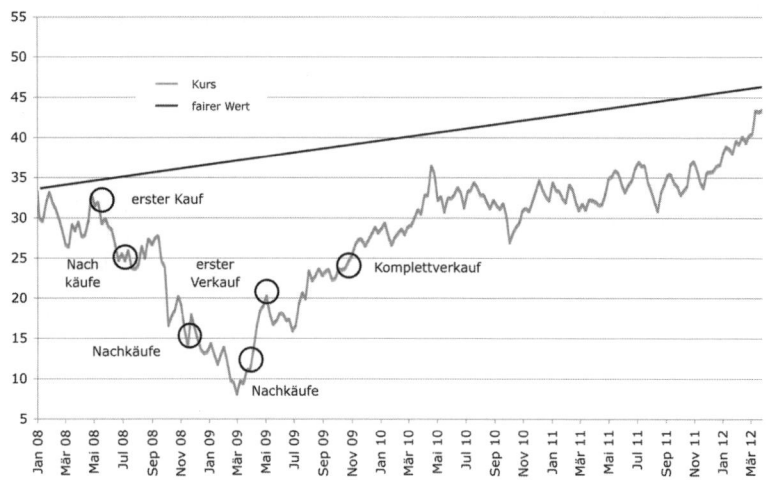

Abbildung 7.8: American Express von Januar 2008 bis März 2011 (in Euro, fairer Wert in Euro umgerechnet, Quelle: Reuters, eigene Berechnungen).

Damit machten wir mit der gesamten Position zwar keinen Gewinn, konnten aber massiv von der Kurserholung der Aktie profitieren, als sich die soliden Titel ab März 2009 erholten. Damals besaßen wir 52.000 Aktien von American Express zu einem durchschnittlichen Einkaufspreis von rund 25 Euro. Der durchschnittliche Wert der Gesamtposition war zu diesem Zeitpunkt inklusive Dividenden auf rund 1,3 Millionen Euro angewachsen. Mit den Verkäufen ab Mai 2009 konnten wir 1,03 Millionen Euro wieder hereinholen.

Es war also richtig, dass wir im freien Fall diese Aktien nachgekauft haben. Allerdings ist die Weisheit der Verkaufsentscheidung zu bezweifeln, denn seit unserem letzten Verkauf zu 24,50 Euro hat sich die Aktie fast verdoppelt. Aber wie ich schon weiter oben bemerkte: Hinterher ist man immer klüger.

Gute Aktien – richtig verkauft

Apropos hinterher: Bei der Mehrzahl der Aktien, die im PI Global Value Fund ge- und verkauft wurden, waren die Kauf- und vor allem die Verkaufsentscheidungen zu einem bestimmten Zeitpunkt goldrichtig. Im Folgenden möchte ich Ihnen nur drei Beispiele nennen.

Berkshire Hathaway

Berkshire Hathaway ist die Investmentholding von Warren Buffett. Die Investorenlegende kaufte in den 1960er Jahren die Aktie eines Textilherstellers in Neuengland – eben Berkshire – und baute die Firma schrittweise zu einer Investmentholding um. Heute ist Berkshire Hathaway ein Mischkonzern, der rund 60 Unternehmen komplett besitzt und zusätzlich weitere Aktien und Investmentpakete vor allem an Versicherungen hält. Diese komplexe Struktur ist auch ein Grund dafür, warum die Aktie von vielen Analysten und institutionellen Anlegern eher vernachlässigt wird. Als Value-Investor ist allerdings klar, dass die Aktie des Superinvestors Warren Buffett, in der auch der überwiegende Teil seines Privatvermögens gebunden ist, zum richtigen Preis ein hervorragendes Investment darstellt. Berkshire ist kein reines „Franchise" mehr, wie es zum Beispiel die Berkshire-Beteiligung Coca-Cola ist. Berkshire ist auch an normalen Unternehmen wie Gipsherstellern, Eisenbahnunternehmen und eben auch an Versicherungen beteiligt. Damit ist Berkshire kein natürliches Wachstumsunternehmen mehr. Dennoch hat Warren Buffett den Konzern auf eine Weise organisiert, die maximale Effizienz und Ehrlichkeit bei den Managern garantiert. Berkshire Hathaway hat daher bereits mehrfach in der Geschichte des PI Global Value Fund eine große Rolle gespielt und einen positiven Ergebnisbeitrag geleistet. Die Aktie ist für uns aber kein Buy-and-hold-Investment, sondern ein Unternehmen, das wir dann kaufen, wenn der Preis stimmt, und wieder verkaufen, wenn der Preis gestiegen ist.

Es hat eine Weile gedauert, bis wir eine schnelle und passende Bewertungsmethode für das Unternehmen gefunden hatten. Mittlerweile setzen wir einfach das Zehnfache der normalen operativen Erträge der Beteiligung an und addieren den Buchwert der reinen Investments hinzu. So bauten wir bereits im Februar und März 2009 erste Positionen in der Berkshire-Aktie zu einem Durchschnittskurs von 59.800 Euro auf. Kurze Zeit später, im März und April 2009, kauften und verkauften wir B-Aktien mit einem kleinen Gewinn. Ebenso kauften wir im September 2009 noch einmal B-Aktien und verkauften diese im November 2009 wieder mit einem kleinen Gewinn.

Unsere acht A-Aktien Berkshire behielten wir zu einem Einstandskurs von 59.875 Euro. Im Januar 2010 kauften wir insgesamt 21 Berkshire-Aktien zu Kursen zwischen 69.500 und 75.300 Euro hinzu. Bereits im Februar 2010 begannen wir diese Aktien wieder zu veräußern. Im Mai hatten wir dann die gesamte Position abverkauft und auf ein Investitionsvolumen von 1.983.500 Euro einen Gewinn von 525.000 Euro realisiert. Das machte in der Haltezeit von gut einem Jahr immerhin eine Rendite von 26,47 % aus.

Auch als wir Berkshire im Frühjahr und Sommer 2010 komplett verkauften, notierte die Aktie noch unterhalb ihres inneren Wertes. Wir verkauften damals bei ca. 90.000 Euro, obwohl die Aktie aus unserer Sicht ohne weiteres 120.000 Euro wert war, also noch ein weiteres Drittel Wertsteigerungspotenzial besaß. In diesem Falle stellte sich der Verkauf als richtig heraus. Im Herbst 2011 fiel die Aktie aufgrund der volatilen Märkte noch einmal fast auf 70.000 Euro. Hier stiegen wir dann schrittweise wieder ein, so dass die Aktie im Frühjahr 2012 mit einem durchschnittlichen Einstandskurs von 90.000 Euro unsere größte Position ist.

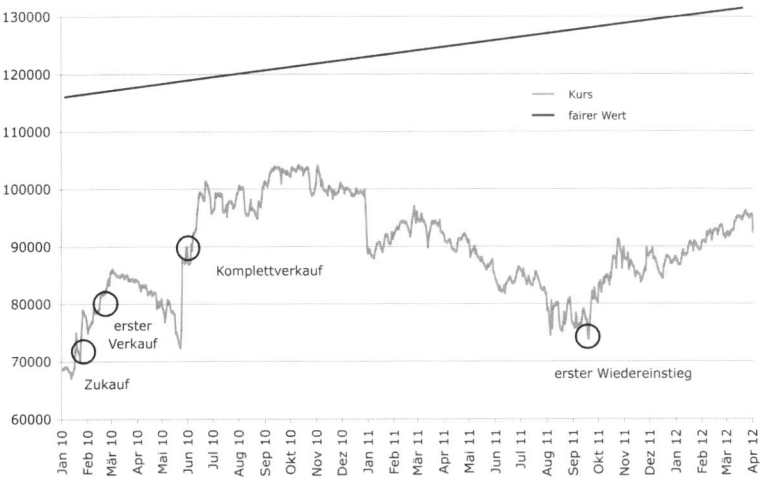

Abbildung 7.9: Berkshire Hathaway von Januar 2010 bis April 2012 (in Euro, fairer Wert in Euro umgerechnet, Quelle: Reuters, eigene Berechnungen).

Wir haben im Frühjahr 2010 aufgrund einer besonderen Konstellation eine massive Berkshire-Position aufgebaut: Warren Buffett hatte angekündigt, unter einem Aktienkurs von 108.000 Dollar massiv Aktien zurückzukaufen. Dies tat Buffett bislang nur ein einziges Mal –nahe dem Tiefpunkt im März 2003. Anders als andere Manager kauft Buffett nur dann zurück, wenn er glaubt, seine eigene Aktie weit unter fairem Wert erwerben zu können. Er hat kein Interesse daran, den Kurs optisch zu stützen, sondern will ein Geschäft machen. Damals kam Buffett nicht zum Zug, weil die Aktie bald nach der Ankündigung zusammen mit den Märkten begann zu steigen. Auch 2012 wird Buffett wohl eher nicht zum Zug kommen, der Aktienkurs befand sich im Frühjahr ca. 11 % über seinem Rückkaufangebot. Berkshire hat somit im Frühjahr 2012 ein maximales Verlustpotenzial von 11 %, demgegenüber aber ein Gewinnpotenzial von 35 bis 40 %. In solch volatilen Zeiten erscheint uns dieser Deal als guter Festgeldersatz.

BP PLC

Ölunternehmen finde ich insgesamt für die nächste Entwicklungsphase der Weltwirtschaft sehr interessant. Mit großer Wahrscheinlichkeit hat die Welt die Grenze der maximalen Ölförderung bereits in den Jahren 2008 bis 2010 überschritten, so dass ab jetzt mit abnehmenden Fördermengen und explodierenden Förderkosten zu rechnen ist. In diesem Zusammenhang haben die großen integrierten Ölfördergesellschaften wie BP PLC, Total, Exxon Mobil, Shell oder ConocoPhilips die wenigsten Risiken. Diese Unternehmen notieren trotz zwischenzeitlich massiv gestiegener Ölkurse oftmals auf dem Niveau von vor dem Jahr 2000. Ihre KGVs liegen irgendwo bei 8, vielleicht 9. Das ist nach allen Maßstäben sehr billig

Am 20. April 2010 fand auf der Tiefseebohrplattform Deepwater Horizon des größten britischen multinationalen Konzerns, BP PLC, ein Unfall statt, in dessen Folge unkontrolliert große Mengen Öl aus dem Bohrloch in den Golf von Mexiko eintraten. Die Explosion auf der Bohrinsel tötete elf Menschen. Nachdem Anfang Juni 2010 die ersten Versuche gescheitert waren, das Bohrloch zu stopfen, riet ich öffentlich – unter anderem im *Handelsblatt* – zum Kauf von BP-Aktien. Der Kurs der Aktie betrug damals 5 Euro, aus meiner Sicht aber waren die Aktien mindestens 7 Euro wert. Unter der Überschrift „Warum der Kauf von BP-Aktien keineswegs verrückt ist" zitierte mich das *Handelsblatt*: „Daher ist es kaum möglich, dem Wormser Finanzprofessor Max Otte zu widersprechen, der jüngst die BP-Aktie empfahl und seinen Kritikern entgegenrief: Wer BP boykottiert und weiter Auto fährt, der heuchelt."

Bei meiner damaligen Berechnung des Werts von BP-Aktien mussten natürlich Sonderfaktoren einbezogen werden. So analysierten wir das politische Umfeld und kamen zu dem Schluss, dass eine Insolvenz von BP äußerst unwahrscheinlich war. Eher noch würde der Konzern seine amerikanischen Unternehmensbestandteile abspalten und getrennt in die Insolvenz gehen lassen. In diesem Falle würden wir bei einem Einstieg von 5

Euro wahrscheinlich kein Geld verdienen, aber auch kein Geld verlieren. Weiterhin zeichnete sich eine Einigung zwischen BP und der US-amerikanischen Regierung ab, denn eine Klage gegen BP wäre für letztere sehr peinlich geworden. Während also die Spekulationen in den Medien bezüglich der Schadenshöhe von zunächst 5 Milliarden über 20 Milliarden, 40 Milliarden auf 60 oder 70 Milliarden Dollar anstiegen, rechneten wir mit einem realistischen Schaden von vielleicht 20 Milliarden US-Dollar, waren aber auch auf 40 Milliarden eingestellt.

An diesem Beispiel zeigt sich allerdings, dass Sie als Value-Investor auch gute Nerven haben müssen. Nach dem Einstieg bei 5,06 Euro kauften wir bei 5,50 Euro hinzu. Dann schmierte die Aktie aber massiv ab. Wir kauften nach bei 4,60 Euro, 4,50 Euro, 4,23 Euro, 4,10 Euro, 3,72 Euro und 3,75 Euro. Letztlich hatten wir einen durchschnittlichen Einstiegskurs von 4,50 Euro. Die Aktie sank aber noch bis auf 3,71 Euro. Trotz beherzten Nachkaufens hatten wir also zwischenzeitlich in der Position einen Verlust von 20 % – gegenüber unserem ersten Einstiegskurs lagen wir sogar 32 % im Hintertreffen. Hier war Value-Investing definitiv nichts für schwache Nerven.

Sukzessive verkauften wir dann die BP-Aktien im Laufe des Jahres 2010 wieder mit einem leichten Gewinnen, weil wir auf andere attraktive Investitionsmöglichkeiten gestoßen waren. Als dann im September 2010 das Bohrloch offiziell versiegelt war, stiegen die Aktien von einem zwischenzeitlich erreichten Niveau von 5 Euro kurzzeitig auf 6 Euro, so dass wir den Rest der BP-Position verkauften. Dass zyklische Unternehmen aber keine Einbahnstraße darstellen, sehen Sie daran, dass im Zuge der Euro-Krise im Sommer 2011 der Kurs noch einmal auf 4,50 Euro fiel. Derzeit, im Frühjahr 2012, notiert die Aktie über 5,60 Euro.

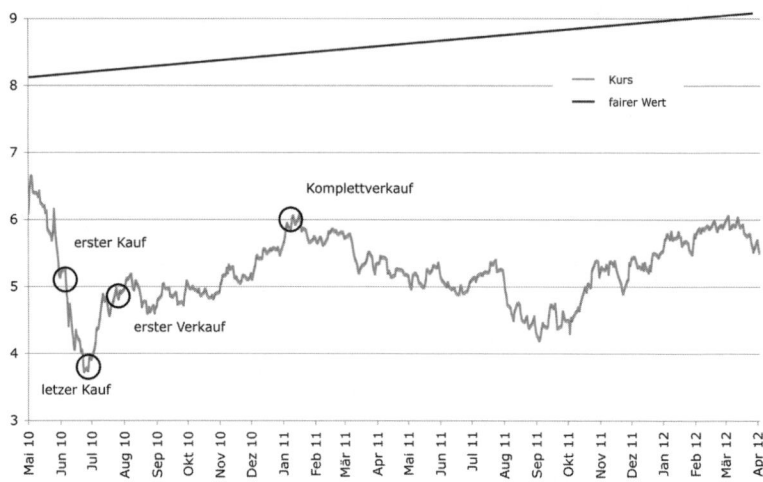

Abbildung 7.10: Die BP-Aktie von Mai 2010 bis April 2012 (in Euro, fairer Wert in Euro umgerechnet, Quelle: Reuters, eigene Berechnungen).

Celesio

Die Celesio AG mit Sitz in Stuttgart ist Europas größter Pharmagroßhändler. Außerdem betreibt das Unternehmen Apothekenketten mit mehreren tausend Filialen in Frankreich, England und anderen Ländern. Gegründet wurde das Unternehmen 1835 von Ludwig Gehe, demzufolge hieß das Unternehmen bis vor einigen Jahren auch Gehe AG. Insgesamt beschäftigt die Celesio AG über 36.000 Mitarbeiterinnen und Mitarbeiter in 14 europäischen Ländern.

Celesio – damals Gehe – war in den 1980er Jahren das Unternehmen mit der höchsten Wertsteigerung für Aktionäre in Deutschland. Der Kurs stieg um mehrere tausend Prozent. In den 1990er Jahren stagnierte der Kurs jedoch und schwankte letztlich zwischen 20 und 30 Euro. Ab 2003 setzte ein rapider Kursaufschwung ein, der den Aktienkurs bis auf 55 Euro trieb.

Mit Beginn der Finanzkrise brach der Kurs des soliden Unternehmens, das aber eine hohe Schuldenlast zu tragen hatte, von 55 Euro zunächst auf unter 15 Euro Anfang 2009 ein. Der Kurs hatte sich mehr als gedrittelt.

Im PI Global Value Fund haben wir Celesio mehrmals gehalten und überwiegend damit gutes Geld verdient; in Abbildung 7.11 sehen Sie die verschiedenen Käufe und Verkäufe. So begannen wir am 20. April 2009, nahe dem damaligen Tiefpunkt, erste Positionen in Celesio aufzubauen. Ende 2009 hatten wir 28.000 Aktien mit einem Durchschnittskurs von 17,54 Euro im Portfolio. Diese verkauften wir bei weiterem Kursanstieg schrittweise bis zum 2. August 2009 und realisierten einen Kursgewinn von insgesamt 110.000 Euro. Das waren auf den Einsatz von 500.000 Euro über 20 % Gewinn in nur einem Jahr. Danach brach der Kurs der Celesio-Aktie durch eine Kette unglücklicher Umstände – zum Beispiel verschärfte Gesundheitsregulierung in England – noch einmal ein, von 20 Euro auf einen kurzfristigen Tiefststand um die 10 Euro.

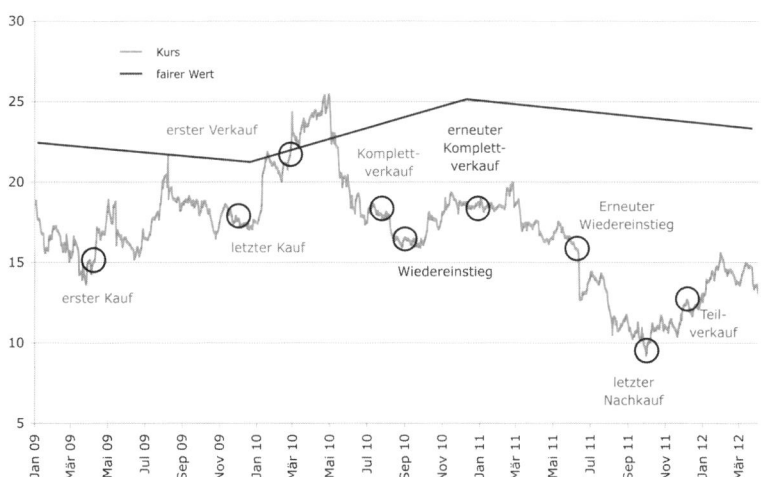

Abbildung 7.11: Celesio von Januar 2009 bis April 2012 (in Euro, Quelle: Reuters, eigene Berechnungen).

Am 19. August 2010 begannen wir Celesio zwei Wochen nach unserem Komplettverkauf für 16,64 Euro wieder zu kaufen. Wir kauften um die 16 Euro bis in den Oktober 2010 eine Position von insgesamt 52.000 Stück ein und verkauften diese Position bereits am 9. Februar 2011 wieder zu 18,42 Euro mit einem Gewinn von 100.000 Euro. Auch hier warteten wir nicht lange, sondern stiegen am 10. Mai 2011 wieder mit einer ersten Position zu 16,67 Euro ein. Der Kurs ging dann aber im Laufe des Jahres 2011 massiv zurück, so dass wir zu verschiedenen Kursen zwischen 16 und 10 Euro und sogar noch einmal am Tiefpunkt unter 10 Euro nachkauften. Ende 2011 hatten wir eine Position von 200.000 Stück Celesio aufgebaut. Anfang 2012 verkauften wir 130.000 Stück davon mit einem Gewinn zwischen 7 und 8 %. Unsere restlichen 70.000 Stück halten wir bei einem durchschnittlichen Einstandskurs von 13,98 Euro.

Stichwörter zu Kapitel 7

- Eigene Emotionen

- Stoppkurse

- Festgelegter Kauf- und Verkaufsprozess

- Value-Matrix: Investmentgründe und Investment

- Risikomanagement

- Sicherheitsmarge

- Depot: Größe, Struktur, Gewichtung

- Chance-Risiko-Profil

- Risikoverteilung

Jetzt sind Sie am Zug!

Value-Investing sei „simple but not easy", hat Warren Buffett einmal gesagt. Man könnte das sinngemäß übertragen: Die Prinzipien des Value-Investings sind einfach, die Umsetzung ist es aber nicht. Ich habe versucht, Ihnen in diesem Buch einige Grundlagen meiner Investmentstrategie und -philosophie zu erläutern. Aktien, zumindest von guten Unternehmen, wie ich sie Ihnen an einigen Beispielen vorgestellt habe, sind Sachwerte. Sie hängen vom nachhaltigen Ertrag ab. Sie haben gelesen, wie man solche Aktien finden und bewerten kann. Um dies wirklich gut zu beherrschen, braucht es viel Übung. Es ist ähnlich wie mit dem Klavierspielen: Das Prinzip ist einfach, Sie müssen nur die richtige Taste zum richtigen Zeitpunkt in der richtigen Intensität und Dauer drücken. In der Praxis gestaltet sich die Beherrschung des Instruments jedoch sehr viel schwieriger.

Wenn Sie mit Einzeltiteln beginnen wollen, rate ich Ihnen, zunächst einmal wirklich großartige Unternehmen zu kaufen, diese anhand der hier vorgestellten Methoden zu bewerten und die Aktien wirklich lange zu halten. Eine Übung in Geduld ist das Allerwichtigste. Und: Wenn Sie Ihre Analysen und Bewertungen sorgfältig durchführen, dann kann Ihnen nicht allzu viel passieren.

Abschließend möchte ich noch einmal den von mir verehrten Warren Buffett zitieren: „Take care of the downside and the upside will take care of itself." Auf Deutsch bedeutet das nichts anderes als: Begrenzen Sie Ihre Risiken und das Verlustpotenzial (!), und die Gewinne werden sich von selber einstellen.

Viel Erfolg beim Investieren!

Die Methode Prof. Dr. Max Otte

Als anerkannter Experte auf dem Gebiet des wertorientierten Investierens (Value Investing) unterstützt Prof. Dr. Max Otte seit 1999 Privatanleger, bankenunabhängig Vermögen aufzubauen. In seiner Strategie verknüpft er die Prinzipien des Value Investing mit seinem Konzept vom Reinheitsgebot der Kapitalanlage: In ein Depot gehören nur Qualitätsaktien, Anleihen und Termingelder, sowie Edelmetalle. Derivate lehnt er strikt ab. Für seine Strategie wurde er in den Jahren 2009–2011 zum »Börsianer des Jahres« gewählt.

Kapitalanlagebrief
Das von ihm gegründete Institut für Vermögensentwicklung (IFVE) verfolgt die internationalen Kapitalmärkte und gibt mit dem Kapitalanlagebrief DER PRIVATINVESTOR wöchentlich Informationen zur Vermögensanlage und börsennotierten Unternehmen heraus.

www.der-privatinvestor.de   **Tel: +49 (0)221 998019-14**

Vermögensverwaltung und Beratung
In der Privatinvestor Vermögensmanagement GmbH wird die von Prof. Dr. Max Otte entwickelte Strategie in den Bereichen Vermögensverwaltung und -beratung umgesetzt. Für Vermögen ab 200.000 Euro ist hier eine Betreuung möglich.

www.maxotte.de   **Tel: +49 (0)781 919328-50**

PI Global Value Fund
Der seit März 2008 existierende PI Global Value Fund (WKN: A0NE9G) ist ein global anlegender Fonds, der nach der Strategie von Prof. Dr. Max Otte gemanagt wird. Der Fonds ist in Deutschland, der Schweiz, Österreich und Liechtenstein für den Vertrieb zugelassen und kann bei den meisten deutschen Banken gezeichnet werden.

www.maxotte.de

STICHWORTVERZEICHNIS

Thyssen-Krupp 156
Time Warner 140
Todsünden 79
Tradingstrategie 29
Trägheitsprinzip 86
Trendfolge 53, 64

U
Überbewertung 104, 120, 122, 183, 228f., 259
Umsatzrentabilität 131
Unternehmensanteile 8, 37, 63
Unternehmensbeteiligung 37
Unternehmensführung 99, 155, 158ff., 196

V
Verantwortung 72, 203
Verbraucherpreise 35, 38
Verkaufsempfehlung 72
Vermögensaufbau 14, 20, 28ff., 41, 94, 115
Vermögensaufteilung 101ff., 110, 120, 134
Vermögensentwicklung 20f.
Vermögensklasse 31ff., 37, 39, 41, 43, 45, 60, 100
Verschuldung 91, 176
Versicherungen 110, 262, 189
Vodafone 142
voestalpine AG 249
Volatilität 267f., 272
Volks- und Raiffeisenbanken 75ff.
Volksaktie 60, 89, 91, 93f.

W
Wall Street 77, 258
Warnzeichen 91, 166
WAZ 27

Weltbank 134
Wenning, Werner 145
Werterhalt 31f., 110
Wettbewerb 186, 197ff., 212, 219, 223, 231, 234
Wettbewerbsvorteil 200, 234
Wirtschaftsprüfer 170
Wirtschaftstheorie 86
Wirtschaftswoche 25

Z
Zertifikate 56, 73, 113, 115
Zinseszins-Effekt 9, 15f., 18f., 21, 24, 35
Zinspapiere 109, 117, 120, 122, 127